Kylian Mbappé

LA VÉRITABLE HISTOIRE

THIBAUT GEFFROTIN

City
Biographie

Retrouvez tous les titres City Editions :

www.city-editions.com

© City Éditions 2025
Photo de couverture : © Gareth Cattermole/FIFA/FIFA via Getty Images
ISBN : 978-2-8246-2900-1
Code Hachette : 72 2330 9
Collection dirigée par Christian English et Frédéric Thibaud
Catalogues et manuscrits : city-editions.com

Dépôt légal : Mars 2025

Sommaire

1

Une chute vertigineuse

Dimanche 18 décembre 2022. À deux jours de son vingt-quatrième anniversaire, Kylian Mbappé est au pinacle de son sport. Considéré comme un génie du football depuis son titre de champion du monde, quatre ans plus tôt, il accomplit dans la banlieue de Doha une somme d'exploits rarissimes ou inédits. Sous les yeux de la planète entière, il met en scène la plus grande comédie dramatique de l'Histoire de la coupe du monde. Deux buts en une minute pour offrir à une France apathique une séance de prolongations. Décochée une poignée de secondes après son penalty transformé, sa volée supersonique fait rugir de bonheur le président Macron. Mbappé a sauvé la France. Alors que Messi redonne l'avantage à l'Argentine, le « Kid » de Bondy récidive à la cent dix-huitième minute. Encore un penalty. Encore un but. Un triplé en finale de coupe du monde. Seuls les Anglais qui boivent de la bière depuis 1966 savent que l'exploit a déjà été accompli. Mieux, en ouverture d'une déchirante séance de tirs au but, Mbappé inscrit un troisième penalty dans le même match (!) face à Dibu Martinez, un monstre pourtant en pleine confiance. Kylian Mbappé, *The last man standing*. Dernier pompier tricolore résistant aux flammes allumées par l'armée de footballeurs argentins depuis le coup d'envoi. Après le but de « Kyky », Coman et Tchouaméni faillissent. Lloris somnole. La France est déchue.

Mbappé, lui, est consacré. Les fans du globe ? Fascinés. Le contraste est saisissant. Ses larmes salées de tristesse méritent aussi la saveur de la fierté.

Après avoir transpercé les filets quatre fois, Kylian Mbappé perd son titre de champion du monde. Serait-ce le point de départ de sa chute vertigineuse ?

Dans les heures qui suivent cet exploit individuel hallucinant, les observateurs lui promettent le meilleur : d'autres finales de coupe du monde, des Ballons d'or, un Euro pas moins doré, des Ligues des champions… Deux ans plus tard, quel bilan tirer ?

Kylian Mbappé n'a pas soulevé le Ballon d'or, offert au vétéran Messi puis au stratège Rodri. Le buteur tricolore n'a pas brillé en Ligue des champions et s'est répandu dans un interminable et insupportable feuilleton « mercato ». A joué de malchance avec son nez durant l'Euro 2024. Puis, il a quitté son pays en plein conflit avec le PSG, boudé la sacro-sainte équipe de France comme on décline un dernier verre sans comprendre qu'il s'agit d'un Cognac hors d'âge, et déçu le Real Madrid, le club de ses rêves. Surtout, il a dépité ses fans en multipliant les écarts, d'une phrase regrettable pour un capitaine de l'équipe de France (« ce que pensent les gens, c'est le cadet de mes soucis ») à une escapade suédoise inopportune. Dans la sordide et fausse histoire d'agression, la rumeur médiatique et populaire lui a fait plus de mal que la procureure ne lui a fait du bien en déclarant que l'affaire était classée faute de preuves.

Enfin, parce que le prodige du football français a toujours voulu être jugé sur ses performances, avec l'exigence dédiée à un joueur de son niveau, il faut l'écrire : sur le terrain, depuis l'an 2023, Kylian Mbappé n'est plus que l'ombre de lui-même. L'attaquant parisien est descendu d'un, voire plusieurs, crans, appartenant désormais à la catégorie des très bons joueurs, loin derrière cette image de « crack » dont il jouissait depuis son avènement. Est-il toujours ce joueur qui renverse des situations ? Est-il toujours ce buteur virevoltant qui fait lever les stades les uns après les autres ? En échec dans ses gestes techniques, incapable de transformer un penalty, ridiculisé par les lignes de défense qui le piègent en position de hors-jeu, fragile physiquement, ombragé par Vinicius et les fantômes de Benzema et Zidane, en délicatesse avec sa communication, Kylian Mbappé vit la période la plus éprouvante de sa carrière. Même dans sa seconde vie d'entrepreneur – il vient de racheter un club, le stade Malherbe Caen, sans que les Normands ne sachent vraiment ce qu'il veut en faire –, les écueils s'amoncellent. Alors qu'il vient de fêter ses vingt-six ans, il doit à tout prix se réinventer. Et peut-être se souvenir de ce qui a fait sa force au début de sa carrière. Une légèreté qui l'avait consacré au rang de chouchou du football hexagonal, quatrième personnalité préférée des Français en 2022 qui n'a, depuis, cessé de dégringoler (36e en 2024). En 2025, les idoles des cours de récréation s'appellent d'abord Léon Marchand, Teddy Riner ou Alexis & Félix Lebrun.

Quoi de mieux que de se replonger aux origines de son ascension fulgurante pour comprendre les failles du « génie » Mbappé ? Et pour se poser cette question : le numéro 10 des Bleus redeviendra-t-il un jour ce footballeur surnaturel et enchanteur ? En finale de la Supercoupe d'Espagne, en Arabie Saoudite, début janvier 2025, juste avant de laisser son équipe sombrer face au talent collectif du Barça, il a illuminé le monde d'un but – passements de jambes et *tutti quanti* – qu'il avait autrefois dans sa palette quotidienne d'artiste du ballon rond. Avec le cap sur 2026 et la coupe du monde, à quoi ressembleront les prochaines saisons de Kylian Mbappé ? Redeviendra-t-il ce buteur irrésistible, capitaine adoré de l'équipe de France ? De quel côté pencheront les « Je t'aime, moi non plus » qui animent sa relation avec le public madrilène et français ?

De son enfance dédiée au football à la constitution de « l'entreprise Mbappé », la vie du Bondynois est trépidante, haletante, sans répit. Comment peut-on être si jeune et avoir accompli autant d'actions ? Nous allons le découvrir ensemble.

Thibaut Geffrotin.

2

Été 1998 - Dans le ventre de sa mère

Le 12 juillet 1998, la France entière crie sa joie à l'unisson. Au Stade de France, Zinédine Zidane est devenu le héros national en plaçant deux têtes légendaires dans la cage du Brésil. Un million et demi de passionnés fête le sacre mondial sur l'avenue des Champs-Élysées. En un mois, le football est devenu le sujet numéro un des conversations dans le pays. Zidane, Blanc, Barthez, Desailly, Jacquet sont les nouvelles idoles adulées dans tout l'Hexagone. Cette victoire 3-0 contre la Seleção est plus qu'un succès footballistique. C'est un tournant majeur dans l'histoire de ce jeu, parce qu'instantanément, les anti-foot qui trouvaient ce sport un peu « beauf » sont les premiers à sabrer le champagne. C'est aussi le jour zéro de la passion féminine pour le football, qui, depuis, n'a pas cessé de croître. Enfin, les sociologues célèbrent un phénomène inédit dans notre pays : l'équipe de France championne du monde est un savant mélange des origines et des cultures qui font la richesse de la France. Dans la rue, c'est la France black-blanc-beur qui défile sans le moindre rejet des différences de l'autre. Zinédine Zidane, un Marseillais d'origine algérienne, est vénéré dans tous les milieux sociaux.

À Bondy, une Française d'origine algérienne suit la Coupe du monde avec un bébé dans le ventre. Elle s'appelle Fayza Lamari. Elle est mariée à Wilfrid Mbappé, un Franco-Camerounais né à Douala, éducateur de foot dans le club de leur ville de la Seine-Saint-Denis (93).

Le bébé, lui, s'appellera Kylian et sera le prochain Zidane, vingt ans plus tard. Alors que Fayza caresse tendrement son ventre qui s'arrondit en regardant les exploits des Bleus à la télévision, elle ne peut évidemment pas imaginer cette pensée démesurée.

Mais *lui*, que ressent-il dans le ventre de sa mère ?

On sait qu'un bébé développe ses premiers sens *in utero*. Le toucher, le goût, l'odorat, l'ouïe et la vue. Blotti dans son liquide amniotique, le fœtus perçoit à sa manière les activités du monde extérieur.

Le petit Kylian a donc, de façon radicalement imperceptible, vécu l'ascension de France 1998 et le premier triomphe planétaire du football tricolore. Il découvre ainsi la vie dans une période euphorique pour notre pays, loin des divisions d'aujourd'hui. Mesurant à peine la taille d'une papaye, il a déjà goûté la saveur du succès, et ne l'oubliera jamais.

Le 20 décembre 1998, un peu plus de cinq mois après la victoire des Bleus, Kylian Mbappé Lottin naît dans le XIXe arrondissement de Paris.

Dans sa chambre, le nouveau-né reçoit la visite de son oncle, Pierre Mbappé. En guise de cadeau de naissance, le tonton n'a pas choisi le traditionnel doudou ou le petit pyjama mignon. Pierre a acheté un ballon de football, un vrai, et l'a déposé dans le berceau. Kylian Mbappé, un bébé né sous le signe du foot.

3

L'enfant prodige

17 octobre 2018.

Trois mois après le sacre mondial en Russie, le meilleur espoir de du Mondial remporté par la France est accueilli à Bondy, la ville de son enfance. Une ville traversée par l'autoroute A3 et le RER E, que Mbappé vient de placer sur la carte du monde. Sylvie Thomassin, la maire de la commune de Seine-Saint-Denis, avait fièrement et sobrement prévenu quelques jours auparavant sur ses réseaux : « Kylian Mbappé sera le 17 octobre à la maison. » Pour voir le champion du monde fouler la terre de ses premiers matchs, ce jour-là, ils sont plusieurs milliers à avoir fait le déplacement au stade Léo-Lagrange. Pour l'occasion, Fayza Lamari, la maman de Kylian, a elle-même choisi le service de sécurité. Au pied de l'estrade, une personne sur deux porte un maillot, un t-shirt ou une casquette floqués « Mbappé ». Des dizaines de pancartes rendent hommage à l'enfant de Bondy. Du bleu, du blanc, du rouge. Du vert aussi, car c'est la couleur du maillot de l'AS Bondy, le premier club de Kylian, et aussi le club de Wilfrid Mbappé, le papa connu de tous dans les quartiers bondynois. Sur la scène, t-shirt blanc et veste noire, casquette « KM » vissée sur la tête, Kylian affiche un large sourire en répondant aux questions de Christian Jeanpierre, ami intime de la famille et ancien commentateur des Bleus sur TF1. « J'ai quasiment tout fait ici, et revenir comme ça en tant que champion du monde, je pense que c'est le plus beau cadeau que je pouvais me faire ». Des cadeaux sont d'ailleurs échangés entre la star et la municipalité de Bondy : la maire lui offre une flûte traversière en souvenir de ses années au conservatoire ; Kylian est arrivé avec un grand portrait de lui, soulevant la Coupe du monde. « Je suis vraiment content de voir les gens en fait ! Ça peut surprendre, certains doivent se dire que ce sont les gens qui doivent être heureux de me voir, mais vraiment, c'est moi qui suis content de voir qu'il y a autant de personnes qui aiment ce stade. Moi, j'ai aimé ce stade une majeure partie de ma vie, je l'aime encore ! J'ai passé mes meilleurs moments ici. J'ai plein d'anecdotes, de souvenirs de matchs ici. Revenir à Bondy, en tant que champion du monde, c'est une fierté sans nom. Je pense que c'est le rêve d'une vie et la chance que j'ai, c'est que ça se passe en début de carrière[1]. »

Au-delà des Bondynois, ce sont les Franciliens qui sont venus rendre hommage à celui qui porte désormais les couleurs du Paris-Saint-Germain. On remarque la présence d'habitants du Blanc-Mesnil, Livry-Gargan, Montfermeil, Bobigny, Drancy ou encore Noisy-le-Sec. Une fête pour le 9-3, ce département où « ça fabrique des mecs à part, ça fabrique des Mbappé », comme l'écrit Kool Shen de NTM, dans son morceau *Sur le drapeau*.

1. Le Bondy Blog, 17 octobre 2018.

Tout le monde est réuni pour fêter l'enfant prodige. Déjà, pendant le Mondial, les origines bondynoises ne pouvaient pas passer inaperçues. En haut d'une barre d'immeuble, l'équipementier Nike avait fait poser une bâche publicitaire avec le visage de Kylian Mbappé en très gros plan, devant un drapeau bleu-blanc-rouge. Il était écrit ceci : « 1998 a été une grande année pour le football français. Kylian est né ». Cette phrase était un clin d'œil appuyé à une précédente publicité de la marque à la virgule, en 1994. Alors qu'Éric Cantona était devenu le « King » de Manchester United, une *advert* affichait dans les rues britanniques le visage en gros plan du footballeur marseillais, avec la croix de Saint-Georges du drapeau anglais en arrière-plan, et ce commentaire : « '66 was a great year for English football. Eric was born ». Une phrase en rapport avec la seule victoire de l'Angleterre en Coupe du monde, en 1966 contre l'Allemagne de l'Ouest.

Juste avant la Coupe du monde, une immense fresque a également été dessinée sur un immeuble de la résidence du Potager, à l'entrée de Bondy, le long de la Nationale 3. L'œuvre représente Kylian Mbappé avec le maillot du Paris-Saint-Germain et la mention : « Bondy, ville des possibles – Bondy – Paname – 75 – 93 ».

Non loin de là, au 21 rue Jules-Guesde, une autre gigantesque fresque peinte sur la façade latérale aveugle d'un immeuble de dix étages représente Kylian Mbappé à deux âges différents : enfant, dormant paisiblement sur son ballon avec son maillot vert de l'AS Bondy, et jeune adulte, avec le maillot bleu de l'équipe de France floqué du numéro « 10 Mbappé » ; accompagné de l'inscription inspirante pour tous les enfants de banlieue qui la lisent en sortant de chez eux tous les matins : « Aime ton rêve et il t'aimera en retour ».

« À Bondy, dans le 93, dans les banlieues, il n'y a peut-être pas beaucoup d'argent, c'est vrai, mais nous sommes des rêveurs. Nous sommes nés comme ça, je pense. Peut-être parce que rêver ne coûte pas grand-chose. En fait, c'est gratuit[1]. »

Le rêve de Kylian Mbappé Lottin a commencé le dimanche 20 décembre 1998, dans le XIXe arrondissement de Paris. C'est en effet dans la capitale que le bébé Mbappé a poussé ses premiers cris de nouveau-né. On ne peut donc pas le surnommer le « natif de Bondy » – on lit pourtant cette phrase-valise dans nombre d'articles de presse le concernant – mais le Parisien « enfant de Bondy ». C'est bien dans la ville du 93 qu'il a grandi et découvert le football.

Son premier contact avec le jeu qui l'a consacré date, on l'a vu précédemment, de ses tout premiers instants de vie, quand son oncle, Pierre, a déposé un ballon rond dans son berceau. Comme une bonne fée, le tonton Mbappé déclenchait une prophétie : cet enfant deviendrait une star du football.

Il faut dire que Pierre n'ignorait pas dans quelle famille son neveu débarquait : une famille de sportifs. Du côté de la maman, un certain goût de la victoire et du haut niveau. Du côté du papa, un QI football très développé et une passion pour l'éducation par le jeu.

Commençons par Fayza Lamari. La maman de Kylian est d'origine algérienne, née de parents kabyles de la commune d'Oued Amizour, dans la wilaya de Béjaïa.

1. The Player's Tribune, 2020.

La précision n'est pas là pour faire joli, mais pour établir un parallèle avec Smaïl Zidane, le père de Zinédine, natif de la même région. L'étude de la généalogie des idoles du foot offre des coïncidences saisissantes. Fayza, elle, voit le jour le 17 septembre 1974 à Bondy. Elle grandit en face du gymnase dans lequel elle découvre le handball. Jeune adulte, elle devient l'une des joueuses importantes de l'AS Bondy, qui monte en première division et s'y maintient durant les années 1990 et 2000. Fayza y apprend la science du très haut niveau en côtoyant de grandes championnes, à l'image de Svetlana Mugosa-Antic, championne olympique avec l'ex-Yougoslavie, ou Aniko Meksz, gardienne de but de l'équipe nationale hongroise. Figure du Palais des sports de Bondy, Fayza Lamari a la réputation d'une joueuse agressive qui ne laisse pas que de bons souvenirs à ses adversaires. À l'échauffement, Fayza et ses coéquipières disputent parfois une partie de football, et la maman de Kylian est louée pour ses qualités techniques. D'ailleurs, dans les tribunes, assis à côté de son père, le petit Kylian assiste à tous les matchs de sa maman. Mais s'il apprécie l'art de la petite balle collante par amour pour sa maman, dont il a toujours été très proche, et s'il s'adonnera aussi au tennis et à la natation, Kylian choisira rapidement le ballon de son père et de son oncle.

Wilfrid Mbappé Lottin, le père de Kylian, est né à Douala, au Cameroun, le 11 octobre 1970. Il est originaire de Djébalé, une île de l'estuaire du Wouri. Passionné de football, ancien joueur de niveau division Honneur, il est un éducateur reconnu de l'AS Bondy, bien avant la naissance de l'enfant prodige. Au bord des terrains, le Franco-Camerounais est un entraîneur respecté, qui vise le bien-être de l'enfant, et envisage le football avant tout comme un moyen éducatif. Wilfrid Mbappé occupe le poste de directeur technique de l'AS Bondy, en charge des équipes de moins de 11 ans aux moins de 17 ans. Sa philosophie : faire pratiquer du beau jeu à ses équipes, et former des hommes, pas seulement des footballeurs.

Souvent collé aux basques de son père, le petit Kylian découvre ainsi le monde par le prisme du football. Sur les toboggans de la crèche municipale, rue René-Char, il porte occasionnellement le maillot et le short de l'équipe de France. Dès l'âge de trois ans, il passe ses journées au stade Léo-Lagrange, situé juste en face du nouveau domicile familial, au 4 allée des Lilas, cité des Fleurs. Même quand il n'a pas suivi son père au bord du terrain, il peut scruter les entraînements et admirer les matchs. En effet, la fenêtre de sa chambre lui offre une vue plongeante sur le stade. Quoi de plus merveilleux pour un enfant passionné de ballon que d'apercevoir le rectangle vert au réveil tous les matins et au coucher tous les soirs ?

Une fois en âge de se déplacer seul, Kylian n'a donc que quelques dizaines de pas à accomplir pour rejoindre le stade Léo-Lagrange, niché entre l'avenue de Verdun et l'avenue Pasteur. Il s'y rend même parfois à bord d'un petit 4 x 4 à moteur électrique et à pédales, offert par son père le jour de son troisième anniversaire. Le jeune garçon prend cela très au sérieux, se comportant comme un footballeur utilisant sa voiture pour se rendre à l'entraînement tous les matins. Cependant, une fois arrivé au stade, pas question de s'amuser à faire des courses endiablées de 4 x 4 avec ce drôle de véhicule qui fait saliver tous ses copains. Dès qu'il s'approche de la pelouse, Kylian n'est plus intéressé que par une seule chose : le ballon ! Son père a souvent précisé qu'il n'avait jamais forcé ni incité son fils à le suivre. Il souhaitait que sa progéniture choisisse par lui-même son activité préférée, et ne lui a donc jamais dit : « Je vais travailler en face, viens avec moi, tu pourras jouer au foot. » Pour Kylian, c'était déjà naturel. Il faut dire que Wilfrid n'était pas son seul moteur.

Il est désormais temps de vous présenter celui que Kylian a toujours considéré comme son grand frère : Jirès Kembo.

Pour comprendre toute l'histoire, il faut d'abord remonter aux années 1960 et 1970, quand le Zaïre (ancien nom de la République démocratique du Congo) dominait le football africain. En 1968 et 1974, Jean Kembo uba Kembo remporte la Coupe d'Afrique des nations avec le Zaïre. Surnommé *Monsieur But*, le milieu de terrain offensif participe aussi à la campagne zaïroise inédite de qualification à la Coupe du monde. En 1973, Kembo inscrit un doublé contre le Maroc, offrant ainsi au Zaïre la première qualification à une phase finale de Coupe du monde d'une nation subsaharienne. En club, Jean Kembo remporte aussi la Coupe d'Afrique des clubs champions, en 1973, avec l'AS Vita. Dans son histoire, ni l'équipe nationale du Zaïre ni celle de la RDC n'ont jamais affronté la France. Cela n'empêche pas Kembo d'admirer le carré magique de l'équipe de France : Michel Platini, Jean Tigana, Luis Fernandez et surtout… Alain Giresse. Moins de deux ans après la seconde demi-finale des Bleus face à l'Allemagne, le 8 janvier 1988, Jean Kembo est l'heureux papa d'un bébé qu'il décide de nommer : Jirès ! En phonétique, c'est l'équivalent du nom du milieu de terrain de poche et grande vedette des Girondins de Bordeaux. Jirès Kembo Ekoko grandit à Kinshasa (autrefois Léopoldville), dans un contexte politique tourmenté. Durant plusieurs années, Mobutu et Laurent-Désiré Kabila se disputent le poste de Président du pays, à coup de guérillas et de coups d'État. Inquiet pour l'avenir de son fils, Jean Kembo l'envoie en Île-de-France, afin de lui donner la possibilité de faire des études et, surtout, de grandir loin de la guerre. Avec sa sœur aînée, le jeune garçon âgé de six ans est recueilli chez son oncle. Mais Jirès a hérité du talent familial, et cela va bouleverser son destin. Sans club, Jirès Kembo joue au football dans la rue et dans la cour d'école. Ses qualités techniques n'échappent pas aux recruteurs de l'AS Bondy, qui lui offrent le maillot vert du club et une première licence à l'âge de onze ans, en octobre 1999. Kylian Mbappé n'a pas encore un an, et va progressivement voir s'installer à son domicile ce « grand frère » auquel toute la famille s'attache. Jirès est en effet hébergé par la famille Mbappé. Wilfrid devient même son tuteur légal. Deux ans plus tard, Jirès Kembo est retenu à l'Institut national de football de Clairefontaine, où il séjournera deux ans pour apprendre son futur métier : footballeur. Le weekend, Jirès rentre à Bondy, chez les Mbappé, sous le regard admirateur de Kylian, qui rêve de suivre les traces de son modèle. Malgré les onze ans qui les séparent, les deux enfants jouent régulièrement ensemble. Inutile de vous préciser à quoi, on est d'accord ? Quand ils n'organisent pas un match endiablé dans leur chambre au risque de tout casser, Jirès et Kylian descendent au stade Léo-Lagrange et disputent des un-contre-un. Au deuxième étage du 4, allée des Lilas, Wilfrid Mbappé les observe parfois par la fenêtre, caméra au poing. La première conclusion de ceux qui ont vu jouer Kylian Mbappé au plus jeune âge ? À trois ans, il tape déjà très fort dans le ballon !

Pour Kylian, le football est une obsession. « J'ai tout de suite été piqué, confie-t-il à Christian Jeanpierre en 2016, dans une interview diffusée dans *Téléfoot*. Dans notre famille, on respire le foot. Je ne passe pas une journée sans regarder le foot ou parler de foot. Tout tourne autour du foot. » À l'âge de six ans, il est parfois gardé par Tonio Riccardi, son éducateur en catégorie débutants. Avoir un entraîneur comme baby-sitter : l'occasion est trop belle pour que Kylian n'en profite pas. Le jeune et malicieux garçon supplie alors Tonio d'installer des mini-cages de foot dans le salon, ce qui est pourtant formellement interdit par Fayza. Une fois le terrain de fortune rangé, un autre match de football s'organise, à la console cette fois-ci.

Alors qu'il n'est encore qu'un petit garçon qui perd ses dents de lait, il tient des propos tout à fait sérieux à sa maman :

— Ma passion, c'est le foot.

— Qu'est-ce que tu aimerais faire comme métier, plus tard ?

— Footballeur !

— Pourquoi ?

— Parce que moi je suis footballeur !

Kylian a quatre ans lorsqu'il dispute son premier « vrai » match de football, à l'occasion du Téléthon 2002. Sur le terrain de sable de Léo-Lagrange, il revêt pour la première fois le maillot vert de l'AS Bondy, et impressionne déjà par son aisance balle au pied au milieu d'enfants tous plus âgés que lui. Derrière la main courante, sa mère craint qu'il ne prenne des coups, mais le chétif Kylian les évite déjà de ses dribbles.

À six ans, il reçoit sa première licence officielle, évidemment à l'AS Bondy. Meilleur techniquement que tous les autres apprentis footballeurs, il sera systématiquement surclassé, dribblant inlassablement des enfants âgés d'un ou deux ans de plus que lui, et donc plus grands et plus costauds que lui physiquement. Son père, qui est aussi son entraîneur, ne tombe jamais dans le favoritisme. Au contraire, il est un papa-coach très exigeant, car il comprend aussitôt les capacités hors du commun de son fils. Sa chambre est aussi un repaire d'adorateur de football. Sur les murs ? S'y succéderont au fil des ans Zinédine Zidane, Cristiano Ronaldo et Neymar. D'ailleurs, ce dernier s'en amusera lorsqu'il sympathisera avec Mbappé dans le vestiaire du PSG, bien des années plus tard. Plutôt qu'un pyjama, Kylian dort parfois avec le maillot qu'il vient de recevoir en cadeau. Ses crampons, eux, sont accrochés au-dessus de son lit, et le jeune garçon, après avoir fait un vœu, rêve toute la nuit des buts qu'il va marquer le lendemain.

Enfant, il se réveille tôt, vers six heures du matin, et se couche le soir vers 19 h 30, épuisé. Dès l'école maternelle, scolarisé à l'école Louis-Pasteur, il est un enfant très dynamique qui refuse de faire la sieste. Un vrai moulin à paroles, qui s'ennuie s'il côtoie seulement des enfants de son âge. À peine s'octroie-t-il quelques temps calmes en visionnant les DVD de Kirikou ou du Père Castor. La musique le calme bien aussi, en particulier les chansons de Charles Aznavour. Sa mère le décrit comme un enfant « attachant, mais usant »[1]. Dans le F3 familial, Kylian trouve le temps long et tourne en rond. Il faut constamment l'emmener au zoo ou dans les parcs de la ville. Le mercredi et lors des vacances scolaires, inutile de l'inscrire au centre de loisirs : il passe son temps au stade Léo-Lagrange, avec son père.

En primaire, Kylian est scolarisé à l'école publique Olympe de Gouges. Il y fait ses classes du cours préparatoire au CM2. Le jeune parisien est à la fois dissipé et bon élève. En conseil de classe, certains de ses professeurs dissertent de son profil d'enfant précoce. Doué, mais turbulent. Insolent, aussi. Fayza et Wilfrid sont très présents dans l'éducation de leur fils. Chaque soir, la maman vient échanger avec les enseignants. Malgré leur certitude de voir en lui un talent certain pour le football, les parents Mbappé ont toujours veillé à lui garantir un socle intellectuel. Pour la moindre acquisition, le football n'est jamais loin. En géographie, Kylian est capable de placer sur une carte tous les pays qui ont disputé la Coupe du monde depuis 1930. Pour ne pas devenir un monomaniaque du foot, Kylian profite de l'ouverture d'esprit de ses parents. Il est inscrit à l'école de théâtre et de musique, s'essaie au solfège, au chant et à la flûte traversière. Il débute même par le piccolo – une sorte de mini-flûte traversière, deux fois plus petite et au son plus aigu – un instrument plus adapté à la taille de ses bras. Son professeur de musique, Nicole Bognini, le décrit comme « un vrai soleil, un enfant toujours hyperactif et plein de vie »[2]. Au fil des auditions de la chorale organisées dans

1. *Paris-Match*, 2021.

2. *Le Parisien*.

le parc de la mairie, elle remarque sa personnalité, qui « sort du lot », avec « un truc à part et un comportement remarquable ». Le groupe d'enfants interprète un répertoire varié, principalement issu de la chanson française, notamment *Couleur Café* de Serge Gainsbourg. Cette expérience enfantine aura-t-elle aidé Kylian à chanter lors de son bizutage à Clairefontaine, ou, encore plus tard, lors de sa participation aux Enfoirés ? Nous aurons l'occasion d'en reparler.

En CE2, à la demande du directeur de l'établissement, Kylian passe un test de QI. Les résultats de la première partie sont particulièrement brillants et réussis. On ne connaîtra cependant jamais la suite, car le jeune garçon bâcle la seconde partie du test. Boudeur, il avait entendu la cloche de la récréation et souhaitait rejoindre ses camarades. Pour jouer au foot, sans doute…

À huit ans, Kylian devient grand frère. Ethan Mbappé Lottin naît à Montreuil le 29 décembre 2006. Avec des frères comme Kylian et Jirès, et un père comme Wilfrid, on devine d'avance sa destinée. Nous l'évoquerons le moment venu.

À l'école de foot, Kylian progresse à la vitesse de l'éclair. À chaque surclassement dans la catégorie supérieure, deux ou trois matchs lui suffisent afin de prendre la mesure de sa nouvelle équipe et des nouveaux gabarits de ses adversaires. Systématiquement, dans tous les compartiments du jeu, il est meilleur que tous les autres. Au-delà des dribbles et des buts qui impressionnent le commun des mortels, son intelligence dans les déplacements fait tiquer les puristes qui se multiplient au bord du terrain sablonneux de l'AS Bondy. Un jour, lors d'un tournoi de débutants en Bourgogne, les dirigeants de l'équipe adverse exigent de voir sa licence. Le gamin est tellement doué, tellement dominateur, que l'on suspecte Bondy d'avoir aligné un joueur plus âgé. La licence révèle une stupéfiante vérité : non, Kylian Mbappé Lottin n'est pas plus âgé que les autres. En vérité, il est bien plus jeune !

Dans son monde de l'enfance, Kylian en a conscience et ne rêve que d'une seule chose : devenir un footballeur professionnel. À la maison, les soirs de match de l'équipe de France, il chante *La Marseillaise* – qu'il a appris par cœur dès l'âge de 7 ans – en serrant sa main droite sur son cœur. « Moi aussi, je jouerai en équipe de France », répète-t-il à qui veut l'entendre. Quand il affirme qu'il deviendra le « Mozart du foot », sa mère s'envole dans des éclats de rire en le qualifiant de « petit mytho ».

Son autre jeu favori ? S'entraîner à répondre aux interviews. Si vous avez déjà écouté une conférence de presse ou une interview de Kylian Mbappé – notamment les premières, quand il était à peine majeur –, vous avez probablement été impressionné par son aisance devant un micro et la qualité de son argumentation. Ce n'est donc pas le fruit du hasard ou un talent inné. Avec ses coéquipiers, dans le vestiaire, il met systématiquement en scène une interview d'après-match, jouant tour à tour le rôle de journaliste et de joueur. « Le métier de footballeur nous passionnait, en fait. On se mettait dans la peau du joueur pour savoir quelle émotion il pouvait vivre. C'était vraiment une belle enfance[1]. » Dès son plus jeune âge, Kylian avait intégré que l'art de la communication faisait partie du bagage d'une star du football. Alors forcément, en mai 2011, quand un journaliste du Figaro prend le RER pour réaliser un reportage à Bondy, au bord du terrain de

1. *L'Équipe*, 2017.

foot, le jeune Kylian Mbappé se précipite vers lui pour répondre à ses questions. À l'époque, le football français est secoué par l'affaire des quotas. Le journal *Mediapart* a révélé le contenu d'une réunion interne de la Fédération française de football (FFF). La discussion portait sur les joueurs binationaux, qui sont nombreux à écumer les catégories de jeunes en équipe de France, avant d'être finalement sélectionnés par leur pays d'origine. Au cours de cet échange avec tous les cadres techniques de la FFF, on entend le directeur technique national (DTN), François Blaquart, se positionner de façon « tout à fait favorable » à « limiter » le nombre de joueurs d'origine étrangère dans les équipes de Clairefontaine. En résumé, la Fédération était sur le point d'instaurer des quotas ethniques dans la sélection des jeunes joueurs. Dans le secret de l'assemblée, Laurent Blanc, le sélectionneur des Bleus, et Erick Mombaerts, le sélectionneur des Espoirs, ne s'opposent pas au projet, bien au contraire. Seul Francis Smerecki, en charge des moins de 20 ans, fait entendre une voix opposée. Moins d'un an après le scandale de Knysna et la grève des joueurs de l'équipe de France en pleine Coupe du monde, la FFF est prise dans un nouveau tourbillon, à peine éventé par la suspension de François Blaquart et les excuses de Fernand Duchaussoy, le président. C'est dans ce que contexte que le reporter du Figaro tend son micro à Kylian Mbappé pour lui demander son avis. Âgé de 12 ans, le petit footballeur porte un maillot de l'AC Milan floqué du numéro 70 et du nom de Robinho, le fantasque dribbleur brésilien. Voici ce que répond Kylian : « Quand on regarde dans l'histoire, les meilleurs, c'étaient des Noirs et des Arabes. À part Platini, Cantona et tout ça. » Cash !

Kylian aura encore l'occasion de s'exercer à l'art de l'interview lors de son séjour à Clairefontaine, mais ce sera l'objet du prochain chapitre.

Une autre anecdote révèle la détermination de Kylian Mbappé, dès le plus jeune âge. Elle met en scène Alain Mboma. Si vous reconnaissez ce patronyme, c'est normal : Alain est le grand frère de l'international Patrick Mboma, champion d'Afrique en 2000 et 2002, champion olympique en 2000 et ancien buteur du Paris-Saint-Germain. Alain, donc, entraîneur de football dans plusieurs clubs d'Île-de-France, est l'ami intime de Pierre et Wilfrid Mbappé. Il a vu grandir Kylian. À force de l'entendre parler de sa passion pour le Real Madrid de Zizou, dont les photos tapissent sa chambre, il lui offre un cadeau très spécial pour son dixième anniversaire : une réplique miniature du stade Santiago-Bernabéu. Kylian n'a pas forcément la réaction attendue. Ouvrant son paquet, il lance :

« Un jour, c'est moi qui vous emmènerai au Real, et dans les loges ! »

Fou rire général. Malgré le talent du gamin, il a seulement dix ans. Comment l'imaginer raisonnablement au Real Madrid ?

Kylian, lui, ne se fixe aucune limite. « J'étais un grand rêveur quand j'étais plus jeune. Je rêvais d'être à la place des joueurs que je voyais à la télé. Tous ces souvenirs, je les ai dans la tête et, même si je veux les oublier, il y a les cassettes pour me les rappeler. [...] Mes parents se foutaient un peu de ma gueule, entre guillemets. Ils disaient que j'étais un peu fou. Mais plus ça avançait, et moins ils le disaient[1]. »

1. *L'Équipe*, 2017.

Quand il n'est pas sur le terrain pour un entraînement ou un match, Kylian traîne dans les vestiaires du stade Léo-Lagrange pour écouter les causeries tactiques de son père, ou observe les matchs de son « frère » Jirès Kembo, lequel a rejoint le centre de formation du Stade rennais, en 2004, avant de signer son premier contrat professionnel en 2006. Deux ans plus tard, le Zaïrois obtient la nationalité française et revêt aussitôt son premier maillot bleu, celui de l'équipe de France des moins de 20 ans. Après le tournoi de Toulon, il « monte » en Espoirs, où il honorera treize capes. Saison après saison, Jirès n'en finit plus d'être un modèle pour Kylian. Ce dernier arpente régulièrement les couloirs du centre d'entraînement du Stade rennais, et prend un ballon dès qu'il en a l'occasion. À cette époque, tout le monde l'a vu tenter des dribbles sur les terrains de la Piverdière. Parfois, il dort même au centre de formation. « C'est un gamin qui transpirait le football et était très proche de son frère », assure Pierre Dréossi, ancien manager du Stade rennais[1].

Le papa, Wilfrid, affiche aussi sa fierté : sur l'une des photos d'équipe de l'AS Bondy, on découvre douze joueurs souriants en maillot vert – parmi lesquels Kylian, le plus petit de tous – encadrés par Coach Wilfrid, qui porte le maillot du… Stade rennais. Un cadeau de Jirès Kembo, bien sûr.

D'ailleurs, Kylian porte aussi la tunique rennaise, le temps d'un week-end, pour un tournoi U12 organisé par le club breton à Gif-sur-Yvette, dans l'Essonne. Pierre Dréossi et Patrick Rampillon se rendent à Bondy à plusieurs reprises pour convaincre les parents de faire

1. *Ouest-France*, 2 juin 2017.

signer Kylian dans le même club que Jirès, mais les discussions n'aboutiront pas.

À onze ans, un événement va forger le caractère du jeune Kylian. Ce dernier le considère carrément comme « le tournant de sa vie ». Nous sommes un mercredi, jour de foot. L'AS Bondy dispute la demi-finale de la Coupe de Seine-Saint-Denis à Gagny, dans un grand stade, devant un parterre de spectateurs inédit dans la carrière enfantine du jeune Mbappé. L'ambiance, le monde, l'événement contribuent à pétrifier la star de Bondy, qui a pour habitude de faire gagner son équipe à chaque nouvelle rencontre. Ce jour-là, il ne marque pas. Il ne délivre pas de passe décisive. Il ne délivre presque pas de passe tout court, et on ne vous parle pas des dribbles. Kylian est terrifié. Pétrifié. Il a beau être un phénomène, il reste un enfant de onze ans qui a peur de jouer devant tant de spectateurs pour un match décisif. Il ne touche quasiment pas le ballon. Une fois le match terminé, l'attaquant bondynois se fait tirer les oreilles. Il se retourne. Fayza. Sa mère. Généralement, c'est Wilfrid, le papa, qui se charge des remontrances tactiques ou techniques à l'issue d'un match. Mais, ce jour-là, il ne s'agit pas de causer ballon rond. Plus d'une philosophie de vie. « Tu vas te rappeler ce moment toute ta vie, ordonne Fayza, d'un ton ferme. Tu dois toujours croire en toi, même si tu échoues. Tu peux rater 60 buts. Tout le monde s'en fout. Mais le fait que tu refuses de jouer parce que tu as peur, ça peut te hanter toute ta vie. »

Et Kylian Mbappé n'a jamais oublié. « Je n'ai plus jamais eu peur de ma vie sur un terrain de football[1]. »

---

1. *The Players Tribune*, 2020.

Le jeune footballeur le répète souvent : les meilleurs souvenirs de sa vie remontent à ses années d'enfance à Bondy, quand il jouait au foot du matin au soir avec ses copains du quartier. « Les tournois de Bondy ici, c'étaient des bons tournois, départementaux certes, mais c'étaient des tournois où on s'amusait beaucoup ! Il y avait aussi l'enjeu des maintiens. On devait descendre et on a réussi à se maintenir en DSR (*division supérieure régionale*), je m'en souviens, c'étaient des bons moments. Je pense que vous pouvez aller le plus haut que vous pouvez, le plus haut que vous voulez, ces moments d'enfance sont ceux que vous gardez toute votre vie parce qu'ils sont uniques. Ce sont des moments où vous êtes vous-mêmes, vous êtes avec les amis qui vous entourent, on s'en fiche de qui est qui, tout le monde partage un barbecue avec une merguez trop cuite, mais on s'en fout[1] ! »

Dans un environnement où beaucoup de jeunes enfants sont livrés à eux-mêmes, Kylian ne sera jamais de ceux qui traînent au pied des immeubles. Son quotidien est bien tracé : maison, football, école, football, maison. On ne lui connaît pas d'incartade ou de grosse bêtise. Très cadré par sa famille au socle stable, qui ne vit pas dans la pauvreté, Kylian s'enrichit aussi de la mixité sociale et culturelle de Bondy. Dans une lettre publiée en 2020, Mbappé s'adresse aux enfants des quartiers, et regrette que les banlieues françaises soient systématiquement associées à la délinquance. « Les gens parlent de délinquants comme s'ils avaient été inventés là-bas. Mais il y a des délinquants partout dans le monde. Il y a des gens qui galèrent partout dans le monde. » Et Kylian de préciser qu'enfant, il avait l'habitude de voir « les gars les plus durs du quartier » porter

1. *The Players Tribune*, 2020.

les courses de sa grand-mère. À cette époque, le jeune garçon apprend aussi la « règle de Bondy », qui pourra vous être utile si vous vous rendez en pèlerinage sur les traces de votre idole. La règle de Bondy est simple : « Si tu marches dans la rue et que tu croises un groupe de quinze personnes et tu ne connais qu'une seule de ces personnes, tu as deux options : soit tu les salues d'un signe de la main et tu continues ton chemin, soit tu vas les voir et tu serres la main des quinze personnes. Si tu vas les voir et que tu ne serres la main que d'une personne, les quatorze autres personnes ne t'oublieront jamais. Ils sauront quel genre de personne tu es. »

Alors qu'il est aujourd'hui devenu l'une des plus grandes stars de la planète, Kylian Mbappé resté très attaché à Bondy. Un attachement non feint qui transpire dans toutes ses prises de parole. « À Bondy, on apprend des valeurs qui vont au-delà du football, poursuit-il dans sa lettre. Tu apprends à traiter tous les gens de la même façon, parce qu'on est tous dans le même bateau. On rêve tous du même rêve. » Ce rêve de football, que Kylian et ses amis avaient tous en tête, au fil des heures passées à taper dans le cuir jour et nuit. « Parfois, les gens me demandent pourquoi tant de talents viennent des banlieues. Genre comme s'il y avait quelque chose dans l'eau qu'on y boit, ou que nous nous entraînons d'une manière différente, comme Barcelone ou quelque chose comme ça. Mais non, si vous venez à l'AS Bondy, je suis désolé, mais vous ne verrez qu'un club humble et familial. Des immeubles d'appartements et des terrains en synthétique (*qui ont remplacé le terrain de sable, NDA*). Mais je pense que le football est juste différent pour nous. C'est essentiel. C'est quotidien. C'est comme le pain et l'eau. »

Au collège, en sixième et cinquième, Kylian est scolarisé au groupe scolaire de l'Assomption, un établissement privé de Bondy. Privé et catholique. Sur la façade, on peut lire : « L'éducation de l'Assomption va surtout donner des convictions, enfoncer des racines qui, tôt ou tard, portent leurs fruits. » Une citation de sainte Marie-Eugénie, fondatrice des Religieuses de l'Assomption au XIXe siècle. En 2021, dans une interview à l'Obs, Mbappé se dira « croyant, mais pas pratiquant », expliquant que le choix de l'établissement visait surtout à le cadrer, le discipliner. En 2018, il avait tenu un discours légèrement différent, face aux écoliers de l'émission *Au tableau*, diffusée sur C8 :

— Pour vous, quelle est la place de la religion dans le foot ?

— La place qu'on veut lui donner. Chacun a une façon propre de voir la religion.

— Parfois, on voit des joueurs, dans leur manière de célébrer…

— Oui, mais ça, c'est personnel. Moi, je ne suis pas quelqu'un qui montre beaucoup, donc je ne vais pas faire ça. Mais si certains aiment exhiber leur religion, c'est leur choix, et ça, faut le respecter.

— Est-ce que vous êtes croyant ?

— Oui.

— Et pratiquant ?

— Oui, quand même.

— Et de quelle confession ?

— Chrétienne.

Dans son collège, Kylian est décrit comme un enfant qui assimile vite les leçons, mais qui y porte peu d'intérêt, pensant constamment au football. Dès que les cours perdent en intensité, le jeune garçon décroche, se lasse, voire s'agace. Cependant, même si ses parents croient en son rêve de carrière professionnelle – nous y reviendrons dans quelques lignes – ils restent très exigeants envers l'éducation de Kylian. Durant ses deux années au collège catholique de Bondy, l'enfant doit faire signer une feuille à chaque professeur et à chaque heure de cours. L'enseignant y note ainsi l'attitude de Kylian, et, le soir, la maman ramasse les copies. Précisons qu'il s'agissait d'un système mis en place uniquement pour Kylian et pas pour ses camarades de classe.

En sixième, le jeune garçon demande à sa mère… d'arrêter l'école pour se consacrer au foot ! La réponse ne lui plaît guère. Au deuxième trimestre de sa cinquième, il est décrit comme particulièrement ingérable. Cette année-là, le Bondynois est suivi par un psychologue. Son record d'avertissements ? Neuf, en une seule journée ! Ce qu'on peut lire sur ces fiches ? « Kylian n'a pas fait ses devoirs » ; « Kylian a oublié ses affaires d'école » ; « Kylian parlait de football pendant le cours de maths ». Il échappe de peu au renvoi, grâce au soutien indéfectible de Nicole Lefèvre, sa professeure de français. L'enseignante est attendrie par la personnalité « clownesque » du jeune garçon. Un jour, en classe, un camarade – dont le nom est Mehdi Tache – s'escrime à réparer son stylo qui fuit. Les mains pleines d'encre bleue, il se touche malencontreusement le front. Kylian se met à rire. Interrogé par sa professeure, le malicieux footballeur s'exclame : « C'est parce que Mehdi, il a mis son nom sur son front ! » Évidemment, le boute-en-train récolte une salve d'applaudissements pour cette plaisanterie pleine d'esprit. Il fallait toutefois que le jeune Mbappé ne se moque pas trop de ses camarades. Au collège, il tourne en ridicule le blouson d'un autre élève. En découvrant cette histoire dans l'un des fameux mots signés par les professeurs, Fayza Lamari décide de marquer le coup. Pendant une semaine, elle contraint son fils à s'habiller avec une tenue particulièrement démodée : pantalon pattes d'eph et baskets à scratchs !

Lors d'un long entretien accordé en 2017 à Sébastien Tarrago et Vincent Villa, pour *L'Équipe*, Kylian Mbappé évoque sans fard son désintérêt pour l'école, survenu dès le plus jeune âge : « L'école m'a intéressé au début, mais, dès que le foot est venu se mettre sur le chemin, j'ai choisi le football. Le foot est plus qu'une passion pour moi. À partir de là, je n'ai pas aimé l'école. » Cependant, le futur capitaine de l'équipe de France précise qu'il a toujours eu conscience de la nécessité de poursuivre ses études : « Je ne voyais pas ma vie tourner autour d'autre chose que le foot. Si je n'avais pas été footballeur, j'aurais essayé de passer des diplômes pour entraîner ou faire quelque chose autour du foot. C'est vraiment quelque chose qui me faisait lever le matin. Quand j'allais à l'école – je n'aimais pas l'école –, je me disais : cela me servira peut-être dans le foot. Tout ce que je faisais, c'était pour essayer d'être le meilleur possible dans mon domaine : le foot. »

Heureusement, au collège de Bondy, tout le monde aime le foot. Chaque année, un grand tournoi interclasses est organisé. Au même titre que tous ses copains, Kylian le dispute avec le même sérieux que s'il s'agissait de la Coupe du monde. En jeu : un trophée en plastique d'une valeur de deux euros. Kylian l'observe comme s'il s'agissait de la coupe Jules-Rimet, qu'il soulèvera des années plus tard. Il n'y avait qu'un mot d'ordre : « C'est le 9-3, on ne peut pas perdre. » Comme chaque équipe doit être mixte, Kylian s'engage personnellement pour convaincre les filles de sa classe de rejoindre son équipe. Il promet même un nouveau cahier de coloriage à celle qui acceptera !

Le foot, le foot, le foot. Le ballon rond devient plus qu'une passion pour le jeune garçon. Devant l'intérêt de grands clubs de l'Europe entière, c'est un plan de carrière que doit bâtir la famille Mbappé. Wilfrid se charge d'imaginer les fondations : Kylian séjournera à l'institut national de Clairefontaine, comme Jirès, puis signera dans un centre de formation d'un grand club français, et ensuite, évoluera dans un grand club européen comme le Real Madrid.

Afin de sentir le parfum des grands stades, Wilfrid emmène son fils en pèlerinage. Le 6 mai 2009, les Mbappé sont à Stamford Bridge pour assister à la demi-finale retour de la Ligue des champions entre Chelsea et le FC Barcelone. Un match entré dans la légende pour son dénouement dramatique. À l'aller, les deux équipes ont quitté le Camp Nou sur un score nul et vierge. L'avantage est donc plutôt au Barça qui pourrait profiter de la règle du but à l'extérieur qui compte double en cas d'égalité. Côté blues, Drogba et Anelka sont titulaires tous les deux. Côté blaugrana, Thierry Henry est blessé, alors Andrès Iniesta joue un peu plus haut qu'à l'accoutumée. Dans les tribunes, Kylian assiste à l'ouverture du score de Michael Essien, puis à l'expulsion d'Éric Abidal. Chelsea est bien engagé pour se qualifier. Mais à la 93e minute, Lionel Messi s'échappe sur l'aile gauche et sert Iniesta en retrait. D'une frappe puissante du pied gauche, de l'extérieur de la surface, le génial Espagnol offre la qualification au Barça. À l'issue du match, Didier Drogba est dans un état de colère rarement égalé. Selon l'attaquant ivoirien, l'arbitre a oublié de siffler plusieurs penalties pour son équipe. *« It's a fucking disgrace! it's a fucking disgrace*[1]*! »*, hurle-t-il en boucle devant les caméras du monde entier. À Stamford Bridge, un enfant de dix ans découvre l'atmosphère électrique des matchs à enjeux. Mais surtout, il reste un enfant de dix ans qui va vivre une cruelle déception. Avant le match, on lui avait fait la promesse qu'il pourrait rencontrer Didier Drogba afin d'obtenir un autographe. Les dieux du foot ont changé le destin d'une fin de soirée qui aurait dû être idyllique pour le jeune Mbappé. Furieux contre l'arbitre, Didier Drogba n'a pas respecté son engagement et ne s'est jamais présenté. Dix ans plus tard, alors qu'il présente la cérémonie du Ballon d'or (Mbappé est 6e du classement) au théâtre du Châtelet, Didier Drogba dévoile l'anecdote aux téléspectateurs du monde entier :

— Il y a dix ans, il paraît que je t'ai rendu triste, introduit Drogba, nœud papillon noué autour du cou.

— Oui, je m'en souviens très bien, sourit Kylian en baissant la tête, dans un costume bleu nuit impeccable.

— Je peux raconter ?

— Vas-y, vas-y, je ne t'en veux plus.

— Il y a dix ans, un soir de demi-finale Chelsea-Barcelone, un soir de *disgrace*, j'avais promis à un ami de faire une photo avec un petit garçon de dix ans après le match. Sauf que c'était un soir de *disgrace*, je suis vite

1. C'est une p….. de honte !

parti après le match et j'ai refusé de prendre la photo. Il y a quelque temps, j'ai appris que ce garçon, c'était toi, Kylian. Ce soir, j'ai décidé de payer ma dette devant le monde entier. Vous pouvez m'apporter mon téléphone, s'il vous plaît ?

L'attaquant du PSG se prête au jeu en souriant, sans ajouter un mot, avec la discrétion qui le caractérise quand il se tient près de l'une de ses idoles.

À onze ans, Kylian mesure 1,47 m pour 39 kilos, et dribble désormais des adversaires de 1,70 m dans des matchs sur grand terrain, en foot à 11. Le foot à 7 n'est déjà plus qu'un lointain souvenir. À chaque fin de saison, le Bondynois veut sauter une catégorie et supplie son père : « Papa, mets-moi avec eux, ne t'inquiète pas, je vais assurer. »

Et à chaque fois, Kylian assure, contribuant souvent à la victoire de son équipe, rattrapant parfois des situations désespérées, dans le rôle du « sauveur ».

Toujours à onze ans, Kylian a déjà reçu des sollicitations plus ou moins franches d'une dizaine de clubs : Chelsea, le Real Madrid, le Paris-Saint-Germain, l'AS Monaco, les Girondins de Bordeaux, le Stade rennais, Sochaux, Lens et Caen. « J'ai toujours joué en ayant des rêves, que certains d'ailleurs trouvaient à l'époque démesurés, mais aucun rêve n'est démesuré. Les rêves, ça vous permet d'avancer[1]. »

Lors des étés 2008, 2009 et 2010, la famille Mbappé passe une partie de l'été dans le Sud-Ouest, à Blanquefort, chez des amis. Comme le foot est toute sa vie, même en vacances, Kylian s'inscrit aux stages de *Cap Girondins*,

---

1. Le Bondy Blog, 17 octobre 2018.

et porte ainsi chaque été le maillot des Girondins de Bordeaux, au centre d'entraînement du Haillan, parmi 180 jeunes issus pour la plupart de la région Aquitaine. À l'âge de dix ans, il s'entraîne donc déjà cinq heures par jour, joue avec des garçons plus âgés et plus costauds que lui, mais remporte malgré tout le trophée du meilleur joueur de la semaine, à chaque fois. De mémoire d'entraîneurs des Girondins, il n'y a jamais eu pareil phénomène lors des stages d'été du Haillan. Les responsables du club insistent auprès de la famille pour que Kylian effectue un stage au club, mais Wilfrid refuse : il a prévu d'emmener son fils à la montagne et à la campagne. On découvre la « signature » de la famille Mbappé : ne jamais précipiter les choses, prendre son temps.

En septembre 2009, c'est le Stade Malherbe qui tient la corde. Aux lecteurs qui seraient étonnés qu'on puisse préférer le petit club de Caen au grand Real, imaginez un père et une mère d'un enfant de onze ans, qui doivent penser avant tout à la stabilité mentale et à l'intégration. Dans le milieu, les bons recruteurs – ceux qui pensent à l'intérêt de l'enfant avant d'imaginer leurs commissions rondelettes – disent que jusqu'à quatorze ou quinze ans, l'enfant ne doit pas se trouver à plus de 250 kilomètres du lieu de résidence de la famille – un oncle proche ou des grands-parents pouvant bien sûr faire l'affaire. En effet, en cas de coup de mou, de déprime plus ou moins passagère ou de sérieuse mésentente avec l'entraîneur ou des coéquipiers, l'enfant doit pouvoir retrouver son cocon familial. D'ailleurs, dans ce souci du bien-être de l'aspirant footballeur, le Stade Malherbe limite ses détections au quart nord-ouest et à l'Île-de-France. La distance entre Bondy et Caen ? Précisément 250 kilomètres. En traversant le parc naturel du Vexin via l'autoroute A13, Fayza et Wilfrid n'auraient eu que trois heures de route pour maintenir un lien d'attache avec leur prodige de fils. De même, Jirès Kembo, alors professionnel au Stade rennais, se situerait à moins de 200 kilomètres de la Normandie. La famille Mbappé multiplie alors les échanges avec Laurent Glaize et David Lasry, les responsables du recrutement du centre de formation du SMC, alors en Ligue 2. Face à la concurrence du Real et de Chelsea, les deux hommes ont conscience de ne pas être les plus puissants sur le plan financier – ils ont même hésité à se positionner par peur du ridicule –, alors ils jouent à fond la carte du local et du club familial. Ils ne manquent pas aussi de rappeler le nom des joueurs qu'ils ont formés et qui sont alors aux portes du monde professionnel : Mbaye Niang, Raphaël Guerreiro... S'il avait signé à Caen, Kylian aurait aussi croisé Thomas Lemar, l'ailier guadeloupéen avec qui il remportera plus tard le Championnat de France avec Monaco, et la Coupe du monde avec les Bleus. C'est dire la solidité de la formation caennaise, ce qui n'a pas échappé à Wilfrid Mbappé, éducateur expérimenté. Mais quand le Stade Malherbe envoie une première proposition de contrat à Kylian Mbappé, Wilfrid et Fayza ne répondent pas. Laurent Glaize décroche son téléphone pour prendre la température. Wilfrid Mbappé lui demande alors s'il n'a pas oublié de joindre une feuille au contrat, avant d'ajouter une *punchline* dont il a le secret : « Tu veux attirer un requin avec une canne à pêche ? » Cette réponse pleine d'esprit n'empêchera pas les échanges de se poursuivre entre Caen et les Mbappé. Sous la direction de Franck Dumas, l'équipe professionnelle du SMC remonte en Ligue 1.

Au sujet de l'argent dans le football à l'adolescence, voici ce qu'expliquait Laurent Glaize en 2012 : « À Caen, on a un budget inférieur aux autres. Alors, nous, on mise sur d'autres valeurs. Dans le recrutement des gamins, l'argent intervient beaucoup trop. Il est essentiel que des directives soient prises. Il faut arrêter de donner de l'argent à un gamin pour qu'il signe dans un club. Ce n'est, en tous les cas, pas notre politique. Malheureusement, la facilité pour des familles qui sont parfois dans le besoin, c'est d'accepter cet argent. Nous, on valorise d'autres vertus[1]. »

Alors que Kylian a douze ans, le club anglais de Liverpool prend aussi des informations, par le biais du recruteur Kevin Hunt.

Parallèlement, Kylian suit un stage au Racing Club de Lens, une institution respectée pour sa formation. Le centre de formation de La Gaillette est situé à moins de 200 kilomètres de Bondy. Sur les pelouses nordistes, le jeune Francilien impressionne par son jeu de provocation et son intelligence balle au pied. À onze ans, il ne se contente pas de dribbler et de marquer. Il lève la tête et fait briller ses partenaires. Marc Westerloppe, alors responsable de la formation lensoise, assure au président Gervais Martel qu'il tient une pépite, un phénomène. Westerloppe, bien des années avant de susciter la polémique au Paris-Saint-Germain[2], est surtout connu comme le technicien qui a révélé au monde du football le talent de Didier Drogba, au Mans, en Ligue 2, en 1999.

1. Site du Stade Malherbe de Caen.

2. En 2018, Marc Westerloppe a été accusé d'être à l'origine d'un fichage ethnique au centre de formation du Paris-Saint-Germain.

Après plusieurs rendez-vous, le RC Lens et la famille s'entendent. Ils signent même un accord de non-sollicitation. Dans le jargon, on appelle ça un « ANS ». Ce point juridique est défini ainsi dans les règlements de la Ligue de football professionnelle (LFP) : « Tout groupement sportif, disposant d'un centre de formation [...], pourra faire signer à n'importe quel moment, à un joueur âgé de 13 ans au moins au 31 décembre de la saison de signature, qualifié dans un club français n'ayant pas de centre de formation agréé ou étranger n'ayant pas le statut professionnel, un accord dit de non-sollicitation lequel fera l'objet d'un enregistrement par la Commission juridique de la LFP ». Cet accord, qui est un mécanisme franco-français, a été imaginé pour éviter la « guerre » dans la quête des talents du futur, comme un pacte de non-agression. En le faisant signer l'année de ses treize ans, le club s'engage à offrir un contrat d'aspirant footballeur de trois ans à l'enfant, une fois dans l'année de ses quinze ans. Kylian Mbappé aurait donc dû intégrer le centre de formation du RC Lens. Sauf que la saison 2010-2011 du club artésien est catastrophique. Après le départ de Kevin Monnet-Paquet, les Sang & Or naviguent en queue de peloton dès le mois de septembre. Gervais Martel est contraint de remercier Jean-Guy Wallemme, une légende du club, pour tenter de sauver son club. En vain. Laszlo Boloni ne fera pas mieux. Lens enchaîne treize matchs sans le moindre succès. Au soir d'un partage des points à Monaco (le destin...), la descente en Ligue 2 est mathématiquement entérinée. Vous voyez le coup venir ? Wilfrid Mbappé refuse que son fils, courtisé par l'Europe entière, s'engage avec un club sombrant dans le deuxième échelon national, dans une mauvaise dynamique. Le patriarche téléphone ainsi au président historique du RCL, champion de France en 1998, l'année de naissance de Kylian : « Monsieur Martel, je ne peux pas mettre mon gamin chez vous, vous êtes en deuxième division. Je vais le mettre autre part ».

Kylian Mbappé ne portera jamais le maillot du RC Lens.

Fayza, Wilfrid et Kylian poursuivent ainsi leur tour de France, qui va bientôt franchir la frontière des Pyrénées et celle de la Manche, afin de trouver le club le plus adapté à l'évolution sportive du prodige. Conscient des qualités de leur fils, les parents Mbappé veulent prendre leur temps et ne se précipitent pas sur le premier chèque venu. En attendant de trouver l'endroit où Kylian s'épanouira, l'heure est venue de suivre les traces du grand frère adoptif, Jirès Kembo. Direction Clairefontaine !

4

Mbébé à Clairefontaine

En longeant l'immense forêt de Rambouillet, au cœur du département des Yvelines, à une petite heure de Paris, les joggeurs mal renseignés ne peuvent pas soupçonner que les plus grands exploits du football français sont nés ici. Ici, c'est cet ancien pavillon de chasse de style anglo-normand du XIXe siècle, planté au cœur du domaine de Montjoye. Clairefontaine. « Clairf' », pour les intimes. Un domaine verdoyant, magnifié par une époustouflante collection de rhododendrons roses et mauves, qui fleurissent au printemps, juste avant l'arrivée des joueuses et des joueurs qui préparent les coupes du monde et les Euros. À la fin des années quatre-vingt, les cinquante-six hectares – dont trente-quatre de forêt – ont été aménagés afin de mettre sur pied l'excellence du football français, dans un cadre apaisé, loin des regards. À Clairefontaine, on aperçoit des biches quand on trottine vers le terrain Michel-Platini, et si l'on fait mine d'aller chercher un ballon égaré par un mauvais tireur de coup franc, on tombe sur des cèpes et des girolles fraîchement comestibles. Si les ailiers de l'équipe de France courent vite, ils n'atteignent quand même pas les temps de passage aux 100 mètres des lapins et des cerfs qui gambadent dans les clairières juxtaposées au Château.

Quand Kylian Mbappé foule la terre de Clairefontaine pour la première fois, en août 2011, il ne peut qu'admirer les onze marches les plus célèbres de France – après celles du Festival de Cannes. Onze, comme une équipe de football, l'architecte de l'époque n'y avait sans doute pas pensé. En tout cas, à l'âge de 12 ans, ni Kylian ni ses nouveaux coéquipiers ne sont autorisés à pénétrer dans le Château, dont l'aile principale est réservée aux internationaux « A ». Dans les années 2010, les Bleus s'appellent Franck Ribéry, Florent Malouda ou Éric Abidal, et sont dirigés par Laurent Blanc, un an après le fiasco de la Coupe du monde en Afrique du Sud et le départ de Raymond Domenech. Dans cette équipe de France 2011, on note aussi la présence d'Hugo Lloris, Olivier Giroud et Adil Rami. Sept ans plus tard, ces trois joueurs allaient remporter la Coupe du monde avec… Kylian Mbappé, l'attaquant de 12 ans qui découvre Clairefontaine en août 2011 avec ses yeux d'enfant. Comme chaque visiteur, il admire la gigantesque statue de la Coupe du monde plantée au cœur du domaine.

En cette rentrée 2011, quand ses copains de Bondy intègrent une classe traditionnelle de quatrième au collège de l'Assomption, Kylian Mbappé fait sa rentrée à l'Institut national du football de Clairefontaine. Depuis 1990, à l'initiative de Gérard Houillier, le centre national du football s'est spécialisé dans la préformation des adolescents âgés de 12 à 14 ans. Au terme d'une longue période de sélection très poussée, basée sur les qualités sportives et le dossier scolaire (impossible, par exemple, d'intégrer l'Institut si on a redoublé une classe), Kylian a été retenu dans la « promotion 1998 », un nom qui fait rêver tout le monde puisqu'il évoque le titre de champion du monde, même s'il fait seulement référence à l'année de naissance des 22 enfants choisis. Lors du dernier tournoi de sélection, alors que tous les enfants jouent comme si leur vie en dépendait, Kylian Mbappé évolue sur le terrain sans pression, et sans faire plus d'efforts que cela. Est-ce parce qu'il ne veut pas vraiment être sélectionné ? Non, en réalité, il est tellement convoité qu'il a déjà l'assurance d'être retenu dans la promotion.

Avant Kylian Mbappé, l'INF Clairefontaine a formé quelques noms ronflants de l'équipe de France et du football européen : Thierry Henry, Nicolas Anelka, William Gallas, Hatem Ben Arfa, Blaise Matuidi, Abou Diaby, Jérôme Rothen, Louis Saha, Jimmy Briand, Richard Dutruel, Gabriel Obertan, Yacine Brahimi, Mehdi Benatia, Grégory Wimbée, Jacques Faty, Sébastien Piocelle, Pierre Ducrocq, Yves Deroff, Habib Bamogo, etc.

« À Clairefontaine, H24, sept jours sur sept, nous avons vécu des moments forts, de franche rigolade, mais aussi des coups de moins bien, raconte Arnaud Nordin. Nous étions très unis, nous le sommes encore[1]. » À l'époque, Nordin est considéré comme le meilleur joueur de l'institut. Sans connaître le succès fulgurant de Kylian, Arnaud Nordin réussira lui aussi à devenir professionnel, à l'AS Saint-Étienne puis à Montpellier, disputera une finale de Coupe de France et connaîtra même quelques sélections en équipe de France Espoirs et en équipe de France olympique. Parmi les 22 heureux

1. ASSE.fr.

élus en 2011, seuls quelques-uns deviendront professionnels. Gérard Prêcheur, alors directeur de l'INF, les avait prévenus dès leur arrivée, avant de leur proposer une course d'orientation pour faciliter leur intégration. « Avec Alexis Claude-Maurice et Kylian Mbappé, déjà dans le bon tempo dans la passe, et Arnaud Nordin, un finisseur véloce, je disposais d'une triplette d'attaquants complémentaire, très technique, jouant juste », analyse Jean-Claude Lafargue, l'entraîneur[1]. Claude-Maurice est le troisième grand nom de la promo 1998, passé par Lorient, Nice et Lens, avec un titre de vice-champion de France en 2023. Cependant, parmi les 22, seul Kylian Mbappé a été sélectionné – à ce jour – en équipe de France A.

Nous nous sommes amusés à recenser le parcours de ses coéquipiers : Kilian Bevis (championnat serbe, équipe de Guadeloupe), Sacha Martinez (US Ivry), Marvin Plantier (passé par le centre de formation de Sochaux), Armand Laurienté (Sassuolo, plus de 10 buts inscrits en Série A, champion de France de Ligue 2 avec Lorient), Guillaume Péria (passé par le centre de formation de l'AJ Auxerre avant de devenir architecte), Samy Hammour (a fait des études de médecine après Clairefontaine, il est aujourd'hui anesthésiste-réanimateur), Loreintz Rosier (Fortuna Sittard, Eredivisie), Yacine Tahri (clubs amateurs), Yoann Vardin (Entente Sannois-Saint-Gratien), Boubacar Fofana (Winterthur, championnat suisse, deux matchs de Ligue 2 avec le Gazelec Ajaccio), Yann Kitala (Almere City, Eredivisie, double champion de France de Ligue 2 avec Lorient et Le Havre, international RD Congo en catégorie U17),

1. ASSE.fr.

Allan Momège (FC Les Lilas, une sélection en équipe de France U16), Clément May (passé par le Stade Malherbe puis étudiant aux États-Unis, Patriots de Cumberlands University, et Palm Beach Atlantic University, en 2e division de NCAA, diplômé d'un MBA dans le secteur de la tech), Khamis Digol (international centrafricain, passé par Auxerre, Troyes et le FC Aubagne), Hugo Boquet, Sergio Goncalves, Jaouad Jouini (Boulogne-Billancourt), Jason Tre (passé par Caen, le Paris FC, Laval et le Red Star), Fakri Amadi Ali (exclu en première année pour mauvais comportement), Malik-Ayoub Khatib (centre de formation de Troyes).

Le point commun de tous ces jeunes : leur lieu de naissance et d'habitation. En effet, pour éviter l'éloignement géographique, l'INF Clairefontaine accueille seulement les enfants d'Île-de-France, voire des départements limitrophes, comme l'Eure. Antony, Saint-Maur, Le Plessis-Robinson, Neuilly-sur-Seine, Montreuil, Choisy-le-Roi, Paris… Les parents doivent être disponibles pour venir les chercher le vendredi en fin d'après-midi, et les ramener dans les Yvelines le dimanche soir. C'est le fonctionnement d'un internat traditionnel. Seul diffère le programme : le réveil est fixé aux aurores, à 6 h 30. L'avenir appartient à ceux qui se lèvent tôt. Le matin, pas de football. Kylian et ses copains prennent le bus pour aller en classe, au collège Catherine-de-Vivonne de Rambouillet. Chaque jour, les apprentis footballeurs étudient six heures durant, jusqu'à 15 heures. Là, retour dans le bus et à Clairefontaine, pour un entraînement quotidien de deux heures. La suite du programme ? Douche, dîner, puis une heure de devoirs ou de soutien scolaire. Jean-Jacques Crenn, un professeur d'orthographe et de grammaire, vient dispenser ses leçons aux oreilles volontaires. « À chaque fois, je vous dis d'apporter vos Bescherelle, et évidemment, comme à chaque fois, personne ne l'a[1] ». Le professeur a noté les perles de la promo 1998 :

— Qu'est-ce que le futur antérieur ?

— C'est l'auxiliaire plus, euh... le truc.

— « Seras », c'est quel verbe ?

— Aller.

— Pourquoi est-ce que dans la phrase « La neige a piégé les automobilistes » tu as mis un e à « piégée » ?

— Parce que « neige », c'est féminin.

À 21 heures, les préadolescents ont quartier libre. Quand certains jouent aux cartes (le célèbre « Huit américain »), d'autres visionnent des DVD. Lors des soirs de matchs de l'équipe de France, tous sont autorisés à veiller jusqu'au coup de sifflet final (sauf en veille de contrôle). Sinon, le coucher est fixé à 22 heures. Avant de se rendre dans leur chambre, les enfants doivent rendre leur téléphone portable à l'un de leurs surveillants, Aziz Mokadem, Andréa Matha et Alexandre Mathieu. Ils les récupéreront seulement le lendemain à 15 h 30, à leur retour du collège.

La vingtaine d'écoliers est répartie dans deux classes de quatrième, qui ont l'avantage d'être des classes réduites en nombre. À Rambouillet, les parents d'élèves savent que leurs enfants peuvent se retrouver en classe avec de futurs footballeurs. Selon les profils, le proviseur Jean-Claude Beuf reçoit alors deux types de lettres : ceux qui souhaitent que leurs enfants soient mélangés aux

1. Citation tirée de la série Promo 98 du *Monde*.

footballeurs pour bénéficier des classes de vingt élèves (au lieu de trente), et ceux qui ne veulent surtout pas que leur progéniture fréquente les footeux, à cause des préjugés. En effet, un article du *Monde* rapporte qu'il y a parfois eu des « problèmes », des « incompréhensions », « accompagnées de racisme », en raison de la présence des footballeurs. Certains collégiens de Rambouillet ont même créé la BAF : la Brigade anti-footeux – lassés de voir leur cote de popularité systématiquement en dessous de celle des apprentis de Clairefontaine, notamment auprès des filles. Pourtant, les jeunes footballeurs passent relativement inaperçus. Ils portent des tenues de ville, car leur uniforme Nike bleu, obligatoire au Domaine de Montjoye, est interdit à l'extérieur. Les observateurs rapportent juste que la consommation de bonbons et de sucettes est largement plus élevée chez les jeunes footballeurs !

La première année, Kylian fréquente régulièrement Marcus Thuram, membre de la génération 1997. Son champion du monde de père, Lilian, est régulièrement au bord des terrains, et glisse d'ailleurs à un journaliste du *Monde* que « l'équipe 1998 est meilleure ». Il faut dire que la promo 1997 a posé quelques soucis de comportement : six membres ont été exclus. Dans l'équipe de Kylian, seul un joueur connaîtra ce sort en raison de son attitude. Dans la promo 1997, plusieurs joueurs deviendront professionnels, voire internationaux : Christopher Nkunku, Amine Harit (Maroc), Allan Saint-Maximin, Florian Ayé, Yvan Neyou (Cameroun).

L'INF Clairefontaine, c'est le premier jour du reste de la vie de Kylian Mbappé. À seulement 12 ans, il expérimente le style de vie qui est toujours le sien aujourd'hui : une vie dans une bulle « foot », où l'on joue au ballon tous les jours, où l'on se préoccupe avant tout de ses performances sur le terrain. Pour un enfant autant obnubilé par son rêve et son plan de carrière, ces deux années sont idéales. « À 12 ans, Kylian fait partie des très bons éléments, sans être au-dessus de tous, explique son coéquipier Samy Hammour. Je ressens qu'il est différent par l'environnement qui gravite autour de lui. Beaucoup de recruteurs viennent pour lui. Il est sponsorisé par Nike. De mon côté, je n'ai pas d'agent (mon père et moi considérons que c'est beaucoup trop tôt), je n'ai signé nulle part et j'achète toujours mes crampons en magasin[1]. »

Kylian, en effet, n'a plus besoin d'acheter de chaussures à crampons. Jusqu'à l'âge de huit ans, il réclamait des « Adidas » à ses parents, pour ressembler à Zinédine Zidane, son idole. En 2006, à la retraite du champion du monde, il essaie les Nike, pour imiter Ronaldinho, star du FC Barcelone et ancien joueur du PSG. Surtout, son grand frère adoptif Jirès Kembo, sous contrat avec la marque à la virgule, demande à son équipementier d'offrir une paire de temps à temps au petit Kylian. Après l'avoir fait pour faire plaisir, Nike s'aperçoit du phénomène et fournit désormais officiellement Kylian Mbappé. À seulement dix ans, il lui suffit de réclamer une nouvelle paire de chaussures, et il l'obtient gratuitement. Comme un professionnel, déjà...

S'il est présenté comme un « crack » par tous les recruteurs de la région, Kylian Mbappé met du temps à s'affirmer au sein de l'équipe de l'INF. Au début de la saison, la concurrence entre les différents joueurs, notamment les attaquants, est très forte. Au fur et à mesure des mois et des aventures en commun, la solidarité prendra le pas sur la

1. *Ouest-France.*

rivalité. Loué par les entraîneurs pour son efficacité devant le but, Kylian est parfois mal compris par ses partenaires, à cause d'une forte confiance en lui, jugée comme de la suffisance. À cause d'une tendance récurrente à bouder, il est surnommé « Mbébé ». Plus tard, ses partenaires le renommeront malicieusement « Chicots d'or » – brossage de dents peu régulier ou clin d'œil au Ballon du même nom dont Kylian rêve éveillé ? À Clairefontaine, les surnoms pleuvent dans tous les sens. Arnaud Nordin, que l'on appelle « Noix de coco » pour la forme de sa tête, donne à Kylian le sobriquet « cacahuète », pour les mêmes raisons.

Chaque vendredi soir, Kylian rentre à Bondy, et joue le week-end avec l'équipe semi-professionnelle entraînée par son père. Au stade Léo-Lagrange, il est tiraillé entre les exigences de Clairefontaine et les consignes tactiques et techniques de son père. À l'Institut, il n'y a pas de compétition, ni montée, ni descente, ni coupe à gagner. Le seul but est le développement du footballeur. Jean-Claude Lafargue demande alors souvent à Kylian d'exercer son pied faible, dans toutes les situations possibles. Lors d'un match à Bondy, démarqué sur son aile droite, Kylian ose une longue passe pied gauche, qui atterrit dans les pieds d'un adversaire. Contre-attaque fulgurante. Et coup de colère de Papa Mbappé : « Kylian ! Tu n'es pas ici pour tenter des fantaisies techniques de Clairefontaine ! On a un championnat à jouer ici ! Tu peux retourner à Clairefontaine toute la semaine et t'entraîner sur ton beau terrain. Mais ici, c'est Bondy ! Ici, on a aussi une vie ! »

« Mon père savait que ma tête était dans les nuages, donc il a fait en sorte que mes pieds soient toujours bien ancrés dans le sol[1]. »

1. The Player's Tribune.

Pendant que Kylian Mbappé travaille sérieusement à Clairefontaine, ses parents préparent la suite. Soigneusement. Toujours avec la même patience. Dans tous les clubs où il est reçu, Wilfrid pose ses exigences : Kylian doit avoir du temps de jeu, ne doit pas être formaté de telle ou telle manière, et doit être dirigé par un entraîneur qui laissera libre cours à sa créativité sur le terrain. Il cherche aussi un référent qui chapeautera Kylian au fil des ans, afin que l'adolescent conserve le même interlocuteur lors de ses trois années d'aspirant footballeur. Sur ce point, le SM Caen reste à la pointe. Malgré le premier refus essuyé, Laurent Glaize et David Lasry n'ont pas abandonné la bataille, et ils ont bien fait. Wilfrid est sensible à la promesse de Franck Dumas, l'entraîneur de l'équipe première, qui évolue désormais en Ligue 1. L'ancien milieu de terrain de Monaco assure que, s'il signe à Caen, Kylian sera professionnel dès l'âge de 16 ans.

Kylian participe à deux tournois organisés par le Stade Malherbe, le premier à Nantes et le second en Normandie, le tournoi Jean-Pingeon qui rassemble les meilleurs jeunes du coin (Yann Karamoh, Jean-Victor Makengo...). Lors de ce même week-end, le Paris-Saint-Germain participait à un tournoi en Espagne et avait aussi invité la famille Mbappé – qui a choisi Caen. Il existe d'ailleurs une photo de Kylian jouant avec le maillot à bandes rouge et bleu du SMC.

Franck Dumas met les petits plats dans les grands. Un jour, il quitte carrément l'entraînement de l'équipe professionnelle pour discuter avec Wilfrid Mbappé, présent au stade d'Ornano. Le courant passe parfaitement. Le club et la famille s'accordent sur un contrat de trois ans d'aspirant, puis de trois ans dans l'équipe professionnelle. Une prime à la signature est négociée : 180 000 € si Caen est en Ligue 1 durant le contrat, 120 000 € en cas de Ligue 2. Cependant, impossible de signer un contrat formel dès l'année 2012. Les règlements de la FFF interdisent à un adolescent de cet âge de s'engager dans un club situé à plus de cinquante kilomètres de son domicile. Les deux parties fulminent, et la dérogation réclamée à la fédération n'est pas accordée.

Il faut donc patienter…

Et dans le monde impitoyable du football, tout va très vite. Tout change très vite.

Pourtant, l'information circule vite. Dans le quatrième article de la série « Promo 1998 », les reporters du *Monde* mentionnent que Kylian Mbappé a signé à Caen.

Quelques mois après l'accord verbal passé entre le club, Dumas et la famille, le Stade Malherbe refait l'ascenseur et descend en Ligue 2. Franck Dumas ne résiste pas à cet échec : il est renvoyé. La famille Mbappé se rend de nouveau en Normandie pour rencontrer Jean-François Fortin, le président, Patrice Garande, l'adjoint devenu entraîneur principal, et Alain Caveglia, nouveau responsable du recrutement. Dans une période économiquement compliquée pour le club normand, les trois hommes sont réticents à réaliser un tel investissement pour un joueur de quatorze ans. Après de multiples réflexions, Laurent Glaize est chargé de la mission la plus délicate de sa vie : dire non à Kylian Mbappé, ce jeune garçon qu'il considère comme un crack depuis la première fois qu'il l'a vu jouer, à Bondy. Laurent Glaize quittera ses fonctions, dégoûté du métier. Il rebondira dans le foot amateur.

Lors de l'été précédant l'arrivée de Kylian à Clairefontaine, la famille Mbappé s'était rendue au centre d'entraînement de Cobham, pour un stage d'une semaine avec le Chelsea Football Club. À l'époque, le club londonien est entraîné par le Portugais André Villas-Boas, qui vient de remplacer Carlo Ancelotti. À Stamford Bridge, les stars évoluent à tous les postes : Franck Lampard, John Terry, Didier Drogba, Florent Malouda, Michael Essien, Salomon Kalou, Petr Cech. Au centre de formation de Cobham, un Français s'illustre déjà. Il s'agit de Jérémie Boga, un Marseillais de la génération 1997 recruté dès 2008. Son père, Daniel, travaille en tant que recruteur pour le club du magnat russe Roman Abramovitch. Daniel Boga est alors alerté par un employé de Nike, Denis Chantron : un phénomène joue à Bondy, il faut aller le voir. Boga s'exécute et demande à Jim Fraser, responsable des jeunes *blues*, d'inviter Kylian Mbappé dans le Kent. Au bout d'une semaine de stage, le Français participe à un match contre Charlton, remporté 7-0. Au bord du terrain, Wilfrid Mbappé observe son fils silencieusement, pendant que Fayza, la maman, l'encourage (« Kylian ! Prends le ballon ! Prends-le ! Vas-y ! Tire ! »). Fraser est emballé, bluffé par les qualités techniques de Kylian. Cependant, il avoue aussi ses doutes quant à l'implication du Bondynois, et notamment sa participation aux tâches défensives, jugées inexistantes. Il propose alors à la famille de revenir rapidement pour un second stage, afin de continuer à observer le joueur de 12 ans.

La réponse de Fayza est unique en son genre : « Non, nous ne reviendrons pas. Dites-leur : "Il ne reviendra pas. Si vous voulez le signer, vous le signez maintenant". Dans cinq ans, vous reviendrez le chercher pour 50 millions de livres. Traduisez-moi ça ! » Gêné, Daniel Boga n'ose pas traduire en anglais cette réponse qu'il juge arrogante. Il se contente alors de dire à Fraser que la famille Mbappé ne souhaite pas revenir, et que la décision doit être prise dans l'instant. Chelsea ne donne pas suite. Devant le scout des Blues, Fayza ne se démonte pas : « Daniel, ne t'inquiète pas. Mon garçon, il va y arriver. » Finalement, la mère de Kylian s'était trompée. Cinq ans plus tard, Mbappé vaudrait trois à quatre fois plus de 50 millions de livres. En tout cas, l'épisode londonien illustre à merveille la confiance à toute épreuve des parents de Kylian. Combien de parents se seraient réjouis – voire émerveillés – de voir que leur fils était retenu pour un essai complémentaire dans l'un des meilleurs clubs de Premier League ? Pour les Mbappé, ce n'est tout simplement pas assez. S'ils ne sentent pas une totale confiance et un engagement ferme envers Kylian, ils passent leur chemin. Kylian, du haut de ses 12 ans, comprend et accepte les décisions, même si elles sont parfois difficiles à entendre dans un premier temps. « J'ai supplié mes parents de me laisser quitter Bondy pour rejoindre un grand club. Mais vous devez comprendre mon père et ma mère. Ils voulaient que je reste à la maison pour que je puisse être un enfant et avoir une vie normale. Je ne l'ai pas compris sur le coup, mais c'était vraiment la meilleure chose pour moi parce que j'ai appris beaucoup de choses à mes dépens que je n'aurais jamais apprises dans la bulle d'un centre de formation[1]. » En effet, malgré sa présence à l'INF Clairefontaine, Kylian rentre tous les week-ends à Bondy, retrouvant son cocon, son stade Léo-Lagrange

1. The Player's Tribune, 2020.

et ses copains. Ces derniers n'ont pas manqué de s'apercevoir que Kylian avait disparu pendant une semaine. Garçon assez secret, il n'avait raconté à personne qu'il se rendait à Chelsea pour faire un stage. À son retour, dans le vestiaire de l'AS Bondy, il est assailli de questions.

— Kylian, t'étais où la semaine dernière ?

— À Londres, avec Chelsea.

— Pfff… impossible !

— Je vous jure, j'ai même rencontré Drogba !

— Tu mens ! Drogba ne rencontre pas des gamins de Bondy !

Afin de prouver qu'il n'est pas un bonimenteur, et puisqu'il ne dispose pas encore de téléphone portable, Kylian demande à l'entraîneur – c'est-à-dire son père – de montrer à ses coéquipiers les clichés saisis à Cobham. Dans le centre d'entraînement dernier cri de la banlieue de Londres, le jeune garçon a rencontré Didier Drogba ou encore Florent Malouda. Preuve ultime : un maillot de Chelsea floqué du nom de Mbappé et du numéro 10 lui a été offert. Une image qui pourrait faire rêver les supporters des Blues aujourd'hui…

Dans le média anglais *The Athletic*, Daniel Boga explique les raisons de l'intérêt mesuré de Chelsea au sujet du préadolescent Mbappé : « Il était très talentueux, mais en Angleterre, ils veulent voir le joueur revenir en défense et être un travailleur acharné. À l'époque, il n'était pas un travailleur acharné. Défensivement, ce n'était pas encore ça. Quand il avait le ballon, il était incroyable, mais sans le ballon, il ne travaillait pas beaucoup. Quoi qu'il en soit, Mbappé est le meilleur joueur que j'aie jamais repéré. »

Exit Caen, Chelsea et Lens. Trois clubs restent alors en lice pour accueillir Kylian Mbappé dans leur centre de formation : Monaco, Bordeaux et le Real Madrid.

Pendant que l'écrémage s'opère, le jeune garçon poursuit ses classes à Clairefontaine. Au petit déjeuner, il croise des ex-joueurs et entraîneurs en cours de DEPF (diplôme d'entraîneur professionnel de football) au Domaine de Montjoye : Patrice Carteron, Marco Simone, Manuel dos Santos et… Christophe Galtier ! Encore un joli clin d'œil du destin : alors en poste à Saint-Étienne, Galtier pouvait-il imaginer un jour entraîner l'une des meilleures équipes d'Europe, le PSG, avec en attaquant vedette le gamin qui dévore ses céréales à quelques tables de lui ?

Sur les terrains d'entraînement, Kylian Mbappé est un apprenti studieux. « Je sais que le travail et l'écoute paient, analyse-t-il dans *Le Monde*. En cas d'échec, je veux juste n'avoir aucun regret. » Les journalistes du quotidien du soir relèvent que Mbappé s'exprime « déjà comme professionnel ». De façon globale, ils saluent la meilleure élocution et le vocabulaire plus riche chez les jeunes de la promo 1998 que chez les Bleus de Blanc. À Noël, chacun rentre chez soi. Gérard Prêcheur et Jean-Claude Lafargue recommandent un repos strict pendant sept jours, puis trois footings de quarante-cinq minutes lors de la deuxième semaine. Les joueurs disposent d'un cahier de suivi avec planning à respecter.

À Clairefontaine, il arrive à Mbappé de faire des bêtises. Mais celles-ci sont toujours liées au football. Quand Kylian fait le mur, ce n'est pas pour draguer ou faire la fête. « Quand on trouvait que l'entraînement n'avait pas été suffisant, on sortait le soir pour aller jouer dans la cage à foot *(un petit terrain entouré de parois, NDA)* alors que c'était interdit. Il n'y avait pas d'éclairage, alors on mettait les lumières des téléphones, et on faisait des "cinq contre cinq" jusqu'à pas d'heure. Ensuite, on rentrait dans nos chambres par les fenêtres. Le lendemain, personne n'allait au petit déjeuner, et les encadrants ne comprenaient pas pourquoi on était fatigués[1]. » Kylian reconnaîtra aussi les qualités de son éducateur Aziz Mokadem, et notamment que les multiples punitions infligées lui ont permis de mûrir.

Lors de l'été 2012, alors que l'équipe de France de Laurent Blanc est éliminée prématurément de l'Euro, en quarts de finale contre l'Espagne, Kylian passe ses vacances en famille à Dubaï. Ce même été, Jirès Kembo quitte le Championnat de France pour s'installer aux Émirats arabes unis. À la surprise générale, le jeune espoir de 24 ans (10 buts en 32 matchs de Ligue 1 lors de la saison 2011-2012) signe un contrat avec Al-Ain. Une décision purement économique que ne comprend pas son petit frère de cœur. « C'était son choix, mais moi, je ne l'avais pas accepté. C'était vraiment dur pour moi. Il n'était pas loin de l'équipe de France. Je pensais qu'il pouvait faire quelque chose. J'en ai pleuré, c'était l'amour du frère[2]... »

Dès le 27 août 2012, Kylian retrouve ses amis pour la rentrée de Clairefontaine. Après la course d'orientation de l'année passée, Gérard Prêcheur a imaginé un stage de préparation intensif de cinq jours dans le parc de loisirs du lac du Maine, près d'Angers. Le rectangle vert est

1. *Le Monde*, mai 2016.

2. *L'Équipe*, 2017.

coincé entre un vélodrome et un terrain de hockey sur gazon. Au menu ? Du football, bien sûr, de la préparation physique aussi, mais pas seulement : voile, canoë, baignade, pétanque… autant d'ingrédients nécessaires pour renouer avec la cohésion de la saison précédente, mais aussi pour rencontrer les 22 élèves de la *f* 1999. Parmi eux, Yassine Benrahou (Hajduk Split, championnat croate), Moussa Sylla (AS Monaco, Caen, Pau FC) et surtout celui qui sera bientôt surnommé « La Flèche » dans les allées de Clairefontaine : Youssouf Fofana. Né le 10 janvier 1999, il n'a donc que 21 jours d'écart avec Kylian Mbappé. En 2022, ils disputeront ensemble la finale de la Coupe du monde contre l'Argentine. En attendant, au cours d'une opposition 98-99, Kylian Mbappé, maillot blanc et short blanc, se fait houspiller par son coach : « Mbappé ! Déplace-toi avec le ballon ! Tu défends, là ? »

Au cours de cette seconde année, Kylian et ses coéquipiers sont surnommés les « Energizer », parce qu'ils ne sont jamais fatigués. En fin de saison, certains d'entre eux sont éprouvés par des séances physiques particulièrement poussées. Quatre joueurs sont placés au repos pendant une journée : Hugo Boquet, Yann Kitala, Marvin Plantin et Kylian Mbappé. Les quatre copains ont pour seule mission de bronzer sur la pelouse yvelinoise en observant la séance du jour. Sauf qu'il s'agit là de mordus invétérés de football. Après une poignée de minutes d'ennui, les adolescents de quatorze ans se lancent dans un « Challenge Téléfoot », aussi connu sous le nom de « jeu de la barre transversale ». Du milieu du terrain, il faut expédier son ballon sur la barre transversale. Les apprentis footballeurs ne jouent pas pour rien. Le premier qui fracassera le cuir sur la barre gagnera une canette d'Oasis, servie au Corner, le bar de Clairefontaine. Et qui a gagné, à votre avis ?

…

Eh bien non… ce n'est pas Kylian ! Ce jour-là, le plus précis s'appelle Yann Kitala. Jean-Claude Lafargue n'a rien perdu du spectacle et sévit : puisque les gamins ne sont pas si fatigués que cela, qu'ils aillent donc courir autour du terrain pendant une demi-heure !

Parfois, il arrive aussi au coach d'installer Mbappé au poste de latéral droit – un enfer pour le Bondynois – afin de lui apprendre à défendre. Déjà, Kylian Mbappé déteste ce secteur du jeu. Les habitudes sont prises dès le plus jeune âge…

Au mois de décembre 2012, à quelques jours de ses quatorze ans, Kylian s'apprête à recevoir le plus beau cadeau de son enfance. Souvenez-vous de la réplique de Santiago-Bernabéu offerte par Alain Mboma et de la réponse du jeune garçon. Ce dernier a tenu parole : grâce à son talent, toute la famille Mbappé (y compris Mboma) est invitée à Madrid. Zinédine Zidane, alors directeur sportif du club merengue, veut rencontrer l'enfant prodige. Un stage d'une semaine est organisé pendant les vacances scolaires. Intimidé, stressé, le jeune garçon ne dit rien à personne de son programme de Noël. Il est convié par le Real, mais n'ose pas l'annoncer à ses copains.

Dans la capitale espagnole, Kylian va de surprise en surprise. Qui l'attend sur le parking du centre d'entraînement de Valdebebas ? Zizou en personne ! L'ancien numéro 5 du Real joue les VRP pour convaincre l'adolescent de rejoindre la *cantera* du club madrilène.

D'un geste de la main, il invite son jeune compatriote à monter dans sa voiture de luxe, afin de le conduire à l'entraînement.

Je dois enlever mes chaussures ? bredouille étrangement Kylian, pétrifié par cette soudaine proximité avec son idole.

Bien sûr que non, allez, monte, s'amuse le champion du monde français.

Une fois assis sur le siège passager, Mbappé a envie de se pincer. « Je suis Kylian de Bondy, et je suis dans la voiture de Zizou, c'est pas possible, je dois être en train de dormir. »

D'une idole à une autre, Kylian rencontre ensuite Cristiano Ronaldo, déjà auréolé d'un Ballon d'or à cette époque. Vêtu d'un survêtement du Real, l'adolescent de quatorze ans pose tout sourire avec la star portugaise, en faisant le V de la victoire. Pour attirer Mbappé, la Maison-Blanche met les petits plats dans les grands. Le jour de son anniversaire, tous les joueurs du Real sont présents ! Kylian et sa famille assistent aussi à un match de l'équipe première, au stade Santiago Bernabéu. Face à l'Espanyol Barcelone, les Madrilènes sont tenus en échec (2-2). Mbappé n'a d'yeux que pour Cristiano Ronaldo, qui inscrit un but et délivre une passe décisive pour son compatriote Fabio Coentrão. Sur le terrain, on retrouve Sergio Ramos et Angel di Maria, futurs coéquipiers de Mbappé au PSG, ou Luka Modric, finaliste de la Coupe du monde 2018 qui devancera le Français au classement du Ballon d'or. L'entraîneur du Real est encore Jose Mourinho, mais celui-ci sera remplacé par Carlo Ancelotti en fin de saison, avec un adjoint de luxe : Zinédine Zidane. Mais Kylian Mbappé ne signera pas avec la Maison-Blanche. Forcément, auprès de l'adolescent, l'opération séduction a fonctionné. Kylian désire ardemment rejoindre le Real Madrid. Mais ses parents sont réticents à l'envoyer si jeune dans un autre pays, où l'on parle une langue différente, où il n'a absolument aucun repère. « Je reste un enfant. Et pour un enfant, voir le meilleur joueur français de l'Histoire, c'est un grand moment. Il a été touchant, sincère. Ça ne s'est pas fait, car je voulais privilégier le fait de rester dans mon pays. Partir si tôt, je pense que ça ne l'aurait pas fait[1]. » Finalement, c'est surtout pour faire plaisir à Kylian à l'occasion de son anniversaire que Wilfrid a répondu positivement au coup de téléphone d'un recruteur du Real. Avec sa compagne, ils n'avaient pas réellement l'intention d'envoyer leur fils à Madrid. En 2018, Kylian Mbappé donne une interview au Parisien, à la veille de ses vingt ans. On lui demande s'il se souvient du plus bel anniversaire de sa vie. Il n'hésite pas, et cite ses quatorze ans au Real Madrid, avec CR7 et Zizou. Depuis cette semaine espagnole, il est probable que Kylian ait toujours été persuadé qu'il rejoindrait la Maison-Blanche dès l'instant où il le déciderait.

En rentrant à Bondy, le jeune garçon a une idée en tête. Nous la qualifierons d'étonnante : il souhaite changer de coiffure, et demande donc à son coiffeur de lui faire « un trou au milieu de la tête, comme Zizou ». Heureusement, Fayza l'a accompagné dans le salon et explique à son fils que Zidane est atteint, comme beaucoup d'hommes de son âge, de calvitie, et qu'il n'a pas choisi de se passer de la moitié de sa chevelure – c'est un fait contre lequel il ne peut faire. Kylian conserve donc sa coupe rasée traditionnelle.

---

1. *Téléfoot* – 18/12/2016.

À son retour à Clairefontaine, Kylian retrouve son quotidien. Chaque semaine, Gérard Prêcheur organise des séances mixtes avec les filles, plus âgées, du Centre national de formation et d'entraînement. Kylian Mbappé évolue donc sur le même terrain que Grace Geyoro. La future pépite de l'équipe de France et du Paris-Saint-Germain, née en 1997, a intégré le CNFE en août 2012. Un soir, filles et garçons s'habillent en tenue de gala pour la soirée annuelle de l'Institut au Château de Montjoye, dans le salon Aimé-Jacquet, sous le regard des glorieux anciens dont le portrait est placardé sur les murs.

En 2022, dans une vidéo de la FFF, voici ce que disait Kylian Mbappé à propos de ses années « Clairf » : « Clairefontaine, c'est réputé. C'est vraiment LE centre de formation où tout le monde veut aller. Au départ, je ne devais pas m'y rendre, car je devais signer dans un club tout de suite. Finalement, c'était une bonne chose. Je n'en garde que de bons souvenirs. Que du positif. Une belle expérience de ma vie. C'était ma première expérience dans le monde "semi-pro". C'est là que j'ai appris que le football pouvait devenir un métier. Bien sûr, il ne faut jamais perdre son âme d'enfant et le plaisir de jouer, mais j'ai compris qu'il y avait différents outils pour y parvenir – et pas seulement bien jouer au foot. Ce n'était plus seulement du plaisir. On se préparait à ce que cela devienne un travail. C'est vraiment à Clairefontaine que j'ai compris que le football, c'était sérieux. Au début, c'était très dur. J'étais très jeune. J'avais seulement douze ans et demi. À cet âge-là, on ne connaît rien de la vie, on ne sait rien faire, on est assisté. C'est une expérience à la fois sportive et humaine. Mes parents ont commencé mon éducation et Clairefontaine a fait le reste. À l'époque, j'étais hyperactif, excité à l'idée de devenir un joueur professionnel. Je voulais suivre les traces de Titi *(Henry)*, qui était la référence de Clairefontaine, dont il y avait des photos partout. »

Une fois la piste du Real Madrid écartée, et alors que la formation à Clairefontaine prend fin dans moins de six mois, il est temps de choisir un club. La situation de Kylian est singulière, car la plupart de ses coéquipiers se sont déjà engagés avec un centre. Ceux qui n'ont pas signé sont ceux qui n'intéressent personne. À l'inverse, tout le monde veut Kylian ! Deux clubs restent très sérieusement en lice : les Girondins de Bordeaux et l'AS Monaco. Depuis ses stages d'été à *Cap Girondins*, le club sextuple champion de France n'a jamais écarté l'hypothèse de ravir le joyau bondynois au nez et à la barbe de toute l'Europe. Yannick Stopyra, arrivé à Bordeaux en 2012 en tant que coordinateur général des équipes de jeunes et du recrutement, a aussitôt été mis au parfum, et se rend à Clairefontaine pour découvrir le phénomène. Sa première réaction ? « Mais qu'est-ce que c'est que ce joueur ? » L'attaquant demi-finaliste de la Coupe du monde 1986 est stupéfié par la qualité de dribbles de Mbappé et par l'enthousiasme qu'il suscite au bord du terrain dès qu'il touche le ballon. Mbappé a le sens du jeu, il voit tout et prend les bonnes décisions au moment idoine. Yannick Stopyra rencontre alors les deux parents, puis Kylian et Wilfrid se rendent à Bordeaux pour visiter les installations et discuter avec Francis Gillot, l'entraîneur de l'équipe première. L'époque Laurent Blanc – Yoann Gourcuff – Marouane Chamakh (titre de champion de France en 2009 et demi-finale de Ligue des champions en 2010) semble révolue et en trois ans, le club a perdu beaucoup de son attrait.

Finalement, comme Thierry Henry dix ans plus tôt, Kylian Mbappé quitte l'INF Clairefontaine pour rejoindre le centre de formation de l'AS Monaco. Une nouvelle vie princière s'ouvre à lui. Mais elle sera semée d'embûches…

5

Prince de Monaco

Le 11 mai 2013, l'AS Monaco s'impose à Nîmes (0-1) et valide ainsi officiellement sa remontée en Ligue 1, deux ans après la descente.

Contrairement à Lens et Caen, le club de la Principauté est dans le bon timing pour attirer le joyau de Bondy.

Le 3 juillet 2013, Kylian Mbappé signe un contrat d'aspirant footballeur de trois ans à l'AS Monaco. Dans sa chambre d'enfant à Bondy, devant une kyrielle de posters de Cristiano Ronaldo, il pose fièrement avec un maillot de l'ASM floqué à son nom, avec le numéro 7.

Le 16 juillet 2013, le journal *Le Parisien* consacre un article entier au talent francilien. Le journaliste Gilles Tournoux écrit que Mbappé « fait partie des plus grands espoirs de sa génération ». On y apprend que Kylian vient de signer un contrat de trois ans avec Nike, et qu'il rêve du Ballon d'or. En conclusion de l'article, on peut lire quelques mots de l'adolescent – ambitieux, évidemment. « Mieux vaut viser la lune. Comme ça, si tu échoues, tu retombes sur un nuage. Je vais essayer de faire en sorte qu'on n'oublie pas mon nom. »

Selon les informations de la Chaîne L'Équipe, la famille négocie une prime à la signature supérieure à 400 000 euros et un salaire mensuel de 700 euros par mois pour l'adolescent de quatorze ans et demi.

L'ASM suivait le dossier Mbappé de près depuis de longs mois. Patiemment, le club de la Principauté a vu le jeune garçon discuter avec Chelsea ou le Real Madrid sans jamais perdre espoir. Souvent, Souleymane Camara, directeur du recrutement, se rend à Clairefontaine pour assister aux prestations extraordinaires de Mbappé. Le contact avec la famille a été facilité : quelques années plus tôt, il y avait déjà eu des discussions pour Jirès Kembo, qui avait finalement choisi le Stade rennais. Depuis 2011, l'AS Monaco est entrée dans une nouvelle ère avec l'entrée majoritaire au capital du magnat russe Dmitri Rybolovlev. La remontée en L1 est la suite logique, car l'oligarque n'a pas lésiné sur les moyens. L'ancien entraîneur de Chelsea Claudio Ranieri a pris les commandes du club. Et de grandes manœuvres se préparent pour l'été 2013.

Durant le mercato estival, Monaco dépense 170 millions d'euros en achats de joueurs : Radamel Falcao (Atlético de Madrid, plus gros transfert du championnat de France, 60 millions d'euros), James Rodriguez (FC Porto), Joao Moutinho (FC Porto), Éric Abidal (FC Barcelone), Jérémy Toulalan (Málaga), Ricardo Carvalho (Real Madrid), ou encore l'attaquant prometteur lyonnais Anthony Martial. Que du lourd ! Pas mal pour un promu...

Simultanément, parce que les stars ne font pas tout, la direction a donc confié la mission à Souleymane Camara de recruter les vedettes de demain. Avec Kylian Mbappé, l'ASM ne s'est pas trompée. Le Bondynois s'intègre pleinement dans la stratégie de Luis Campos. Conseiller spécial du président Vadim Vasilyev et directeur technique, le Portugais implante sur le Rocher le même modèle du FC Porto – reconnu dans l'Europe entière : cibler les meilleurs jeunes, les former, les développer puis les revendre à prix d'or.

Sous les ordres de Claudio Ranieri, l'ASM termine la saison 2013-2014 à la deuxième place, juste derrière le Paris-Saint-Germain de Laurent Blanc. Face au PSG qatari dont Zlatan Ibrahimovic est la figure de proue, une nouvelle force – à l'accent russe – est née.

Pour accompagner Kylian dans sa nouvelle vie, Wilfrid Mbappé a posé une année sabbatique. Il laisse donc Ethan et Fayza à Bondy et s'installe à Monaco. Avec son frère Pierre Mbappé, très présent aussi, ils pourront ainsi gérer de près les éventuels soucis relationnels entre Kylian et la direction – il y en aura ! En effet, lors de la négociation du contrat, il avait été promis par la direction que Kylian, âgé de 14 ans, serait surclassé dans l'équipe des U17. Le Bondynois a toujours eu l'habitude de jouer avec des partenaires et contre des adversaires plus âgés que lui, et n'entend pas changer de fonctionnement. On se rappelle l'objectif fixé initialement à Caen : être professionnel en Ligue 1 à 16 ans. Dans les faits, Kylian est très rarement convoqué pour les matchs de l'équipe première des U17, entraînée par Bruno Irlès, un ancien défenseur qui a accompli tout son parcours à l'ASM. Chaque week-end, Mbappé est envoyé en division honneur de sa catégorie d'âge. Wilfrid fulmine : il a l'impression que la progression de son fils stagne. Les tensions s'accumulent et l'incompréhension arrive proche du point de non-retour après une exclusion du groupe pendant une semaine. La direction organise une réunion en catastrophe avec toutes les parties prenantes du conflit. « Gardez votre entraîneur et laissez-le continuer avec ses méthodes », s'agace Fayza Lamari, avant de menacer : « Par contre, nous, on s'en va ! » Sans l'intervention de Luis Campos, Mbappé aurait pu frôler le renvoi du centre de formation. Selon L'Équipe, l'ASM interdit formellement à Bruno Irlès d'envoyer le prodige en Division Honneur. La famille pense avoir obtenu gain de cause… sauf qu'Irlès s'évertue à placer Mbappé sur le banc. Dans un rapport du technicien à sa direction, et révélé par la chaîne M6, voici ce que Bruno Irlès écrit au sujet de Kylian Mbappé, alors âgé de quinze ans : « Beaucoup de difficultés avec l'autorité, les règles et la discipline, gros manque d'humilité. Il ne se fait pas mal sur un terrain et n'accepte pas les remarques à son égard. L'absence d'objectivité de ses proches et de lui-même le freine dans sa progression. » Sans concession. Après de multiples accrochages verbaux pendant des entraînements ou même en plein match, la situation est intenable. L'adolescent et le technicien de 39 ans ne se comprendront jamais. Kylian demande à s'entraîner seul. Finalement, il rejoint l'équipe des U19 (à quinze ans !) pendant que Bruno Irlès quitte le club de sa vie dans l'anonymat, pour rejoindre l'AC Arles-Avignon. L'ancien défenseur devient entraîneur d'équipes professionnelles et dirige notamment le Pau FC, Quevilly-Rouen et Troyes. Rancunier, Kylian semble ne jamais lui avoir pardonné son management punitif. En janvier 2020 à Pau puis en 2022 à Troyes, les deux hommes se croisent au bord des terrains sans échanger un mot. Consultant sur Canal+, Irlès a souvent eu l'occasion d'expliquer son positionnement de l'époque : il agissait en tant que formateur, et non en tant qu'entraîneur. Il n'était pas là pour faire gagner son équipe, mais pour faire progresser individuellement et collectivement ses joueurs. S'il avait conscience que Mbappé pouvait être décisif à chaque match, il estimait qu'il devait lui inculquer des valeurs importantes et lui faire passer des messages, avant son entrée dans le monde professionnel.

Après le départ d'Irlès, la progression de Mbappé est linéaire, et les rendez-vous entre Campos et la famille se multiplient afin de prévoir la suite.

En 2015, Kylian Mbappé débute la saison par trois doublés lors des trois premiers matchs. Un sacré signal envoyé à sa direction. À seize ans, il joue en U19 et parfois en CFA. Le voici dans l'antichambre du monde professionnel. C'est précisément cette nouvelle ascension fulgurante qui va déclencher un nouveau problème entre le jeune joueur et son club. Kylian ne cesse jamais d'être exigeant et de vouloir tout faire plus vite que les autres : il veut désormais s'entraîner avec les professionnels afin de se confronter aux meilleurs (Falcao, Moutinho, James Rodriguez, Danijel Subasic...) et pour gagner sa place en Ligue 1 à la régulière. Leonardo Jardim, devenu l'entraîneur principal en 2014, refuse. L'ancien manager du Sporting Club Portugal est réputé pour être un technicien qui fait confiance aux jeunes, mais pas trop tôt. Rares sont les joueurs de moins de 17 ans qui débutent sous ses ordres. Plutôt à l'ancienne, il refuse de griller les étapes. Tout l'inverse de la philosophie Mbappé. On craint alors un nouveau scénario à la Irlès. La famille imagine encore un départ de la Turbie. Le Paris-Saint-Germain tente alors de tirer profit de la situation. Alors que le contrat d'aspirant de Kylian arrivera à son terme à l'issue de la saison, Olivier Létang reçoit les Mbappé en octobre 2015. Au cours de cette discussion, le directeur sportif parisien met l'accent sur le football et propose un plan d'avenir sur cinq années. Létang sait que le jeune garçon allait au Parc des Princes, enfant, avec son père, et qu'il y a forcément un lien d'affect entre Kylian, pur produit de l'Île-de-France, et le PSG.

Monaco ne se laisse pas faire. Est-ce une décision de Jardim ou a-t-on murmuré à l'oreille du Portugais ? En tout cas, en novembre 2015, profitant d'une fenêtre internationale au cours de laquelle de nombreux Monégasques ont rejoint leur sélection respective, Leonardo Jardim intègre Kylian Mbappé aux séances des professionnels. Encore une fois, c'est l'adolescent qui avait raison. Au pied du Rocher, il s'intègre comme un vrai professionnel. « Ce gamin ne redescendra plus en CFA », glisse Jardim à Luis Campos. Le directeur technique est ravi, car cette soudaine entente entre son coach et le joyau de son centre va lui permettre d'entamer les négociations pour le premier contrat professionnel de Mbappé.

Une brève parenthèse pour évoquer le fonctionnement de Leonardo Jardim avec les jeunes. En 2019, alors que le Portugais est de retour en poste à Monaco après le médiocre passage de Thierry Henry, les jeunes joueurs du centre lui reprochent de ne jamais les faire jouer en professionnel. Sa réponse ? Vous êtes trop jeunes, vous devez patienter. Kylian Mbappé était une *exception.*

Le mot exception semble avoir été inventé pour Kylian Mbappé, tant ses deux définitions lui correspondent parfaitement :

1. Ce qui est hors de la loi commune, qui échappe à la règle générale.
2. Personne qui ne ressemble à aucune autre, unique et rare.

Unique et rare, Mbappé le devient encore plus le 2 décembre 2015, en disputant ses premières minutes en Ligue 1, face à… Caen. Ce jour-là, les recruteurs de Malherbe ont dû sourire jaune en imaginant le jeune attaquant avec un maillot dont le bleu compléterait le rouge, plutôt que le blanc. Il est alors âgé de seize ans et onze mois, ce qui fait de lui le plus jeune joueur de l'histoire de l'AS Monaco en L1, devant son illustre prédécesseur Thierry Henry. Kylian n'est toutefois pas le plus jeune joueur de l'histoire du Championnat de France. Il aurait pu l'être en évoluant dans une équipe moins forte (vous pensez moins au gamin de 16 ans quand vous avez Falcao et James Rodriguez en attaque) ou avec un entraîneur tourné vers la jeunesse. « J'avais besoin d'un joueur créatif qui puisse apporter un plus sur ce match », explique Jardim[1]. On recense une quinzaine de joueurs à avoir débuté en D1/L1 avant le Bondynois, parmi lesquels Laurent Paganelli (Saint-Étienne, 15 ans et 309 jours, 1978), Joël Fréchet (Lyon, 15 ans et 320 jours, 1981), Neal Maupay, Willem Geubbels, Rayan Cherki, Mathys Tel…

Au moment où il entre sur le terrain à la place de Fabio Coentrão, Kylian sent son cerveau bouillonner, et se motive intérieurement : « C'est maintenant. Vas-y, fonce, donne tout ce que t'as. T'as attendu ce moment-là. Fais ce que tu sais faire, profite[2] ! » Dans les tribunes,

1. Canal+.

2. *Intérieur sport*, saison 11, épisode 5, Canal+, mars 2018.

Wilfrid Mbappé est émerveillé. De retour chez lui, fatigué comme s'il avait disputé 90 minutes, Kylian ressent le contrecoup des émotions.

Après ces cinq minutes de jeu à Louis-II, Mbappé est dans le groupe monégasque lors des quatre matchs suivants : s'il ne joue pas à Bastia, il découvre la coupe d'Europe quelques jours plus tard à White Hart Lane, face à Tottenham, lors de la 6e journée de Ligue Europa. Un signal positif envoyé par Jardim, qui lance l'attaquant impatient dès la 56e minute, à la place de Lacina Traoré. Mbappé répond présent : alors que Monaco sombre face aux Londoniens qui mènent 3-0 après un *hat-trick* de Lamela, le prodige se lance dans une série de dribbles sur le côté gauche. Sans y faire attention, l'Europe découvre sa spéciale. Après un passement de jambes, Mbappé la joue collectif et d'un extérieur du pied droit puissant et précis, il décale El-Shaarawy à l'entrée de la surface. C'est la première passe décisive de Kylian Mbappé en professionnel. Lors du match suivant, il joue près d'une demi-heure contre Saint-Étienne, et il est encore à l'origine de la récupération de balle lors de l'action qui provoquera le penalty transformé par Fabinho. Le déplacement suivant est un souvenir mitigé. Mbappé a la joie d'être titularisé pour la première fois, à Bordeaux, en huitièmes de finale de la Coupe de la Ligue, mais les Girondins s'imposent 3-0.

Encore membre du centre de formation, Kylian porte le numéro 33, réservé aux jeunes joueurs qui ne sont pas encore professionnels, et son nom n'est pas floqué dans son dos. Cela ne saurait tarder. Une demi-douzaine de clubs aimerait ravir le joyau à l'ASM. Ils sont peut-être encore plus nombreux après le 20 février 2016. Ce jour-là, à 17 ans et 62 jours, il devient le plus jeune buteur de Monaco en Ligue 1, face à Troyes. Entré en jeu à la 73e minute à la place de Vagner Love, il marque à la toute fin du temps additionnel. Avec le sens du jeu qui fait sa force, il s'engouffre sans ballon dans la surface, sentant la passe à venir d'Helder Costa. Ce dernier sert Mbappé au niveau du point de penalty, et le jeune attaquant prend le gardien troyen à contre-pied, inscrivant du pied gauche son premier but. En découvrant sa joie partagée avec les tribunes et ses coéquipiers, on comprend qu'il a attendu ce moment toute sa vie. Il sera récompensé avec une titularisation lors du match suivant contre Nantes, et disputera cinq autres rencontres. Pas de second but, mais une nouvelle passe décisive : contre Lille, il place Farès Balhouli en bonne position pour son premier but en Ligue 1. Surtout, il est titularisé au Parc des Princes (succès monégasque 2-0). « Sérieusement, j'étais dans mon match, je n'ai pas trop eu le temps d'admirer les joueurs en face. Bon, c'est vrai que quand je lui ai serré la main, j'ai eu un petit sourire, comme un enfant, et je me suis dit : "Ouais, c'est Zlatan."[1] » Juste avant d'affronter le PSG, à Louis-II contre Reims (30e journée) le prodige a eu le temps d'étrenner son premier numéro à lui, le 29, choisi en guise de clin d'œil à la date de naissance d'Ethan, son petit frère. Les numéros fétiches de Kylian sont déjà pris : le 7 pour Nabil Dirar, le 10 pour Bernardo Silva, le 9 pour Vagner Love, le 11 pour Guido Carrillo.

En coulisses, tout le monde s'active : les clubs anglais, surpuissants financièrement après l'envolée des droits TV de la Premier League, sont insistants, notamment

1. *Le Monde*, 2016.

Manchester United, Manchester City, Chelsea, Liverpool et Arsenal. Quatre ans après le stage à Chelsea, Kylian et sa famille se rendent à nouveau à Londres, mais cette fois-ci au nord de la capitale. Mbappé est suivi de près par Gilles Grimandi, recruteur français et ancien *Gunner*. Il rencontre aussi Richard Law, responsable des transferts, et bien sûr Arsène Wenger. Ce dernier ne veut pas rater le nouveau Thierry Henry et se rend même plus tard chez les Mbappé pour convaincre Kylian de rejoindre les Gunners. À ce moment-là, le jeune joueur est en plein doute, il ne sait pas s'il doit rester à Monaco.

Liverpool passe aussi à l'offensive, grâce à Salim Benahcene, un recruteur français qui a tenté en vain de proposer Mbappé à la Juventus Turin. Mais, à l'automne 2015, au moment où Jurgen Klopp succède à Brendan Rodgers sur le banc des Reds, Benhacene quitte la Vieille Dame et rejoint le *Merseyside*. Il ne perd pas une seconde et écrit un rapport indiquant que Kylian Mbappé, alors âgé de 16 ans, « deviendra un de meilleurs joueurs au monde ». En novembre 2015, les responsables du LFC rencontrent la famille Mbappé, qui hésite encore à envoyer Kylian dans un autre pays. Pour s'attacher les services de l'attaquant, Liverpool aurait dû débourser 300 000 euros d'indemnités de formation, à régler à l'AS Monaco, le club formateur.

Finalement, début 2016, le club le mieux positionné reste le Paris-Saint-Germain. Cependant, la famille Mbappé craint pour le temps de jeu du joueur, qui reste la priorité absolue dans ses choix. Laurent Blanc ne donne aucune garantie dans ce sens. À l'inverse, l'AS Monaco lance une immense opération séduction. Vadim Vasilyev missionne son conseiller Luis Campos, déjà proche de la famille.

Au moment même où il reçoit l'appel du président russe, Campos aperçoit Fayza Lamari dans les tribunes. Comme souvent, elle assiste à l'entraînement de son fils. Le stratège portugais s'assied à côté d'elle, et se lance dans une longue discussion de trois quarts d'heure. Il ne fait ni l'hagiographie de l'ASM ni le réquisitoire du PSG et de Liverpool, mais explique à la maman de Kylian le fonctionnement d'un vestiaire, et ses différents statuts. Selon lui, le jour où l'on entre dans le vestiaire d'un grand club, on doit être accueilli comme un grand joueur par les autres grands joueurs. Campos précise à Fayza qu'il sait que ce jour viendra – c'est le destin de Kylian – mais il ne jouit pas encore du statut d'un grand joueur. Pour l'instant, sur le plan professionnel, il n'est qu'un débutant. Si Kylian choisissait d'intégrer le PSG, le Real, Arsenal ou Liverpool dès l'été 2016, les grands joueurs se diraient : qui est ce gamin ? En patientant quelques saisons, Campos l'assure à Fayza, les tauliers de n'importe quel vestiaire réagiraient différemment, en disant « Bienvenue Kylian, on va faire de grandes choses ensemble ».

Le discours de Luis Campos fonctionne.

Le 6 mars 2016, Kylian Mbappé paraphe son premier contrat professionnel qui le lie à l'AS Monaco jusqu'en juin 2019. Selon L'Équipe, il touche une prime à la signature d'environ trois millions d'euros. Son salaire est évolutif :

- Première année : 85 000 euros par mois
- Deuxième année : 100 000 euros par mois
- Troisième année : 120 000 euros par mois

On peut dire que la famille a bien négocié : dès sa première saison professionnelle, Mbappé est largement au-dessus du salaire moyen mensuel d'un joueur de Ligue 1 (proche de 50 000 € par mois en 2016-2017). Il touche même plus d'argent que le plus gros salaire d'une demi-douzaine de clubs (50 000 € à Nancy, 40 000 € à Angers, 70 000 € à Lorient, Bastia et Rennes, 80 000 € à Caen, Guingamp et Montpellier). Malgré tout, les émoluments du Français n'ont rien à voir avec ceux de la star de l'AS Monaco, Radamel Falcao, évalués à 600 000 € par mois, hors primes. En Principauté, Mbappé est le dixième joueur le mieux payé, derrière Falcao, Moutinho, Mendy, Dirar, Sidibé, Subasic, Fabinho, Bernardo Silva et Germain. Tous des joueurs confirmés.

Cependant, Kylian Mbappé – qui n'est pas encore majeur – ne risque pas de perdre la tête avec tout cet argent, car ses parents le gèrent pour lui. Sur les 85 000 euros mensuels, il en touche 200 d'argent de poche, tous les mois. Il est décrit comme un jeune homme qui n'a pas de goûts de luxe. Les rares moments où il s'échappe du football, c'est pour jouer au Monopoly ou aux jeux vidéo. Kylian, que sa mère surnomme « le robot » ou « la Ferrari » la journée et « le koala » la nuit, dort énormément pour récupérer de tous les efforts fournis.

En fin de saison, Mbappé redescend à l'échelon inférieur, mais cette fois-ci, il ne s'agit pas d'une rétrogradation, mais d'un cadeau : Kylian va aider l'équipe réserve à remporter la Gambardella, qui est la Coupe de France des jeunes (U17). Au Stade de France, en lever de rideau de Paris SG-Marseille, l'ASM de Frédéric Barilaro affronte le RC Lens. Loïc Badiashile est dans les buts. En découvrant Mbappé dans l'équipe d'en face, Gervais Martel a forcément un pincement au cœur, car il sait qu'un destin différent aurait pu lui offrir un Mbappé avec un maillot sang et or. Le prodige de Bondy brille de mille feux dans son futur jardin. Il délivre une passe décisive et inscrit un doublé, permettant à Monaco de s'imposer facilement (3-0). Le premier but est un plat du pied bien ouvert à la Titi Henry, le second vient clore une séquence de dribbles. Nous sommes le 21 mai 2016 : il s'agit du premier trophée de Kylian Mbappé. C'est également le jour de la première interview de Kylian à la télévision publique française, en direct. La finale est retransmise sur France Ô. La séquence est cocasse, car le journaliste Daniel Lauclair le confond avec Taylor Moore (qui, pourtant, évolue à Lens). Détendu et souriant, Kylian n'est pas du tout déstabilisé par la gaffe du reporter de France Télévisions. Mieux, il se permet de corriger à nouveau le journaliste quand celui-ci se trompe encore en lui disant :

— Kylian, on en parlait avec Gervais Martel, c'est le moment de montrer les qualités de la formation lensoise.

— Monégasque !

Une séquence qui a fait le tour de tous les zappings français.

Avant de penser à son prochain titre, Kylian doit aussi réviser. Cette année, il passe son bac. Il s'est plus concentré sur le football depuis son départ de Clairefontaine, mais ses parents ont été très clairs avec lui, allant parfois jusqu'à le menacer : il doit valider un diplôme. Kylian a choisi la filière STMG : Sciences et technologies du management et de la gestion. Au grand dam de sa mère qui le savait capable de s'engouffrer dans une filière générale, soit littéraire (L), soit économique et sociale (ES). Le fiston n'était pas du tout de cet avis, puisqu'il avait réclamé à la conseillère d'orientation de lui trouver une voie « dans laquelle on n'ouvre pas de livres et pas de cahiers ».

La tête au football, Kylian manque de peu d'être recalé, mais obtient finalement son Baccalauréat STMG au rattrapage. Pour combler le débours de dix-neuf points, il choisit la philosophie. Lisez bien le sujet qu'il doit traiter : « Pouvons-nous toujours justifier nos croyances ? » Du sur-mesure pour le garçon rêveur et ambitieux.

En juillet, un nouveau rêve s'ouvre à lui : le maillot bleu. Kylian reçoit un coup de téléphone de Ludovic Batelli, le sélectionneur de l'équipe de France des moins de 19 ans.

— Est-ce que ça t'intéresse de disputer l'Euro avec nous ?

— C'est pas que ça m'intéresse. Si vous m'appelez, j'y viens en courant !

Mbappé a la fibre patriotique. Jouer en équipe de France, et plus encore, gagner des titres sous la tunique bleue est son plus grand rêve.

Étrangement boudé par les sélections de jeunes depuis deux ans, Mbappé n'aurait pas dû jouer cet Euro, mais il a récupéré *in extremis* la place laissée vacante par Ousmane Dembélé, retenu par le Borussia Dortmund. En mars, Kylian avait contribué à la qualification en marquant contre la Serbie.

Du 11 au 24 juillet, soit juste après l'Euro 2016 disputé en France et perdu par les Bleus de Griezmann face au Portugal, Mbappé rejoint les U19 français en Allemagne, avec Marcus Thuram, Paul Bernardoni, Lucas Tousart, Florian Ayé et Amine Harit. Mbappé, qui porte le numéro 11, est titulaire dès la phase de poules. À 17 ans et demi, il est surclassé. Une spécialité maison. Sur le terrain, il brille à chaque match avec Jean-Kévin Augustin. Les deux Parisiens se partagent les buts : 5 pour Augustin (dont un triplé), trois pour Mbappé (dont un doublé).

Le premier but de Mbappé est somptueux : lancé en profondeur dans la surface de réparation, il contrôle et s'emmène le ballon en une seule touche, dribblant ainsi le gardien croate dépassé. Vision du jeu, réalisation technique, efficacité : tout y est. « C'est quelqu'un qui analyse le jeu, son jeu et aussi celui de l'adversaire en permanence, sourit Ludovic Batelli. Il est acteur et moteur de sa réussite, et c'est ce qui importe le plus[1]. »

La France est deuxième de son groupe, derrière l'Angleterre, devant les Pays-Bas et la Croatie. En demi-finale face au Portugal, Mbappé régale de ses dribbles avant d'offrir un but à Ludovic Blas. En seconde période, alors que le score est de 1-1, il inscrit un nouveau doublé. Facétieux, il fête son premier but en imitant la fameuse célébration de Cristiano Ronaldo, son idole portugaise.

En finale, les Bleuets étrillent les jeunes Italiens (4-0). Cette fois, Mbappé n'est pas décisif sur les buts, mais peu importe, cette compétition lui fait franchir un nouveau cap. Il termine son premier tournoi international par un titre de champion d'Europe. Impossible de faire mieux…

Épatés, les médias spécialisés ne s'y trompent pas dans leurs comptes-rendus. Eurosport le surnomme déjà « le surdoué du football ». Souvent, il est comparé à Thierry Henry, mais Kylian freine des deux pieds : « Thierry Henry a marqué l'histoire de son empreinte. Moi, je n'ai mis qu'un but, je n'ai encore rien fait. Donc

1. AFP, 2016.

je ne pense pas que ce soit le bon moment pour me comparer. De toute façon, chacun écrit sa propre histoire. Lui l'a bien écrite. J'espère le faire moi aussi. [...] Je suis conscient que je suis en avance. J'essaie de travailler tous les jours à l'entraînement pour garder cette avance, et même l'accentuer[1]. »

Une Gambardella, un bac, un contrat professionnel et un Euro... l'année 2016 de Kylian Mbappé est une sacrée réussite.

Attention toutefois à ne pas brûler ses ailes comme Icare. À son retour à Monaco, Mbappé refuse de prendre des vacances. Il se sent fort et désire enchaîner avec la saison de Ligue 1. Comme le dit souvent sa mère, quand Kylian décide quelque chose, il est difficile de lui faire entendre raison. Le jeune champion d'Europe tient tête à son entraîneur et la situation s'envenime... encore.

---

1. *Le Monde*, mai 2016.

3

Records de précocité

En tournant cette page, vous atteignez les instants les plus extraordinaires de ce livre. Extraordinaire, au sens premier du terme selon Larousse : qui sort de la règle, de l'usage ordinaire. Il est ici listé (de manière non exhaustive) les principaux records de précocité de Kylian Mbappé. On découvrira ainsi tout ce qu'il a accompli plus vite et plus tôt que tous les autres génies du football. Comme on l'a déjà vu un peu plus tôt, le jeune Parisien a toujours évolué en dehors des règles habituelles. S'il lui a toujours été inconcevable d'attendre, c'est parce qu'il a toujours eu conscience de ce qu'il était capable de réaliser. Alors, pourquoi patienter ? En voyant s'égrener ses différents exploits réalisés à l'âge où d'autres vedettes du foot étaient encore dans le cocon d'un centre de formation, on prend la mesure des abysses qui séparent le « monstre Mbappé », un joueur hors du commun, à la caste de ceux qu'on appellera de « grands joueurs », tout simplement. À la lecture de ces marques gravées dans les livres d'histoire du football, on se demande aussi combien de temps ces chiffres tiendront, et parfois même s'ils seront battus un jour. Un indice ? Mbappé a battu nombre de records datant des années cinquante. Ses propres prouesses pourraient donc toujours être en haut de l'affiche dans une soixantaine d'années, quand il sera un entraîneur à la retraite. Il est aussi impressionnant de consulter le nom des champions avec qui Mbappé rivalise en terme statistique : Pelé, Just Fontaine, Roger Piantoni, Thierry Henry, Karim Benzema.

Plus jeune joueur de l'Histoire à avoir disputé deux finales de Coupe du monde : 23 ans, 11 mois et 29 jours le 18 décembre 2022

Plus jeune joueur de l'Histoire de l'AS Monaco à jouer en Ligue 1, à 16 ans et 11 mois (devant Thierry Henry). Le record sera battu plus tard par Pietro Pellegri

Plus jeune buteur de l'Histoire de l'AS Monaco en Ligue 1, à 17 ans et 62 jours, face à Troyes, le 20 février 2016

Plus jeune joueur de l'Histoire à inscrire 100 buts en Ligue 1, à 22 ans, 3 mois et 11 jours (devant Hervé Revelli, 23 ans et 5 mois)

Plus jeune joueur de l'équipe de France à avoir marqué un but dans un tournoi majeur, à 19 ans et 6 mois, face au Pérou, lors de la phase de poules de la Coupe du monde 2018

Deuxième plus jeune joueur à marquer dans une finale de Coupe du monde (19 ans et 6 mois, en 2018 contre la Croatie), après Pelé (17 ans et 8 mois, face à la Suède, en 1958)

Troisième plus jeune joueur à être sacré champion du monde en disputant la finale (19 ans et 6 mois), derrière le Brésilien Pelé (17 ans et 8 mois, face à la Suède, en

1958) et l'Italien Giuseppe Bergomi (18 ans et 6 mois, contre l'Allemagne de l'Ouest, en 1982)

Deuxième plus jeune joueur à inscrire un quadruplé en Ligue 1, à 19 ans et 291 jours, face à Lyon, le 7 octobre 2018, après le Nancéien Roger Piantoni, carrément auteur d'un quintuplé face au Havre, à l'âge de 19 ans et 96 jours, le 1er avril 1951. Mbappé est encore devancé par Piantoni au titre de plus jeune meilleur buteur de l'Histoire du Championnat de France (19 ans et 5 mois pour Piantoni en 1951, 20 ans et 5 mois pour Mbappé en 2019). En revanche, Kylian Mbappé devance son illustre aîné sur un autre point statistique : en 2019, il est devenu le plus jeune joueur à inscrire plus de 30 buts (33) lors d'un seul championnat.

Plus jeune buteur lors d'un Classique Paris-Saint-Germain/Olympique de Marseille, à 19 ans et 67 jours, le 25 février 2018

Plus jeune joueur de l'après-guerre à inscrire un doublé en équipe de France, à 19 ans et 3 mois, contre la Russie, le 27 mars 2018. Avant-guerre, il est simplement devancé par René Gérard (18 ans et 9 mois, en 1933 contre l'Allemagne) et Fernand Brunel (19 ans et 2 mois, en 1926 face au Portugal)

Plus jeune joueur de l'équipe de France à avoir atteint les 16 buts en équipe de France, à 21 ans et 9 mois, face à la Croatie, le 14 octobre 2020

Deuxième plus jeune buteur français en Ligue des champions, à 18 ans et 63 jours, le 21 février 2017 contre Manchester City (derrière le Lyonnais Karim Benzema, 17 ans et 352 jours contre Rosenborg, le 6 décembre 2005)

Plus jeune buteur à inscrire un doublé lors d'un match à élimination directe en Ligue des champions, à 18 ans et 113 jours, contre le Borussia Dortmund, le 12 avril 2017

Plus jeune buteur à marquer lors d'une demi-finale de Ligue des champions, à 18 ans et 140 jours, face à la Juventus Turin, le 9 mai 2017

Plus jeune buteur à atteindre les 20 réalisations en Ligue des champions, à 21 ans et 355 jours, face à Istanbul Basaksehir, le 9 décembre 2020. Record ensuite battu le Norvégien du Borussia Dortmund Erling Haaland

Plus jeune joueur à intégrer le Top 5 du Ballon d'or, à 18 ans et 9 mois, en 2018. Mbappé termine quatrième, derrière Luka Modric, Cristiano Ronaldo et Kylian Mbappé

Plus jeune joueur à atteindre 30 buts en Ligue des champions, à 22 ans (Cristiano Ronaldo avait 27 ans lorsqu'il a atteint cette barre des 30 réalisations)

Plus jeune buteur à inscrire un but lors de ses quatre premiers matchs à élimination directe de Ligue des champions

4

La saga 2017

Moins de trois semaines après l'Euro des moins de 19 ans, le coup d'envoi de la nouvelle saison de Ligue 1 est donné. Soucieux du bien-être physique de ses jeunes joueurs, Leonardo Jardim a préconisé une semaine de repos strict à Kylian Mbappé, alors âgé de 17 ans et demi. Évidemment, son jeune attaquant a refusé. Il n'entend pas les arguments du technicien portugais, qui lui explique que sa croissance n'est pas encore terminée, ce qui augmente le risque de blessures. Même s'il se sent en pleine forme, il doit ménager son corps après une telle compétition. Têtu, Mbappé travaille dur à l'entraînement, au point d'être titularisé à Louis-II, le 12 août 2016, contre Guingamp. Dix-huit jours après la finale de l'Euro, Mbappé est aligné en pointe avec Guido Carrillo. Comme en fin de saison passée, il porte le numéro 29. Mais le début de sa première saison de footballeur professionnel ne se passe pas bien. À quelques minutes de la mi-temps, il subit un choc tête contre tête avec Kerbrat. Touché à la mâchoire et victime d'une commotion cérébrale, Mbappé quitte la pelouse, sonné, soutenu par deux membres du staff médical. Cette fois, le repos est obligatoire, et Jardim n'est pas responsable de la prescription.

Cependant, l'entraîneur portugais semble avoir perdu sa confiance en l'attaquant français. Lors des six rencontres suivantes – soit un temps bien plus long qu'une récupération de commotion –, Mbappé n'est pas appelé dans le groupe. Il est même parfois renvoyé en équipe réserve, comme au temps où il portait le numéro 33 et où il était encore un membre du centre de formation. La blessure de Mbappé est mal tombée. Sans lui, l'ASM réalise un début de saison canon. Les six matchs dont il est question se soldent par six victoires (trois en Ligue 1, dont une contre le PSG, et trois en Ligue des champions). Le 14 septembre, Kylian fond en larmes en apprenant qu'il n'est pas convoqué pour le match de coupe d'Europe à Londres, contre Tottenham. L'attaquant reste d'ailleurs introuvable pendant quelques heures. Il attendait avec tant d'impatience ses débuts dans la plus prestigieuse des compétitions de club…

Lors des trois matchs suivants de l'ASM en Ligue 1, Jardim couche à nouveau le nom de Mbappé sur la feuille de match, mais ne le fait pas entrer en jeu. Le jeune attaquant découvre enfin la Ligue des champions le 27 septembre 2016, face au Bayer Leverkusen, durant un gros quart d'heure. À Metz, il entre en jeu à la 82e minute alors que Monaco mène déjà 5-0. Même s'il offre le dernier but à Boschilia, signant ici sa première passe décisive de la saison, Kylian Mbappé est malheureux. Le joueur de 17 ans et demi se sent brimé, bridé et incompris. Il songe déjà à quitter Monaco dès qu'il en aura l'opportunité. Son père rencontre alors en privé le président, Vadim Vasilyev, et décide de médiatiser le mal-être de

Kylian, en dévoilant sur la place publique les reproches du clan à Leonardo Jardim. Cette interview est une décision très réfléchie de la part de Kylian, qui demande à son père de taper du poing sur la table. Morceaux choisis[1] : « On respecte les choix du coach. Il n'a plus joué après la 33e journée la saison passée et on n'a rien dit. [...] Sans être prétentieux, on ne comprend pas la gestion illisible de Kylian, au regard des promesses de la direction qui étaient tout simplement de jouer, d'entrer dans une rotation. Sinon, il ne serait pas resté. Il devait faire partie d'un projet et, aujourd'hui, on est loin de ce qui avait été annoncé. Même s'il a accompli un super Euro, on ne s'attendait pas à ce qu'il devienne titulaire, on n'est pas bêtes ! Mais on n'imaginait pas qu'il soit le sixième attaquant. Si c'était pour ça, autant aller de suite dans un gros, gros club. [...] Je ne vois pas ce qu'ils ont à gagner avec cette situation qui crée en plus des frustrations. Elle ne rend pas Kylian heureux et ça se voit sur son visage durant la semaine. Je sais que cela dérange au club, mais ça ne l'empêche pas de bosser. Il possède un caractère ambitieux, mais jugeons-le pour ce qu'il est vraiment : un compétiteur. Certains diront qu'il n'a que dix-sept ans, qu'il faut se calmer, mais ce n'est pas de l'impatience. [...] Il y aura une vraie réflexion à mener au mercato d'hiver. »

Cette dernière phrase de Wilfrid Mbappé laisse planer la menace. Comprenez : si Leonardo Jardim n'offre pas plus de temps de jeu à mon fils, je rappellerai les recruteurs du PSG, de Liverpool ou d'Arsenal avant même la fin de l'année...

« Beaucoup de gens pensent que tout m'est arrivé sur

---

1. *L'Équipe*, 13 octobre 2016.

un plateau, confiera plus tard l'attaquant. Mais, bien sûr que j'ai dû travailler. J'ai eu des périodes où c'était délicat, très délicat même et je pense que c'est aussi l'avantage d'avoir un entourage. J'ai mes parents, mes avocats et tous ceux qui m'entourent qui m'ont toujours aidé, soutenu et m'ont aussi botté le derrière quand il fallait ! C'est ce qui vous permet d'avancer et je pense que dans le football, vous en avez besoin parce que le football est très amnésique, on peut vous oublier du jour au lendemain si un autre tape mieux que vous dans le ballon[1]. »

Au moment de la prise de parole du chef de famille, Kylian a joué seulement 62 minutes, en cumulant ses différentes apparitions depuis le début de la saison.

L'interview publiée dans L'Équipe a-t-elle sensiblement changé la position de Leo Jardim ? « J'ai vingt pères et ils veulent tous que leur gamin joue[2]. » Même s'il s'en défend, il semblerait que oui. Dans l'immédiat, l'entraîneur portugais ne bronche pas : Mbappé ne joue pas à Toulouse, et dispute les onze dernières minutes à Moscou, en Ligue des champions. Mais le 21 octobre, il est titularisé pour la première fois depuis sa commotion, face à Montpellier. La force de Mbappé ? Il répond aussitôt présent en étant décisif trois fois pour son équipe, qui l'emporte 6-2. Il se fond à merveille dans un collectif brillant, au milieu des Falcao, Lemar, Fabinho, Moutinho. Ce soir-là, il marque un but de la tête, délivre une passe décisive (un caviar pour Germain) et provoque un penalty (trasnformé par Falcao). Du grand art. On retient surtout les moments clefs des actions du jeune attaquant. Le penalty qu'il provoque ? Pour égaliser à 1-1. Son but ?

1. Le Bondy Blog, 17 octobre 2018.

2. Canal+.

Pour donner l'avantage (2-1). Sa passe décisive ? Pour creuser définitivement l'écart (4-2). Pour sa deuxième titularisation – la première depuis sa blessure – Mbappé ne joue jamais de façon superflue.

Leonardo Jardim le récompense par une nouvelle titularisation à Saint-Étienne (1-1), mais utilise malgré tout son joyau avec parcimonie. Lors des trois derniers matchs de la phase de poules de Ligue des champions, il dispute seulement… neuf minutes. Et encore, quand il entre en jeu face au CSKA Moscou à la place de Germain, l'ASM mène déjà 3-0. Contre Tottenham, il reste sur le banc. Et à Leverkusen, alors que Jardim aligne une équipe remaniée – le match compte pour du beurre, Monaco est assuré de terminer à la première place du groupe – Kylian reste à la maison, observant Corentin Jean et Guido Carrillo à la pointe de l'attaque. Entre-temps, Kylian a pourtant été à nouveau décisif : contre Bastia et Nancy, il est abonné au forfait « un but, une passe décisive », qui prouve à la fois son efficacité et son altruisme sur le terrain. S'il ne se plaint pas publiquement, l'attaquant est déçu, voire vexé, de ne pas être positionné plus haut dans la hiérarchie des attaquants monégasques. Après le coup de poing sur la table de son père dans L'Équipe, Kylian décide d'en frapper un nouveau sur le terrain. En huitièmes de finale de la Coupe de la Ligue, il signe son premier triplé chez les professionnels face au Stade rennais (7-0), à six jours de son dix-huitième anniversaire. Encore une fois, Mbappé ne se contente pas de la cerise sur un gâteau préparé par ses coéquipiers. Si Monaco se balade sur le terrain, c'est bien lui qui inscrit les deux premiers buts. Le premier est une copie conforme de la spéciale de Thierry Henry. « Ça donne envie d'en marquer d'autres », sourit le joueur en quittant la pelouse. En privé, il n'hésite pas à confier sa satisfaction. Pour lui, ce triplé est un « message » envoyé au staff technique et aux autres attaquants du club. S'il admet la supériorité de Falcao (« un joueur de classe mondiale ») et de Valère Germain (« ce n'est pas un grand joueur, mais il marque toujours ses 15 buts en L1 »), il se considère déjà comme le numéro 3 dans la hiérarchie. « Vous êtes pas contents ? Triplé ! » Sa confiance en lui interpelle autant qu'elle agace. Et rappelle un certain Thierry Henry. « Sans cet ego surdimensionné, il n'en serait pas arrivé là, assure le champion du monde[1]. Personne ne l'a aidé pour sortir de Bondy. Il a dû créer le petit monstre qu'il a en lui. Quand ce petit monstre sort de son corps, il se passe des trucs que le commun des mortels ne peut pas comprendre. [...] Il n'est pas arrogant, il est sûr de lui. »

Surtout, Mbappé ne supporte pas quand on lui rappelle son très jeune âge. Il l'exprime d'ailleurs avec une étonnante maturité. « Je n'ai jamais toléré qu'on parle d'âge. J'ai toujours dit : si t'es bon, tu joues ; si t'es pas bon, tu joues pas, tu te tais, tu t'assieds sur le banc et tu regardes les autres. L'âge, ça ne veut rien dire. Dès que j'entends parler d'âge, j'ai les sourcils qui froncent. Moi, tu me parles pas d'âge[2]. »

Le 11 février 2017, Kylian Mbappé inscrit un nouveau triplé face au FC Metz (5-0). Et c'est encore lui qui frappe le premier, dès la 7e minute. En zone d'interview, il détaille son deuxième but, qu'il trouve le plus abouti : « *Fabi* est intelligent, il met le ballon au bon moment, dans le bon tempo. Moi, je fais le bon appel et j'arrive à bien finir

---

1. *Intérieur sport*, saison 11, épisode 5, Canal+, avril 2018.
2. *Intérieur sport*, saison 11, épisode 5, Canal+, mars 2018.

en glissant le ballon entre les jambes du défenseur. Et j'ai aimé ! » Le reporter de RTL Mickael Lefebvre lui demande ensuite ce que le fait d'être considéré comme un phénomène provoque chez lui. La réponse fuse, rapide et précise comme les dribbles de l'attaquant : « Je ne suis pas encore un phénomène. Les phénomènes, c'est Cristiano Ronaldo, Messi, Neymar. J'en suis encore loin. Quand j'entends ça, j'ai le sourire et franchement ça ne me fait vraiment rien. » Mais, est-ce que ces joueurs-là sont des exemples, insiste le journaliste ? « Bien sûr. Ce sont des mecs qui forcent l'admiration. Je les regarde, je travaille et j'apprends auprès de joueurs comme Falcao, Bernardo, Lemar… des grands joueurs. »

Un coup du chapeau réalisé au bon moment.

Dix jours plus tard, l'AS Monaco se déplace à Manchester pour le premier grand défi de l'année 2017 : les huitièmes de finale de la Ligue des champions contre Man City. C'est très précisément le genre de défi qui fait vibrer Kylian Mbappé. Vadim Vasilyev en a conscience. Le jour du tirage au sort – avant le triplé de Kylian contre Metz, donc – le président de l'ASM glisse un mot à l'endroit de Leonardo Jardim : « C'est le match pour Kylian ! » La grande tradition des présidents qui murmurent à l'oreille des coachs…

La veille du match, en conférence de presse, un journaliste demande à Kevin de Bruyne, la star de Man City, s'il craint Kylian Mbappé, auteur de 11 buts en Ligue 1. Sa réponse ? « Je vous avoue que je ne le connais pas. Je ne regarde pas beaucoup le football quand je suis chez moi. J'ai un petit bébé et je dois m'en occuper. » Dans la foulée, l'attaquant français est gentiment chambré par tous ses copains de Bondy.

Le 21 février 2017, Mbappé est titulaire à la place de Valère Germain. Officiellement, Jardim explique qu'il a choisi le jeune homme pour sa « fantaisie », et parce qu'il est persuadé que ses caractéristiques peuvent faire mal à la ligne défensive de City. Le technicien portugais positionne Mbappé à gauche de l'attaque, avec Lemar en numéro 10, Bernardo Silva à droite et Falcao en pointe. Dans les vestiaires, ce dernier a glissé un conseil tout simple au benjamin de l'équipe : « Tu n'es plus un jeune, tu es un joueur professionnel. » Avec seulement 25 minutes de C1 dans les jambes, l'ambitieux attaquant a compris qu'il jouait une partie de sa saison sur cet affrontement, et par sa vitesse, ses appels et son audace, met tout en œuvre pour rendre au coach sa confiance. Concrètement ? En première période, il met le feu à la défense mancunienne ! Il paraît qu'Otamendi en fait encore des cauchemars… Alors que le score est de 1-1 et que City vient de passer tout près d'obtenir un penalty, Mbappé ouvre son compteur en Ligue des champions. L'attaquant appelle le ballon en profondeur. Servi au cordeau par Fabinho, il laisse opportunément rebondir le ballon à plusieurs reprises avant d'ajuster Caballero. Une frappe forte, précise, sous la barre. Mbappé fête son premier but européen avec une longue glissade sur les genoux, un geste qui rappelle les célébrations de Thierry Henry. Remplacé par Germain – qui rongeait son frein sur le banc –, Mbappé est le premier Monégasque sorti par Jardim, mais seulement à la 79e minute, ce qui dit beaucoup de son rendement. Le but de Mbappé n'empêche pas *Blue moon* de résonner à l'est de Manchester : City s'impose 5 à 3 et se positionne idéalement pour une qualification en quarts de finale.

Que les Mancuniens vêtus de bleu ne se réjouissent pas trop vite. Désormais, leur adversaire ne s'appelle plus l'AS Monaco. Il s'appelle l'AS Monaco de Kylian Mbappé. Kevin de Bruyne en a désormais conscience.

Cette première performance dans la prestigieuse compétition européenne a la résonance d'une révélation, ou plutôt d'une confirmation. Dans tous les clubs du continent, les présidents se disent que les recruteurs qui vidaient leur cartouche d'encre à force d'écrire des rapports sur Kylian Mbappé avaient raison : le gamin est un extraterrestre. Sur son canapé, Eden Hazard est impressionné. « Il jouait comme s'il avait déjà 100 matchs en Ligue des champions[1]. » Florentino Pérez veut rester en pole position, alors il décroche son téléphone pour appeler Vadim Vasilyev. Poli, le président russe accepte de recevoir le président du Real Madrid, mais lui précise qu'un transfert n'est pas à l'ordre du jour.

Wilfrid Mbappé, lui, est tout sauf surpris. Il est habitué à voir son fils performer, et sait mieux que quiconque ce dont il est capable. C'est aussi pour cette raison qu'il avait mis la pression à l'ASM, quelques mois plus tôt, réclamant du temps de jeu pour son fils. Le paternel avait l'intime conviction que Kylian avait déjà le niveau des grandes joutes européennes. En privé, il conseille toujours son fils, afin que celui-ci garde les pieds sur terre : Humilité, travail et calme sont les maîtres-mots.

Avec son but à Manchester, Kylian Mbappé devient le deuxième plus jeune buteur français de l'Histoire de la Ligue des champions. Seul le Lyonnais Karim Benzema avait été plus précoce que lui, en marquant contre

1. *Intérieur sport*, saison 11, épisode 5, Canal+, avril 2018.

Rosenborg à 17 ans et 352 jours, en 2005. « Je range ça dans un livre, je le lirai quand je serai vieux », balaie Mbappé d'un revers de main.

Il pense déjà au match retour, prévu le 15 mars, dans un stade Louis-II exceptionnellement plein.

Monaco a deux buts de retard, mais pourra jouir de la règle du but à l'extérieur en cas d'égalité. En l'absence de Falcao, touché à la hanche, Mbappé est titularisé à la pointe d'un 4-4-2 avec Valère Germain. Le prodige donne le ton : dès la 7e minute, il reçoit un ballon à trente mètres, dans l'axe. À la vitesse de l'éclair, Mbappé se tourne vers le but, efface Kolarov, et cadre son premier tir du match. Sur ses appuis, Caballero s'interpose… mais ce n'est que partie remise. Dans la foulée du corner, Mbappé traîne dans la surface : Bernardo Silva centre dans les 6 m et Kylian catapulte le ballon au fond des filets d'un plat du pied chirurgical. Deux titularisations, deux buts ! Le changement de statut du jeune attaquant est si soudain que même le commentateur de BeIN Sports est surpris : confondant le crâne rasé de Mbappé avec celui de Fabinho, il annonce d'abord le but du Brésilien, avant de se raviser : c'est bien le Bondynois qui met Monaco sur la voie. Grâce à un coup de tête rageur de Tiémoué Bakayoko dans le dernier quart d'heure, l'ASM se qualifie pour les quarts de finale de la Ligue des champions. C'est le début d'une grande saga comme Monaco n'en avait plus connu depuis l'année 2004, l'époque des Giuly, Evra, Rothen, Morientes…

Kylian Mbappé vient d'entrer dans la cour des grands.

Le lendemain, Didier Deschamps est attendu au siège de la FFF pour annoncer sa liste de l'équipe de France, pour affronter le Luxembourg et l'Espagne. Tellement jeune qu'il n'a encore jamais été sélectionné en équipe de France espoirs, Mbappé est loin d'avoir la certitude d'être appelé par le sélectionneur. D'autant que la semaine précédente, Deschamps s'était montré prudent : « Kylian est très jeune… mais il est très bon. À dix-huit ans, le potentiel est là. C'est vrai, on parle beaucoup de lui. Mais ne brûlons pas les étapes. J'ai du monde, notamment dans le secteur offensif et au milieu. Sa jeunesse n'est pas un handicap à mes yeux, mais je n'oublie pas ceux qui sont déjà venus. Ils continuent à être performants. Kylian a encore à progresser. Si vous me demandez s'il a le niveau international, je vous réponds oui. Quand ? Je réponds : ça viendra[1]. » Lors de la liste précédente, les joueurs offensifs de Deschamps étaient les suivants : Payet, Dembélé, Lemar, Fekir, Griezmann, Gameiro, et Giroud.

Mais, depuis ses déclarations, Deschamps a vu la nouvelle performance de Mbappé en Ligue des champions, et décide finalement d'appeler le jeune monégasque, accompagné de trois coéquipiers (Sidibé, Lemar, Mendy). « J'avais décidé cela avant le match face à City, je n'ai pas fait mon choix dans l'euphorie de la qualification », précise Deschamps, toujours soucieux de garder le contrôle. « C'est un jeune joueur avec beaucoup de qualité et il le prouve depuis plusieurs semaines, poursuit le sélectionneur. J'avais envie de le voir dans le groupe. Oui, il est jeune, mais le talent et la qualité n'ont pas d'âge. C'était le bon moment pour lui. Je le trouve très mature pour son âge et surtout très lucide dans ses choix. » Devant sa télévision, à Lyon, Alexandre Lacazette (28 buts en 34 matchs avec l'OL) doit forcément ruminer. L'attaquant gone est boudé par le sélectionneur.

1. *L'Équipe*, mars 2017.

Même s'il s'en défend, Deschamps a probablement été influencé par les deux matchs de Ligue des champions. Les suiveurs des Bleus connaissent ses prérequis : le haut niveau, l'habitude des grands matchs à très haut niveau. Dans l'esprit de l'ancien capitaine des Bleus, il est indispensable de jouer en Ligue des champions pour être un joueur de l'équipe de France. Alors, si en plus vous marquez deux buts lors de vos deux premières titularisations…

Entre le moment où Deschamps le convoque et le rendez-vous à Clairefontaine, Mbappé trouve le moyen d'inscrire un doublé à Caen (0-3), histoire d'emmagasiner un maximum de confiance.

Le 20 mars 2017, Kylian Mbappé retrouve le Domaine de Montjoye, là où il a appris l'exigence du haut niveau[1]. Son ascension s'est déroulée tellement vite que moins de quatre ans se sont écoulés entre son départ de l'Institut de préformation et son arrivée au Château, c'est-à-dire au sommet du football français. Pourtant, le jeune homme de dix-huit ans apparaît très calme sur le perron de Clairefontaine. Discret, il n'a pas suivi la mode lancée par Djibril Cissé quelques années auparavant de se montrer devant les photographes avec des tenues de mode hors du commun ou des coiffures extravagantes. Kylian monte les marches en tenue de sport : survêtement bleu marine, casquette blanche. En toute sobriété. Lors de ses premières heures dans le monde des grands, il se montre très respectueux, attendant même de voir quelle place est libre à table avant de s'asseoir. Kylian évolue au milieu de piliers de l'équipe de France : Hugo Lloris, Blaise Matuidi, Laurent Koscielny, N'golo Kanté, Antoine Griezmann, Olivier Giroud. Pour le mettre à l'aise, Deschamps lui tient aussitôt des propos

1. cf. chapitre 5.

encourageants : « Tente des choses, fais ce que tu sais faire. Si tu rates, tu recommences. » Mbappé confie à ses proches que ces mots du sélectionneur lui enlèvent immédiatement la pression.

Ce jour-là, Kylian n'est pas le seul novice en équipe de France : le Marseillais Florian Thauvin, le Lyonnais Corentin Tolisso et les Monégasques Benjamin Mendy et Tiémoué Bakayoko sont aussi appelés pour la première fois. Cette brochette de talents se retrouve donc ensemble au premier dîner pour sacrifier à la tradition du bizutage. N'imaginez pas que ces grandes vedettes se fassent subir les choses horribles qui existent dans certaines grandes écoles. Pas question d'alcool ou d'humiliation. En équipe de France, quand un nouveau joueur arrive, il doit monter sur sa chaise... et chanter ! Bouteille d'eau à la main et large sourire aux lèvres, Kylian entonne *C'est plus l'heure*, du chanteur, danseur et rappeur parisien Franglish.

« Jamais toi sans moi
C'était ce qu'on s'était dit
Jamais moi sans toi
C'était ce qu'on s'était dit
Mais d'un coup, t'as hésité
Depuis que tes copines t'ont parlé[1] »

Très à l'aise avec sa bouteille d'eau à la main en guise de faux micro, Kylian surprend ses coéquipiers par ses qualités de chanteur, en montant même dans les aigus. Souvenir des années chorale à Bondy ? En tout cas, l'attaquant met la pression sur ses coéquipiers le succédant dans l'exercice.

---

1. *C'est plus l'heure*, Franglish, feat. Dadju, Vegeta, éditions Together Publishing, auteurs : Dadju Nsungula, Yohann Daoud Doumbia, Gédéon Mundele, Evrard Djeje.

Cinq jours plus tard, Kylian assiste du banc de touche à la plus grande partie de Luxembourg-France, match comptant pour la qualification au Mondial 2018. Après le penalty de Griezmann et le doublé de Giroud, la France mène 3-1. À la 78e minute, le Bondynois est lancé dans le grand bain. En relaçant ses crampons, Mbappé se parle intérieurement : « Ça y est, c'est le moment. Il faut tout lâcher, joue ton jeu. De toute façon, c'est pour ça que tu es là ». Numéro 12 dans le dos – celui de Thierry Henry – il remplace Dimitri Payet. Son premier ballon est une occasion de but ! L'histoire aurait été belle… mais sa demi-volée du pied gauche est repoussée par le gardien luxembourgeois. « Je ferai mieux la prochaine fois, mais la première sélection reste toujours une émotion incroyable. » Pendant qu'il répond aux journalistes, Olivier Giroud passe dans le couloir des vestiaires et donne une petite tape amicale à son nouveau coéquipier en glissant ces deux mots : « Futur crack ! »

À dix-huit ans, trois mois et cinq jours, le Monégasque devient ainsi le deuxième plus jeune joueur de l'équipe de France d'après-guerre (entre 1906 et 1939, une dizaine de joueurs âgés de 17 ans avaient porté le maillot bleu), derrière Maryan Wisniewski (18 ans, 2 mois et 2 jours, lors d'un match contre la Suède en 1955). Depuis, Mbappé a été effacé des tablettes par Edoardo Camavinga puis Warren Zaïre-Emery. Ces derniers ont fait encore plus fort que Mbappé, en brisant la barrière des dix-huit ans. On peut d'ailleurs s'interroger sur l'influence indirecte de la réussite de Mbappé, qui a probablement encouragé Deschamps à faire appel à de jeunes joueurs, de plus en plus tôt.

Après cette grande première, retour à Clairefontaine avant le deuxième match – amical, celui-ci – contre l'Espagne. De sa chambre du deuxième étage, veste bleu nuit sur un t-shirt Nike, Kylian partage ses impressions : « C'est unique. J'ai toujours rêvé d'être ici. Le fait d'y être, c'est extraordinaire. J'ai été "préparé" à tout ça, donc je le vis sereinement et je profite de tout ce qui m'arrive. Je joue comme j'ai toujours eu l'habitude de jouer, et en ce moment ça me réussit. Je travaille à l'entraînement, je suis à l'écoute. Et quand on est à l'écoute, le travail porte toujours ses fruits. Je suis un garçon qui aime dialoguer et apprendre à connaître les autres. Plus j'en connais sur les autres, mieux je me porte. Je ne suis ni réservé ni fou-fou. Entre les deux, juste milieu ! Depuis que je suis petit, je regarde les matchs de l'équipe de France. J'ai les yeux qui pétillent, c'est un rêve de gosse[1]. »

Sur le mur de sa chambre, une photo inspirante : Michel Platini qui soulève la coupe d'Europe, en 1984.

Face à l'Espagne, le 28 mars 2017, Mbappé fête déjà sa première titularisation. Le Monégasque est aligné en attaque avec Gameiro, devant un milieu 442 en losange (avec Griezmann à sa pointe). Il participe ce soir-là à l'inauguration mondiale de l'arbitrage vidéo. Au Stade de France, les spectateurs sont stupéfaits. D'abord validé, le but d'Antoine Griezmann est refusé après étude de la vidéo. C'est le début d'une nouvelle ère avec l'introduction de la technologie dans le foot. S'il ne marque pas (défaite de la France 2-0), Mbappé reste l'attaquant tricolore le plus dangereux. « L'arbitrage vidéo est une bonne chose, mais il faut corriger le timing », analyse le jeune attaquant français en quittant le terrain.

1. FFF TV, mars 2017.

Après cette parenthèse internationale, Mbappé retrouve son Rocher, dans l'optique d'une première finale chez les professionnels : la finale de la Coupe de la Ligue, face au Paris-Saint-Germain. Au Groupama Stadium de Lyon, Monaco et Mbappé passent à côté de ce grand rendez-vous (défaite 4-1). En zone d'interview, le nouvel attaquant de l'équipe de France ne se cache pas et affiche une étonnante maturité, et, surtout, un saisissant recul quant à sa prestation : « Ma finale ? Ratée ! Tout simplement. Je pense que je n'étais pas à la hauteur de l'événement. J'ai raté un grand nombre de choses, je n'ai pas su aider mon équipe à relever la tête. Dans ces moments-là, quand vous êtes en difficulté, il faut se comporter en leader technique et je ne l'ai pas été. Mais ça va m'apprendre et, quand il y aura une prochaine finale, s'il y en a une, j'essaierai de montrer un meilleur visage. »

Une preuve supplémentaire qu'il ne faut « pas parler d'âge » à Kylian Mbappé : à 18 ans, alors qu'il dispute sa première saison chez les professionnels, il se considère déjà comme un « leader technique ».

Un statut qu'il va prouver quelques jours plus tard, en quarts de finale de la Ligue des champions.

Monaco affronte le Borussia Dortmund.

Le match se déroule dans de sombres conditions. Moins de deux heures avant le match, le bus allemand est victime d'un attentat, blessant Marc Bartra. Alors que le Borussia réclame un report à long terme – les joueurs sont choqués –, l'UEFA impose la tenue du match dès le lendemain, à 18 h 45. Un élan de solidarité se met en place afin de proposer des hébergements aux supporters monégasques qui avaient fait le déplacement. Face à un

Borussia meurtri, Kylian Mbappé brille de mille feux. Avant la rencontre, son coéquipier Benjamin Mendy ose un pari que seuls les footballeurs entreprennent :

— Si tu mets un doublé, je t'offre une montre !

— Vas-y, tu vas voir.

Confiance insolente… et réussite insolente. Dès la 19e minute, Mbappé marque de la cuisse droite, un vrai but de renard des surfaces. Alors que son futur copain Ousmane Dembélé remet le Borussia dans le match (2-1 pour Monaco à un quart d'heure de la fin), Mbappé chipe le ballon à Sokratis Papastathopoulos, à quarante mètres du but dans l'axe. Dès l'instant où il récupère le ballon, l'attaquant monégasque ne pense plus qu'à une seule chose : dépasser le mur du son et catapulter le ballon dans les filets de Bürki. Monaco s'impose finalement 3-2 et se positionne idéalement pour la qualification, avant le match retour. Une fois dans les vestiaires, Kylian retrouve Benjamin Mendy.

— Ça va, on est bien, on a l'avantage, sourit le défenseur.

— Ramène la montre !

Kylian Mbappé est comblé, avec son petit frère Ethan qui a fait le déplacement.

Au match retour, sous les yeux du Prince Albert II et dans un stade Louis-II exceptionnellement en fusion, Mendy et Mbappé prouvent leur complicité sur le terrain. Le latéral gauche se projette vers l'avant et tente une frappe lointaine. Bürki repousse sur Mbappé qui a parfaitement suivi : après deux minutes et trente-cinq secondes de jeu, Monaco mène déjà 1-0 ! Le génie monégasque n'inscrira pas de nouveau but, mais torturera la défense allemande avec Radamel Falcao, titulaire en pointe à ses côtés. Monaco s'impose 3-1 et se qualifie pour les demi-finales de la Ligue des champions – une meilleure performance que le PSG estampillé Qatar !

En demi-finale, l'ASM affronte la Juventus Turin.

Sur sa lancée de Dortmund, Mbappé est buteur lors des rencontres de Ligue 1 qui précèdent ce nouveau grand rendez-vous.

Le 3 mai 2017, Kylian entre sur la pelouse avec son petit frère. Ethan joue le rôle d'enfant d'honneur, remplaçant les anonymes qui sont traditionnellement choisis ou tirés au sort pour accompagner les joueurs lors de l'entrée sur le terrain. Face à la Juve de Dybala, Higuain et Mandzukic, Monaco a le visage d'un outsider. La statistique est impressionnante : la *Vieille Dame* n'a jamais été éliminée par un club français en Ligue des champions. Ce soir-là, Mbappé affronte probablement la défense la plus redoutable de sa jeune carrière : le trio Chiellini-Bonucci-Barzagli, muraille de fer protégeant l'un des meilleurs remparts de l'Histoire de ce jeu : Gianluigi Buffon. Nullement impressionné, le jeune français multiplie les dribbles et sollicite le gardien italien. Ce dernier gagne tous ses duels avec Mbappé.

Comme les grands joueurs se reconnaissent entre eux, Gigi Buffon a l'intuition magique, presque mythologique, d'adouber Mbappé aux yeux du monde. Après avoir plongé dans les pieds du jeune Français pour anéantir son action en lui subtilisant le ballon, le champion du monde italien lui tape dans la main et pose sa grosse main gantée sur le crâne rasé de son cadet. 21 ans les séparent, mais ils font désormais partie de la même cour. Ainsi a parlé Buffon.

Dans la minute qui suit, Mbappé est troublé. Il pense sans cesse au geste effectué par la légende de la Juve. Servi sur un plateau par Dani Alves, Gonzalo Higuain inscrit un doublé. Monaco perd 2-0.

Déçu, Mbappé peut se consoler avec le maillot de Buffon : « Je l'ai échangé avec lui, c'est une marque de respect », précise le gardien italien. « C'est quelqu'un qui force l'admiration », abonde Mbappé.

Entre les deux matchs, Monaco joue à Nancy. Il y a encore quelques mois, Mbappé profitait de ce genre de matchs « de transition » pour accumuler du temps de jeu, désormais, il est préservé, et c'est Germain qui récupère les miettes. Malgré tout, le Bondynois entre en jeu à la 82e minute et délivre une passe décisive pour Lemar à la 86e. Irrésistible !

Six jours plus tard, le Juventus Stadium est prêt à croquer les petits Monégasques. À la mi-temps, les Turinois mènent déjà 2-0, soit un avantage de quatre buts. Vous l'aurez deviné, Mbappé est de ceux qui n'abdiquent jamais. Après avoir buté, une fois de plus, sur la jambe de Buffon qui détourne sa frappe en corner, l'attaquant français trompe enfin le gardien italien dans la surface. Il reste alors vingt minutes de jeu et Monaco a trois buts de retard : mission quasi impossible, mais cela n'empêche pas Mbappé de ramasser le ballon dans la cage et de sprinter vers le rond central pour accélérer le coup d'envoi. Peine perdue. Monaco est éliminé. Kylian Mbappé doit aussi apprendre la défaite.

Après la désillusion européenne, le sacre national.

Dans sa lutte à distance avec le Paris-Saint-Germain, Monaco maintient une cadence infernale. Cinq jours après

Turin, l'ASM fait voler le LOSC en éclats (4-0), avec deux passes décisives de Mbappé. Les deux actions du gamin de 18 ans sont somptueuses, et représentent la définition même d'une « passe décisive » : sur la première, Mbappé aligne une demi-douzaine de passements de jambes et de crochets avant d'effacer son vis-à-vis – débordé – dans la surface et de servir en retrait Bernardo Silva. Sur la deuxième, Mbappé reprend la balle de volée, mais au lieu d'utiliser son cou du pied pour frapper, il distille un plat du pied droit millimétré qui permet à Falcao de marquer du gauche : le ballon n'a jamais touché le sol dans cette action, rappelant – avec une réalisation moins complexe, tout de même – le plus beau but de l'histoire de la Ligue 1, inscrit par Patrice Loko avec le FC Nantes en 1994.

Soixante-douze heures plus tard, Monaco bat Saint-Étienne (2-0) avec un but de Kylian : une victoire synonyme de titre de champion de France, avant même la dernière journée. C'est la consécration d'une bande de copains, qui a choisi son propre surnom : la « garderie ».

Et savez-vous comment Kylian Mbappé, jeune adulte de 18 ans, a célébré son premier trophée professionnel ? Boîte de nuit ? Alcool ? Filles ? Ces clichés de footballeur ne le concernent pas. Sitôt la joie du vestiaire évaporée avec les volutes de vapeur de la douche chaude, Kylian Mbappé quitte le stade Louis-II en famille, comme si de rien n'était.

Ébahis de le croiser comme s'il était encore monsieur Tout-le-Monde, des supporters monégasques l'interpellent amicalement.

— À l'année prochaine ?

— Je ne sais pas, répond Kylian.

— Tu ne sais pas ? Comment ça ? Tu nous dois encore des titres, Kylian. Tu nous lâches pas maintenant…

Sur le ton de la plaisanterie, Wilfrid Mbappé glisse à son fils :

— À 120 millions, je t'emmène dans l'avion !

— 110, c'est bon, se gausse Kylian.

Le jeune homme avait compris que son père pensait au record du « footballeur le plus cher de l'Histoire », détenu à l'époque par Paul Pogba (105 M€, de la Juventus Turin à Manchester United). Personne n'imaginait encore que le PSG débourserait 222 millions d'euros pour recruter Neymar quelques semaines plus tard…

Alors qu'il se sent extrêmement fatigué après tous les efforts fournis ces dernières semaines, Kylian respecte les souhaits de son corps et se couche tôt, avec une canette d'*Iced Tea* bien fraîche et un paquet de bonbons Haribo. Le footballeur entend rester en condition pour la fin de saison – la dernière journée du championnat puis le stage à Clairefontaine.

Le lendemain matin, quand beaucoup de ses coéquipiers sont probablement en train de cuver les litres de vodka ou de champagne, Kylian se lève tôt et prend l'avion : direction Bondy ! Le jeune homme a la délicatesse de présenter le trophée *Hexagoal* à tous les enfants de la ville où tout a commencé pour lui. Avant d'offrir quelques cadeaux fournis par son équipementier, Kylian s'adresse aux Bondynois : « Vous ne savez pas à quel point je suis heureux d'être ici. Comme tout le monde le sait, Bondy est un club, une ville, qui me tiennent vraiment à cœur. J'ai grandi ici, je me suis développé en tant que joueur et en tant qu'homme. Comme on dit : ici c'est Bondy, Bondy fort et vert ! » Devant une forêt de micros, un enfant lui demande alors s'il va rester à Monaco. « Je ne sais pas, avoue le footballeur. Je réponds tous les trois jours à cette question. Ma réponse ne va pas évoluer. La saison n'est pas finie, il reste un match. Après ce match, on verra. »

Ce jour-là, L'Équipe titre : « Le sacre du jeu », en affichant une photo des Monégasques soulevant le trophée.

Jetons un œil sur les statistiques de Kylian Mbappé, en se rappelant les complications du début de saison (traumatisme crânien, mise à l'écart, temps de jeu limité…).

En Ligue 1 : 15 buts et 8 passes décisives en 29 matchs, mais seulement 17 titularisations.

En Ligue des champions : 6 buts en 9 matchs (6 titularisations).

En Coupe de France : 2 buts et 3 passes décisives en 3 matchs.

En Coupe de la Ligue : 3 buts en 3 matchs.

Des chiffres affolants pour un joueur de 18 ans disputant sa première saison professionnelle.

Tous les observateurs sont admiratifs, à commencer par Didier Deschamps, qui, hasard du calendrier, donne sa liste pour la fenêtre internationale de juin au lendemain du sacre monégasque. Évidemment, Mbappé est appelé. « Il avait déjà fait de très bonnes choses quand je l'ai appelé en mars. Depuis, il a confirmé, par ses qualités, son efficacité, sa maturité… Il ne donne pas l'impression d'avoir 18 ans ! Je ne vais pas m'en plaindre, il est français, il est en équipe de France. C'est venu très tôt, mais tout va très vite pour lui. Jardim l'a très bien géré à Monaco. Il est très exposé, mais c'est à juste titre. Ce qu'il fait sur le terrain est exceptionnel. »

Après ces commentaires élogieux, le journaliste de RTL Philippe Sanfourche demande au sélectionneur s'il profitera du rassemblement pour évoquer avec Mbappé son avenir : « J'aurai des discussions avec lui, mais ce n'est pas moi qui gère la carrière des joueurs. L'année prochaine, on bascule en année de Coupe du monde. Les joueurs font les choix qu'ils veulent, à eux de voir. Quand on me demande mon avis, je le donne. Évidemment, le choix sportif est prioritaire. Mais on ne sait jamais à l'avance. Évidemment, Kylian prendrait plus de risques en quittant l'AS Monaco qu'en y restant. Cela peut avoir une incidence sur la liste de la Coupe du monde. » Une déclaration qui ouvre définitivement la voie vers la grande saga de l'été : dans quel club évoluera Kylian à la rentrée ?

5

Signature au PSG : retour à la maison… pour 180 millions

Durant l'été 2017, deux scénarii se jouent en parallèle :

Celui de l'AS Monaco, qui négocie avec le Real Madrid pour vendre son joyau.

Celui de la famille Mbappé, qui achète une maison sur le Rocher.

Forcément, ces deux mouvements contraires vont s'entrechoquer.

Les discussions sont confidentielles.

Cela n'empêche pas les médias de l'Europe entière de s'exalter. « La joya [perle] del mercato », titre le quotidien espagnol *Marca*. « L'homme qui valait (au moins) 100 millions », écrit à son tour *L'Équipe*. En effet, l'addition pourrait être encore plus salée…

Le chiffre de 180 millions d'euros n'est pas le résultat d'une surenchère sans fin entre plusieurs clubs. Il sort tout droit du cerveau de Vadim Vasilyev. Que les appels viennent de Madrid, de Paris ou Manchester, tous ceux qui ont demandé des renseignements au sujet de Mbappé ont reçu le même chiffre : 180 millions d'euros, pas un centime de moins. L'ASM refuse d'entamer des discussions pour un montant inférieur. « Vadim, vous n'êtes pas sérieux », siffle-t-on dans toutes les langues au président russe. « Si Mbappé atteint un jour le niveau de Neymar, je débourserai cette somme », promet Florentino Perez, le président du Real Madrid. Dans l'esprit de Vasilyev, le garçon de 18 ans est déjà un crack. Pour les dirigeants des clubs européens, il n'est encore qu'un espoir, avec une demi-saison dans les jambes.

Pendant ce temps-là, Antero Henrique discute souvent avec la famille Mbappé. Le directeur sportif du PSG déroule ses arguments pour convaincre Kylian de signer dans la capitale. Mais Kylian, attentif aux mots de Didier Deschamps, a pris sa décision : il veut rester à Monaco.

Pourtant, il a échangé avec les plus grands entraîneurs du monde. L'été 2017 est le théâtre d'un bal des prétendants. Pep Guardiola à Manchester City. Jurgen Klopp à Liverpool. Arsène Wenger à Arsenal. Unai Emery au PSG. Tous rivalisent d'arguments pour le faire signer. Passionné de football, le garçon de dix-huit ans prend beaucoup de plaisir à discuter avec ces grands techniciens, notamment quand ceux-ci mettent l'accent sur le jeu. Mbappé confiera d'ailleurs avoir particulièrement apprécié sa conversation avec Guardiola, précisant qu'il a « dit non à Manchester City, pas à Guardiola ». Il ne faut jamais insulter l'avenir…

Cinq ans après sa rencontre avec Zidane à Madrid, Kylian est de nouveau sollicité par le champion du monde 1998. Désormais, Zizou est l'entraîneur de l'équipe première du Real. L'icône et le phénomène discutent au téléphone, mais ZZ peine à donner les garanties attendues par Mbappé. En 2017, la Maison-Blanche s'appuie sur un trio d'attaque que l'on surnomme la « BBC » : Bale, Benzema, Cristiano Ronaldo. Zinédine Zidane refuse de mentir à Mbappé et ne lui promet pas une place de titulaire. Mbappé, lui, ne veut pas perdre sa place en équipe de France alors que la Coupe du monde se profile, et trouve qu'un départ au Real serait précipité. Il a seulement 18 ans, et bien le temps de rejoindre le club de ses rêves dans quelque temps…

Mbappé a terminé sa saison en juin, avec le rassemblement de l'équipe de France. L'occasion pour lui d'engranger deux nouvelles sélections. Sur le banc face au Paraguay (5-0, triplé de Giroud), il remplace Griezmann pour le dernier quart d'heure en Suède (défaite 2-1, but de Giroud) et dispute les 90 minutes contre l'Angleterre (3-2, buts de Umtiti, Dembébé et Sidibé). Lors de ce dernier match avant la quille, Mbappé distille sa première passe décisive en bleu. Alors que le score est de 2-2 après un doublé d'Harry Kane, l'attaquant français fixe le gardien anglais et décale Dembélé, dévoilant ainsi les prémices d'une redoutable complicité technique. En équipe de France, tout le monde est sous le charme, à tel point que *Le Parisien* titre, le 7 juin 2017 : « Mbappé déjà comme chez lui à Clairefontaine. » Il y est décrit comme « affable, détendu, rigolard, intéressant, chambreur, impressionnant, bluffant ». Qui dit mieux en termes d'adjectifs qualificatifs ? Alors qu'Ousmane Dembélé est assez timide lors de ses premiers entraînements, Mbappé, lui, n'hésite pas à célébrer joyeusement et bruyamment le moindre but ou la moindre passe décisive. Kylian Mbappé est naturel, et fait l'unanimité. « Pour son âge, il est très mature, glisse Kurt Zouma. Il sait ce qu'il veut. Il est très sûr de lui sans qu'on le ressente comme de l'arrogance. Même quand il parle, il fait vieux. Quand je l'entends en interview, je lui dis : *Hé, oh, calme-toi frérot*[1] *!* »

Après des vacances ressourçantes en Espagne et en Grèce, et alors que le monde du foot l'attend à Paris, Madrid ou Arsenal, le prodige débute sa préparation le 7 juillet 2017 à… Bondy ! C'est une tradition dans la famille Mbappé. Le premier entraînement est une réunion père/fils. Wilfrid, Kylian et Ethan tapent ainsi la balle au stade Léo-Lagrange. En toute simplicité, à un détail près : cette séance hors du commun n'a pas échappé aux caméras de Canal+. Débardeur blanc et short bleu de l'équipe de France frappé du numéro 12, Kylian écoute religieusement les consignes de son père, très concentré (« sors devant ! Pas dans les pieds ! »). Maillot de l'ASM floqué « Mbappé – 29 », Ethan, qui n'est encore qu'un enfant de onze ans, donne la réplique à son frère.

Après ce moment convivial, Mbappé rejoint le centre d'entraînement de la Turbie et part en stage de pré-saison avec l'AS Monaco, en Suisse. L'attaquant français est focalisé sur le trophée des champions, prévu le 29 juillet à Tanger, au Maroc, face au Paris-Saint-Germain.

Cependant, un coup de téléphone va perturber la quiétude suisse.

Florentino Perez a changé d'avis.

Le président madrilène est d'accord pour débourser 180 millions d'euros et recruter Kylian Mbappé dès l'été 2017.

---

1. *Le Parisien/Aujourd'hui en France*, 7 juin 2017.

Vadim Vasilyev et Leonardo Jardim annoncent la nouvelle au joueur à l'issue d'un entraînement.

Les points de vue s'affrontent. Du côté de l'ASM, c'est une offre qui ne se refuse pas. Agacé, Kylian a la sensation d'avoir un couteau sous la gorge qui lui dicte ce qu'il doit faire. Essuyant le refus de Mbappé, le président russe lui demande de bien réfléchir.

Parallèlement, l'AS Monaco s'engage dans une vaste opération mercato-économico-financière qui ne plaît guère à la famille Mbappé. Après la demi-finale de Ligue des champions et le titre de champion de France, Kylian rêvait de conquérir l'Europe avec sa bande de copains hyper talentueuse. Hélas, l'ASM a cédé aux sirènes de tous les grands clubs européens qui ont recruté, un à un, les joyeux de la Principauté : Bernardo Silva et Benjamin Mendy à Manchester City, Nabil Dirar à Fenerbahçe, Tiémoué Bakayoko à Chelsea. Même Valère Germain s'exile à Marseille ! Dans ces conditions, Mbappé comprend qu'il sera compliqué de régner sur la Ligue 1, et encore plus de renouveler l'exploit européen de la saison précédente.

L'idée d'un transfert dès l'été 2017 se concrétise alors. Mais pas question d'aller au Real Madrid, où il n'est pas assuré d'une place de titulaire. L'AS Monaco n'est pas enchantée par cette situation, car un transfert au PSG renforcerait directement le concurrent national. Il reste une autre équation, sans doute la plus complexe : le prix fixé est de 180 millions d'euros. Le PSG acceptera-t-il de payer aussi cher pour un joueur de 18 ans ?

Les négociations sont menées par la famille, conseillée par Maître Delphine Verheyden, l'avocate de Kylian depuis 2015. Soucieux de ne pas rater son début de saison, le joueur refuse de participer aux négociations et ne souhaite même pas être tenu au courant des différentes avancées. Ses parents savent là où il veut aller et où il ne veut pas aller.

Le 29 juillet, au Maroc, Kylian Mbappé est toujours un joueur de l'AS Monaco. Il dispute le Trophée des Champions face au PSG. Titulaire, il est remplacé à la 71e par Guido Carrillo, ce qui est assez logique étant donné qu'il s'agissait pour le jeune monégasque d'un match de reprise. Monaco s'incline (2-1) et entame alors une nouvelle saison de Ligue 1, toujours avec Mbappé. Leonardo Jardim ne s'en réjouit pas vraiment : conscient que le buteur va probablement partir d'ici à la fin de l'été, il s'agace de cette situation d'entre-deux qui perturbe le groupe. En public, le storytelling politiquement correct raconte une fausse histoire : « Kylian travaille bien », répond poliment Jardim. « Nous sommes en train d'utiliser des protège-tibias à l'entraînement pour le protéger », plaisante même le technicien espagnol. Quelques heures plus tard, dans le vestiaire, il recadre fermement Mbappé, lui reprochant son manque d'implication défensive lors du Trophée des Champions. Deux jours plus tard, c'est l'attaquant qui s'énerve en reprochant à un adjoint de Jardim de ne pas avoir sifflé faute lors d'un duel à l'entraînement.

Le 4 août, les champions de France sont de retour à Louis-II. Mbappé est titulaire, Monaco s'impose contre Toulouse (3-2), mais le joueur en instance de départ sort sur blessure, touché au genou. Fausse alerte : le comptable du club pousse un grand ouf de soulagement ! Conséquence directe de cette frayeur : on ne reverra plus Mbappé sous le maillot rouge et blanc. À Dijon, il reste sur le banc. Pour le match à Metz, il n'est carrément pas convoqué. Enfin, le 27 août, contre l'OM, il assiste du banc de touche au récital de ses coéquipiers (6-1). Quand son nom est cité par le speaker, les supporters sifflent. Ces derniers se sentent trahis et ne connaissent pas forcément toute l'histoire – à savoir que le club a insisté dès le début du mercato pour vendre sa pépite.

Tout au long du mois d'août, d'interminables négociations se mettent en place avec toutes les places fortes européennes. Le 3 août, premier rebondissement de grande envergure. Le Paris-Saint-Germain a activé la clause libératoire de sortie de Neymar au FC Barcelone. Le montant est astronomique : 222 millions d'euros ! Deux fois plus que le montant du transfert record de Paul Pogba à Manchester United. Avec la menace du Fair-play financier, qui oblige les clubs à équilibrer leurs recettes et leurs dépenses, il apparaît difficile, voire impossible, que le PSG puisse débourser encore 180 millions d'euros pour attirer Mbappé.

Alors, la famille repense à la Maison-Blanche. Et si le Real Madrid poussait Gareth Bale vers la sortie ? Cela offrirait une place de titulaire à Mbappé aux côtés de Benzema et Cristiano Ronaldo. Le Daily Star, le Daily Mail et le Daily Telegraph annoncent conjointement que le Gallois va rejoindre Manchester United – entraîné par Jose Mourinho – afin de faire de la place au Français.

Pendant ce temps, le FC Barcelone – qui va avoir une somme rondelette à dépenser sur le marché des transferts – passe aussi à l'offensive, tout en surveillant la situation de Countinho à Liverpool.

En parallèle, la famille Mbappé négocie aussi avec l'AS Monaco autour d'une prolongation de contrat.

Les deux parties sont liées jusqu'en 2019. Fort de son nouveau statut, Mbappé réclame une revalorisation salariale, exigeant un montant de 700 000 euros nets par mois. Monaco refuse.

Les aiguilles de l'horloge du mercato tournent, inlassablement, et la date fatidique du 31 août se rapproche. La famille Mbappé affiche beaucoup de sérénité, car les dirigeants du PSG – Antero Henrique et Nasser Al-Khelaifi en tête – ont promis qu'ils trouveraient une solution économique et que la signature de Neymar ne changerait rien. Au contraire, elle semble même avoir renforcé la volonté parisienne de bâtir une équipe galactique avec deux des footballeurs les plus convoités du monde. Kylian a beaucoup apprécié sa conversation footballistique avec Unai Emery et a l'assurance qu'il trouvera sa place dans un trio offensif avec Neymar et Cavani. Surtout, Mbappé est enthousiasmé à l'idée d'offrir une première ligue des champions à sa ville natale. « Je ne veux pas arriver à la fin d'un livre, mais au début d'un autre[1] », explique-t-il, pensant aux 12 coupes aux grandes oreilles qui garnissent la salle des trophées de Valdebebas. De l'autre côté, le PSG sait qu'il peut attendre le dernier moment pour valider le transfert, car les Mbappé ont promis qu'ils ne signeraient pas ailleurs. « J'aurai confiance en cette famille toute ma vie, à 100 % », glisse le président qatarien dans une interview à Canal+, ce qui peut faire sourire avec quelques années de recul.

Le 28 août, alors que tout le monde attend Mbappé à Paris ou à Saint-Germain-en-Laye, c'est plutôt vers Rambouillet qu'il se dirige. Malgré son absence de temps de jeu en cette fin d'été, Didier Deschamps lui a maintenu

1. *Intérieur Sport*, saison 11, épisode 5, canal+, mars 2018.

sa confiance en le convoquant pour un troisième rassemblement consécutif. En fin de matinée, le buteur monte les marches de Clairefontaine en gilet gris à capuche, sans rien laisser transparaître, si ce n'est sa bonne humeur.

Pourtant, rien n'est encore validé.

Alors qu'il s'entraîne sur le terrain Michel-Platini, il est encore un joueur de l'AS Monaco, même si un jeune supporter lui fait dédicacer un ballon du… PSG !

Tout se joue finalement le 31 août. Jusqu'à la dernière minute, le Real Madrid et le FC Barcelone, dans une sorte de Clásico du mercato, tentent de rafler la mise, espérant un revirement du PSG. Les deux clubs espagnols affrètent même un avion spécial afin de ne pas rater le coche. Mais, dans la matinée, Wilfrid Mbappé téléphone à son fils : c'est fait, Paris et Monaco sont d'accord, tu vas au PSG ! Le temps presse, car si tous les papiers du transfert ne parviennent pas à la LFP avant minuit, la transaction sera annulée. Pour gagner du temps, et parce que Didier Deschamps interdit à ses joueurs de quitter le rassemblement, même ponctuellement, la signature est organisée à Enghien-les-Bains, dans l'hôtel des Bleus, à quelques heures de France/Pays-Bas.

Avant de rejoindre le Stade de France, Kylian prend le temps de glisser quelques mots aux équipes de communication du PSG, afin d'annoncer sa signature, dans la soirée, sur le site officiel du club : « C'est avec beaucoup de joie et de fierté que je rejoins le Paris Saint-Germain. Pour tout jeune originaire de la région parisienne, c'est souvent un rêve de pouvoir porter le maillot rouge et bleu et de goûter à l'atmosphère unique du Parc des Princes. J'ai été séduit par le projet du club, c'est l'un des plus ambitieux en Europe. »

Pour contourner légalement les règles du fair-play financier, le PSG a eu recours à un procédé à la mode dans le football : un prêt avec option d'achat (obligatoire en cas de maintien du PSG en L1 en mai 2018), fixée à 180 millions d'euros. Cette « niche » permet ainsi à Paris de ne pas inscrire ce montant dans ces comptes en 2017, mais de le reporter en 2018. Indispensable pour concrétiser le transfert, quelques semaines après les 222 millions dépensés pour Neymar.

En un coup de stylo griffonné à la va-vite avant France-Pays-Bas, Mbappé change de statut. Jeune espoir du football, il devient le deuxième joueur le plus cher de l'Histoire de ce sport, derrière Neymar. Son salaire est à la hauteur de l'opération : 18 millions d'euros bruts annuels (hors primes) pour sa première saison parisienne. Dès la deuxième saison, le salaire du joueur franchira la barre symbolique des 20 millions annuels et sera exponentiel d'année en année. Mbappé s'est engagé pour cinq ans avec le PSG, soit jusqu'en 2022. « Nous avons fait beaucoup de recherches et d'analyses pour savoir si cet investissement en valait la peine, explique Al-Khelaifi. […] Kylian vaut plus que ce que nous avons investi aujourd'hui[1]. »

Après avoir signé son contrat, Kylian Mbappé n'est pas perturbé. Au contraire, le voici galvanisé, debout devant le banc de touche de l'équipe de France, prêt à remplacer Olivier Giroud à un quart d'heure de la fin du match. À la 91e minute, alors que les Bleus mènent déjà 3-0, Mbappé accélère, dribble, efface les défenseurs bataves de ses passements de jambes éclairs, combine avec Djibril Sidibé et inscrit son premier but en bleu.

---

1. *Intérieur Sport*, saison 11, épisode 5, Canal+, mars 2018.

Avez-vous déjà connu pareille journée sur terre ? Signer un contrat à 20 millions au PSG, devenir le deuxième footballeur le plus cher du monde et marquer son premier but en équipe de France ?

De surcroît, cette victoire est la 400e de l'Histoire de l'équipe de France. Désormais, et pour longtemps, cette grande histoire du football français ne s'écrira plus sans Kylian Mbappé. Ce 31 août 2017 est la confirmation des promesses entrevues lors du titre de champion de France et des premiers matchs de coupe d'Europe du jeune attaquant. Comme Kopa, Platini et Zidane avant lui, Mbappé est le réacteur principal de notre jeu préféré, et en France, il ne se passera plus une journée sans que les médias ne parlent de lui. Pas un journal L'Equipe sans un mot sur Mbappé. Pas un épisode de L'After Foot de RMC ou d'On refait le match sur RTL sans un débat ou une information sur le Bondynois. En ce 31 août, c'est désormais indéniable : le deuxième footballeur-star français du XXIe siècle est né.

Après sa titularisation contre le Luxembourg (0-0), Mbappé est officiellement présenté au Parc des Princes, dans une ambiance festive, le 6 septembre 2017. Quiconque poserait le pied porte d'Auteuil pourrait penser que l'on célèbre une grande victoire. Il faut dire que les supporters ont vécu un été de folie : avec les signatures de Neymar et Mbappé, leur club entre dans une nouvelle ère, celle où les plus grandes vedettes offrent à Paris leurs plus belles années, quand les stars précédentes (Zlatan, Beckham) avaient rejoint la capitale en fin de carrière.

Kylian arrive au Parc des Princes en famille, avec ses parents et son frère, Ethan. Accueilli chaleureusement par la cellule recrutement du club, le prodige donne l'accolade à Maxwell, salue Luis Ferrer et s'amuse de voir Antero

Henrique l'aider à renouer sa cravate. « Nous n'avons pas pris de vacances à cause de toi », plaisante Nasser Al-Khelaifi en embrassant son nouveau poulain. Pas intimidé pour un sou, Kylian Mbappé prend au contraire l'initiative : « On y va ? » Sûr de lui, le garçon de 18 ans rayonne, car il se trouve enfin là où il a toujours voulu être : dans la lumière, le centre de l'attraction.

Devant près de 200 journalistes, Nasser Al-Khelaifi lance la conférence de presse de façon habile, en adressant quelques piques à ses concurrents européens : « Les gens ne savent pas pourquoi Kylian a choisi Paris… » Le dirigeant qatarien projette alors des photos de Kylian, enfant, posant sourire aux lèvres devant le logo du PSG. « Je suis sûr que nous allons écrire la grande histoire du PSG ensemble, je suis sûr que tu vas rester ici longtemps comme je l'ai dit à votre famille. On a un grand projet pour vous et pour le club. Je voudrais remercier ta famille, car tu es aussi là grâce à eux. »

Au tour de Kylian de prendre la parole. Mature, confiant, intelligent, souriant, plein d'humour, il dribble verbalement et impressionne son audience. En privé, Al-Khelaifi confie sa stupeur : il a l'impression d'avoir recruté un joueur de 30 ans ! « C'était une belle question », se permet même de juger Mbappé après une question tactique d'un journaliste, ce qui déclenche les rires de l'assemblée. Kylian Mbappé est un charmeur d'auditoire. Entre deux phrases, il adresse un clin d'œil à son père, présent au premier rang. Parce que le langage dit beaucoup de l'homme qui l'utilise, voici le verbatim de la première conférence de presse de Mbappé au PSG :

« Bonjour à tous. Comme vous le savez, c'est un grand plaisir pour moi de rejoindre le PSG, l'un des meilleurs clubs du monde, un club extrêmement ambitieux qui souhaite devenir le meilleur et qui ne se contente pas seulement de le vouloir, qui met tous les ingrédients de son côté pour pouvoir mettre en place son projet, qui est plus que solide, et c'est ce qui m'a séduit. Pour moi, c'est important aussi de ne pas quitter la France après seulement six mois de haut niveau. C'était important aussi de rentrer chez moi, dans la ville où je suis né et où j'ai grandi. Avec le PSG, avec beaucoup de travail, de respect et d'humilité, on pourra arriver à nos objectifs qui sont de gagner beaucoup de trophées et à ce rêve qui anime tout le club, la Champions League. Je suis très heureux et je vous remercie tous d'être présents. »

« Je souhaiterais aussi remercier ma famille, mon père, ma mère et tout mon entourage qui ont toujours su me guider jusqu'à présent. J'espère qu'ils resteront à mes côtés encore longtemps. Je remercie aussi mes avocats qui se sont fait un peu mal à la tête ces derniers jours, mais pour une bonne cause. Et aussi toute l'équipe du PSG, que ce soit Antero ou ses adjoints, Maxwell, Luis, Marc Westerloppe aussi qui ont beaucoup œuvré pour que je puisse réaliser ce souhait qui était de rejoindre le PSG. »

Au sujet de Monaco :

« Pour être honnête avec vous, lorsque je finis ma saison en mai sur le titre de champion, j'étais bien sûr dans l'optique de rester. Lorsque j'ai discuté avec le président au tout départ, j'avais donné ma priorité à Monaco. Je l'avais rencontré, mais je lui avais dit que ma priorité était de rester. Il s'est passé certains événements qui ont fait que j'ai changé beaucoup de position. Je me suis ensuite beaucoup concerté avec ma famille sur mon avenir et j'ai pris la décision de rejoindre le PSG. Je pense que c'est le meilleur choix pour moi. »

Au sujet du jeu d'Unai Emery :

« J'ai eu l'occasion d'échanger avec le coach qui a une philosophie de jeu très claire. Il a été très clair avec moi, sur ce qu'il comptait faire de moi, comment il voulait m'utiliser. J'ai vraiment passé une agréable rencontre parce que c'est un entraîneur qui parle de football, qui maîtrise son sujet et qui transmet de la passion. Lorsque vous avez un passionné en face de vous, et que deux passionnés se rencontrent, il y a une connexion qui est immédiate. Il a dit que je pouvais évoluer à plusieurs postes de l'attaque, qu'il pouvait y avoir une certaine rotation à certains postes, que je pouvais évoluer aux trois postes et qu'il n'y avait pas de poste définitif. »

Au sujet de sa surmédiatisation :

« Ma famille et mes formateurs m'ont toujours préparé à toute éventualité dans ma carrière. La carrière d'un footballeur n'est pas lisse. Je suis là devant vous et, bien sûr, tout se passe bien, mais il y a eu des moments difficiles pour en arriver là. On fait tous référence à cet été mouvementé, mais j'ai été préparé, et pas que pour les bons moments. Il y a aussi des moments où vous êtes moins bien, critiqué, mais c'est aussi le football. Il faut s'adapter à tout ça. »

Au sujet de ses ambitions :

« Je suis un joueur ambitieux qui veut sans cesse s'améliorer donc, lorsque vous êtes un joueur de ce type-là, vous voulez vraiment faire mieux que la saison qui vient de s'écouler. Pour moi, l'objectif est évidemment de faire mieux, mais il va bien au-delà. Il y a bien sûr des objectifs individuels, mais ils doivent se fondre dans un collectif et l'objectif collectif est vraiment de tout remporter. C'est ce qui m'anime aujourd'hui et va me faire travailler pour accomplir des objectifs. »

Au sujet de Neymar :

« Le PSG est un projet qui m'intéressait déjà. On avait déjà entamé les discussions. Après, bien sûr que Neymar est un avantage supplémentaire, on connaît tous la qualité du joueur. C'est bien sûr extraordinaire de jouer avec un joueur de cette envergure. Mais le choix du PSG ne portait pas que sur Neymar, il y a tout un projet derrière tout ça qui a fait que j'ai été séduit. »

Au sujet de son nouveau statut :

« J'arrive peut-être avec un statut particulier, mais j'arrive quand même dans un vestiaire où j'ai le palmarès le plus maigre donc il faut quand même se faire petit et tout d'abord commencer par apprendre. J'aurai beaucoup à apprendre des joueurs qui sont là. Ce sont des joueurs qui ont pour la plupart tout gagné au niveau national et même européen. Cela va être une expérience enrichissante pour moi, j'ai beaucoup à apprendre et à prouver. »

Au sujet des offres de transfert qui ont afflué de l'Europe entière : « Au départ, j'étais dans une optique de rester, donc il n'y avait aucun problème, j'ai donné ma priorité à Monaco. Lorsque j'ai rencontré les clubs, et pour tous les clubs que j'ai rencontrés, j'avais le même discours, c'était priorité à l'ASM. Ensuite, il s'est passé un événement qui a fait que j'ai changé de position et qui a fait que j'ai souhaité partir. Ensuite, lorsque j'ai réfléchi et que mes parents et mes avocats ont pesé le pour et le contre de chacune de mes propositions, j'ai décidé de rejoindre le PSG parce que c'était le projet qui allait me permettre de me développer et de pouvoir apprendre tout en gagnant. C'est bien beau d'apprendre, mais il faut gagner. On n'a qu'une carrière et cela passe vite. Je suis un affamé de titres, un compétiteur qui veut gagner année après année, jour après jour donc je voulais apprendre, continuer à apprendre, mais je veux gagner, et dès maintenant. [...] Ce qui s'est passé est simple, mais ce n'est pas l'endroit ni le moment pour le faire. Je parlerai de tout ça le temps venu. Je sais que beaucoup de gens attendent et ont des interrogations, ce qui est compréhensible, car c'est un sujet qui a animé tout l'été, mais j'en parlerai très bientôt pour expliquer tout ce qui s'est passé. Mais le moment est venu de parler uniquement du PSG. Une fracture avec Monaco ? Non, j'ai beaucoup de respect pour le vice-président Vadim Vasilyev qui est vraiment un homme remarquable, mais il s'est passé des choses que je raconterai en temps voulu. »

Au sujet de l'arsenal offensif du PSG :

« Trop fort, je ne sais pas, mais il y en tout cas a une superbe équipe et de superbes joueurs. On a tout pour s'épanouir, prendre et donner beaucoup de plaisir. C'est à nous de nous mettre au travail et de répondre aux attentes sur le terrain. »

Au sujet de la gestion familiale de sa carrière :

« Je n'ai rien changé, ce sont toujours les mêmes personnes qui m'entourent. On a toujours fonctionné comme cela et cela nous réussit plutôt bien. On a réussi à s'entourer de gens compétents comme mes avocats, car c'était une nécessité, mais on n'a pas besoin d'autres personnes. Pour l'instant, on arrive à se débrouiller nous-mêmes et on le fait en famille, donc tout se passe bien. »

Au sujet de son positionnement tactique et de son poste préféré :

« C'est une bonne question, car il est difficile d'y répondre. À partir du moment où mes formateurs ne m'ont jamais mis deux années consécutives au même poste, ils ont tout de suite voulu que je sois complet et que je m'adapte à plusieurs systèmes. Aujourd'hui, j'ai terminé dans l'axe à Monaco, donc je vous dirai dans l'axe aujourd'hui. Mais peut-être que dans un an, si je joue dans une autre position, je vous donnerai une autre réponse. C'est difficile de répondre, c'était une belle question. »

Au sujet de son permis de conduire :

« Il y a eu des complications et j'ai mis en stand-by, mais je vais m'y remettre très rapidement. Si maman va encore m'emmener ? Non, là, il y a un chauffeur que le club a mis à disposition. »

Au sujet du montant de son transfert (180 M€) :

« Cette question revient souvent et j'ai toujours la même réponse : ce n'est pas moi qui gère tout, ce n'est pas mon métier donc ce n'est pas quelque chose qui me regarde. Le prix est anecdotique pour moi, cela ne va pas changer ma manière de vivre, de penser et encore moins de jouer. L'argent ne va pas dans ma poche et il n'en est pas sorti non plus. Ce n'est pas quelque chose qui va me tracasser, je vais sur le terrain et, au contraire, jouer avec des joueurs comme ça va vraiment me libérer et je prendrai encore plus de plaisir. »

Au sujet de son futur lieu d'habitation :

« Pour l'instant, je suis à l'hôtel, mais on va trouver une maison pour toute la famille. Ce sera une maison familiale, pas seulement avec papa et maman. »

Au sujet du Parc des Princes :

« Le Parc, c'est quelque chose de particulier, car j'y allais tout jeune. J'étais un amateur de foot, un gamin qui aime le foot. Et dans ce cas, à Paris, il n'y a que deux stades, soit le stade de France, soit le Parc des Princes. La particularité du PSG, c'est qu'il n'y a qu'un club dans la ville et les enfants qui grandissent dans la ville se dirigent naturellement vers le PSG. Ce n'est pas comme les autres grandes villes des autres pays où il y a deux, trois voire quatre clubs dans la même ville. Là, un Parisien de naissance et qui y grandit se dirige tout naturellement vers le PSG. Pour moi, le Parc des Princes était vraiment le stade de la ville, le stade où tu te rendais quand tu avais l'argent de poche pour pouvoir y aller. Mais c'était vraiment particulier. J'y allais souvent et mon frère jouait contre le PSG, donc c'est un stade où je me suis souvent rendu. »

Après la conférence de presse, Kylian Mbappé pose devant les photographes, sur la pelouse du Parc, exhibant fièrement son nouveau maillot, toujours floqué du numéro 29. La star rayonne, son petit frère Ethan collé à lui. Avec Mbappé, le succès, c'est en famille.

Une nouvelle ère est lancée. Celle des Galactiques du PSG.

6

« Penalty Gate » au PSG : Kylian n'est encore qu'un jeune premier

Tout de jaune vêtu – PSG do Brasil –, Kylian Mbappé étincelle dès sa première sortie avec sa nouvelle équipe. Avant son arrivée, le PSG s'était déjà baladé en championnat (quatre victoires en quatre matchs, 14 buts inscrits dont 5 de Cavani et 3 de Neymar). Le stade Saint-Symphorien est le premier théâtre des exploits du trident Mbappé/Cavani/Neymar. Un match annonciateur d'une domination sans partage sur le football français : succès du PSG 5-1 avec un doublé de Cavani, une réalisation de Neymar et le premier but parisien de Kylian Mbappé. Celui-ci est somptueux : d'abord auteur d'un joli piqué pour servir Neymar, Mbappé voit revenir le ballon sur lui après le contre d'un défenseur messin, et marque en demi-volée. Les trois buteurs célèbrent ensemble leur nouvelle union, sans que l'on sache si cela s'est fait spontanément ou si quelques conseils marketing leur avaient été glissés avant la rencontre. En tout cas, cela ne pouvait pas être mieux réussi pour l'image de la marque PSG et des différents sponsors et équipementiers. Neymar/Mbappé/Cavani affichent leur complicité.

Sur le premier but, on remarque cependant assez nettement qu'Edinson Cavani n'a pas souhaité faire de cadeau à son nouveau coéquipier. Tous deux étaient en position de marquer, mais l'Uruguayen s'est précipité sur le ballon pour ouvrir le score. Le genre d'action que Mbappé n'aurait jamais laissé à un autre en 2024. Pourtant, Kylian, qui a été très bien accueilli dans ce vestiaire rempli de stars, ne cache pas son envie de s'imposer : « Je ne suis plus le petit Kylian. À partir du moment où j'ai franchi la porte du Parc des Princes, je suis passé dans une autre catégorie[1]. »

À l'issue du match, l'attaquant français apparaît en zone d'interviews, serein, calme et souriant. On lui demande s'il a l'impression d'évoluer dans une nouvelle version des Galactiques. « Galactique, je ne sais pas, mais il y a une très bonne équipe. Maintenant, ce n'est que le début de la saison, on ne va pas s'enflammer non plus, mais on a une bonne équipe pour faire quelque chose de beau. À nous de mettre toutes les chances de notre côté, pour, pourquoi pas, être galactiques. »

On connaît l'objectif commun de Kylian Mbappé et du Paris-Saint-Germain : remporter la Ligue des champions. Ça tombe bien, le deuxième match de Mbappé à Paris est un match européen, à Celtic Park, face au Celtic Glasgow. Nouvelle démonstration (5-0). Encore une fois, la parole est plutôt bien répartie : doublé de Cavani, but de Neymar, but de Mbappé. Deux réalisations en deux matchs au PSG : l'international français a réussi son entrée.

1. *Intérieur sport*, saison 11, épisode 5, Canal+, mars 2018.

Premier vrai test le 17 septembre 2017, avec la réception de l'Olympique lyonnais, et la première au Parc – en tant que joueur du PSG – pour Mbappé. « Paris loves Kylian Mbappé », affichent les écrans. À cette occasion, le trio offensif est plus en difficulté et de premières fissures vont apparaître. Neymar, auréolé de son statut de star planétaire à 222 millions d'euros, n'hésite pas à tirer les coups de pied arrêtés au nez et à la barbe d'Edinson Cavani, le leader d'attaque du PSG. Mais, alors que le score est toujours vierge à un quart d'heure de la fin, c'est bien l'Uruguayen qui trouve l'ouverture avec une déviation de renard des surfaces.

Quelques minutes plus tard, Kylian Mbappé est plaqué dans la surface de réparation. Penalty pour Paris. Il est 22 h 36. La guerre des ego peut commencer. Edinson Cavani ramasse le ballon pour tirer le penalty, car il est le tireur désigné depuis que Zlatan Ibrahimovic a quitté le club un an plus tôt. Neymar s'interpose alors pour prendre le ballon à son coéquipier, lequel refuse. Dani Alves s'en mêle à son tour. Arrivé à Paris en même temps que Neymar, l'ancien joueur du Barça empêche Cavani de récupérer le ballon. La scène est ubuesque. C'est la cour d'école au Parc des Princes. Pendant ce temps, Kylian Mbappé se désintéresse du conflit, démontrant toute son intelligence et confirmant ce qu'il disait quelques jours plus tôt, quand on lui demandait s'il avait changé de statut : « J'arrive peut-être avec un statut particulier, mais j'arrive quand même dans un vestiaire où j'ai le palmarès le plus maigre, donc il faut quand même se faire petit et tout d'abord commencer par apprendre. » Perturbé, Edinson Cavani rate son penalty. Sans conséquence immédiate, car le PSG s'impose (2-0).

Dans les médias, on ne parle que de cela. « Le clash », titre *L'Équipe*.

Pendant plusieurs semaines, la lutte de pouvoir va s'installer entre Neymar et Cavani, et le Brésilien finira par être nommé tireur de penalties.

Forcément, Kylian Mbappé sort grandi de cette querelle. Malgré son ambition tout aussi démesurée que les deux autres, il a eu l'intelligence de ne pas réclamer sa part du gâteau. Et se positionne même en spectateur de la chamaillerie. Le 30 septembre, après le penalty tiré par Neymar contre Bordeaux (victoire 6-2, avec un but de Mbappé), l'attaquant français réagit en zone mixte : « Je ne savais pas qui allait le tirer. Je l'ai vu comme vous, Neymar a pris le ballon, c'est lui qui a tiré et qui a marqué. Point. »

En Ligue des champions, le PSG se promène : 3-0 contre le Bayern (passe décisive de Mbappé), 4-0 et 5-0 contre Anderlecht (1 but et 2 passes décisives), 7-1 face au Celtic (1 but).

Malgré la concurrence individuelle, une véritable complicité technique s'est installée entre les trois vedettes, surtout entre Mbappé et Neymar. Par médias interposés, les joueurs s'envoient des fleurs. Sur Canal+, *Ney* qualifie même son coéquipier de « meilleur des humains ». Mbappé apprécie les qualités différentes de ses deux complices : la technique et les éléments de show distillés dans le jeu du Brésilien, l'abnégation de Cavani, un attaquant qui n'a pas vraiment le style de Mbappé, puisqu'il défend énormément, très agressif partout sur le terrain, avec un important volume de jeu. Mais il est impressionné par l'efficacité de Cavani, qui marque pratiquement à tous les matchs, quel que soit le nombre d'occasions qu'il se procure. Altruiste, Mbappé lui offre des buts dès qu'il en a l'occasion et Cavani lui saute dans les bras.

En dehors du terrain, Kylian se lie d'amitié avec Neymar. « On est très amis avec Kylian. C'est un garçon qui a vraiment quelque chose de spécial. Il n'y a pas de compétition entre nous deux. On veut s'aider mutuellement. Notre relation est faite d'amitié, de camaraderie[1]. »

Unai Emery se félicite chaque jour de l'intégration de Mbappé dans son équipe. Il se réjouit de sa maturité, son caractère et sa désinhibition sur le terrain.

Les premiers pas de Kylian Mbappé à Paris sont parfaits, sur le terrain et en dehors.

Le premier couac intervient le 22 octobre 2017, à l'occasion du premier Classique du Bondynois. Marseille/ Paris-Saint-Germain. Stade Vélodrome. Le match de l'année pour les Olympiens, vexés de voir le rival honni briller sous les feux de l'Europe avec les meilleurs joueurs du monde. Rudi Garcia a conditionné ses joueurs pour faire tomber le grand PSG. Malmené comme tous ses coéquipiers, Mbappé réclame en vain un penalty, peu avant l'heure de jeu. Agacé par la décision de Ruddy Buquet, le joueur attrape le bras de l'arbitre, un geste formellement interdit. Carton jaune. Unai Emery devine l'état d'énervement du jeune attaquant et décide de le remplacer. Finalement, c'est Neymar qui est expulsé ! Sans un coup franc surnaturel d'Edison Cavani dans le temps additionnel, Paris aurait subi sa première défaite de la saison (2-2). Sous la douche, Mbappé mûrit sa première déclaration choc. Face aux journalistes, casquette « Paris Mbappé » vissée à l'envers sur son crâne rasé, il tacle

1. *France Football*, 17 décembre 2019.

le corps arbitral par derrière : « Il faut que les arbitres se mettent au niveau. Aujourd'hui, nous n'avons peut-être pas été au niveau, mais nous avons le mérite de le reconnaître. Le problème, c'est qu'on ne peut pas discuter avec les arbitres. L'arbitre a fait une erreur. Pourquoi ne sanctionnerait-on pas les arbitres comme on sanctionne les joueurs ? »

Glaciale, presque létale, sa déclaration choque les hommes en noir. Afin de ne pas être pris en grippe, Kylian Mbappé exprimera ses regrets quant à la forme de sa déclaration. Et finalement, en tirera cette réflexion pleine de recul sur la perception d'autrui : « Ce que je retiens de positif de cet épisode, c'est que j'ai montré aux gens que je n'étais pas parfait. On m'a collé cette étiquette d'enfant parfait, et je pense que c'est la chose la plus dure depuis que je fais du foot : cette image d'enfant parfait qui ne fait aucune erreur. »

En novembre, l'enfant parfait inscrit son premier doublé sous les couleurs parisiennes, à Angers (0-5).

Cependant, ses statistiques sont moins impressionnantes que celles des deux autres fantastiques.

Pour son retour à Monaco, il ne marque pas. Pendant l'échauffement, Neymar confie à Kylian son admiration, après avoir entendu le nom « Mbappé » scandé dans les tribunes… mais explose de rire quand le Français lui apprend qu'il ne s'agit pas d'un chant à sa gloire, mais d'un torrent d'injures – qu'il lui traduit en portugais ! Il est copieusement insulté par le public princier, qui ne lui a pas pardonné son départ. Cela fait sourire Mbappé, même s'il est légèrement vexé, car il conserve un attachement fort envers l'ASM et considère qu'il s'est bien conduit avec son club formateur.

Place, maintenant, aux huitièmes de finale de la Ligue des champions. Kylian regarde le tirage au sort à la télévision avec son père. Sur une feuille, il inscrit le club qu'il souhaite affronter – le FC Bâle – et celui qu'il craint – le Real Madrid. Bingo ! Le hasard offre un premier grand rendez-vous aux galactiques parisiens.

Avant cela, Mbappé fête ses dix-neuf ans sur la pelouse du Parc des Princes. Cheveux teints en blond à la Djibril Cissé, le *birthday boy* illumine cette soirée d'hiver. Après une accélération fulgurante qui casse les reins de plusieurs défenseurs caennais, il sert Cavani. Ce dernier régale le public d'une *Madjer* ciselée. En seconde période, Mbappé marque du gauche. Son quatrième but en quatre matchs au mois de décembre. Après le match, il fête son anniversaire en jouant à la *Nintendo Switch*.

À la trêve hivernale, le PSG compte déjà neuf points d'avance sur l'AS Monaco. Tous les regards sont tournés vers la Saint-Valentin, le jour où Real-Paris est programmé.

En début d'année 2018, Mbappé et sa troupe royale règnent paisiblement sur le football français (doublé en Coupe de France à Rennes, un but lors du succès 8-0 contre Dijon), jusqu'au 21 janvier. Ce jour-là, Kylian reçoit un choc à la tête lors d'un duel avec Houssem Aouar, puis subit une commotion cérébrale après une sortie d'Anthony Lopes. Crâne ensanglanté, le jeune footballeur voit flou en se relevant. Infatigable, il suit la fin du match sur son téléphone, avec une minerve, et trompe habilement le médecin de la Ligue en récitant par cœur les réponses du protocole afin de ne pas avoir un arrêt maladie trop long.

Le 14 février 2018, l'Europe entière scrute l'estadio Santiago-Bernabéu. Opposition de deux modèles : le club historique qui détient le record de victoires en Ligue des champions (12), et qui vient de soulever les deux dernières, face au nouveau riche qui vient de recruter deux mégastars pour 400 millions d'euros. Le Real Madrid est un club qui compte dans le cœur de Kylian Mbappé. Ce soir, Kylian affronte ses idoles : Cristiano Ronaldo, titulaire en attaque, et Zinédine Zidane, l'entraîneur. Apparemment détendu, l'attaquant parisien s'amuse à recoiffer le petit garçon qui l'accompagne pendant l'hymne de la Champions League.

Paris ouvre le score. Mbappé est à l'origine du but parisien, d'un centre côté droit pour Adrien Rabiot. Ronaldo égalise d'un penalty surpuissant dont Mbappé – impressionné – ne loupe pas une miette. Alors que le Français manque une énorme occasion en ne croisant pas suffisamment son tir, Cristiano donne l'avantage au Real d'un but du genou. Le PSG a plus d'opportunités, mais la Maison-Blanche a l'efficacité froide du champion habitué aux joutes de ce niveau. Après le but de Marcelo à la 86e minute (3-1), Mbappé se rue dans les filets pour ramasser le ballon et fait signe à ses coéquipiers – notamment Verratti et Rabiot – de se dépêcher de se replacer. Mbappé pense déjà au match retour et veut réduire l'écart. Dans la surface, il manque encore une occasion. Au coup de sifflet final, alors que Mbappé vient de serrer la main au joueur qu'il aurait pu remplacer l'été précédent – Gareth Bale – Cristiano Ronaldo s'avance vers lui et lui dit : « Congratulations. »

Abîmé par la défaite, Kylian a perdu son regard d'enfant admiratif. Dans le regard puissant de CR7, il voit un adversaire.

Pas le temps de se reposer. Avant le match retour, le hasard du calendrier offre deux classiques au Parc des Princes pour le prix d'un. D'abord, en Ligue 1, puis en Coupe de France. À chaque fois, l'OM subit le même tarif : 3-0. Buteur en championnat, Mbappé voit Neymar s'écrouler au sol, seul, et hurler de douleur. Les ennuis commencent pour le Brésilien… En Coupe de France, Mbappé se blesse à son tour, heureusement moins gravement. Touché à la cheville, sur une zone qui le faisait souffrir depuis quelques semaines. Il quitte le terrain à la mi-temps, grimace saillante.

Le ciel est gris sur Paris. Dépenser 400 millions d'euros au mois d'août pour aligner les remplaçants face au Real en février ? Al-Khelaifi ironise en disant qu'il est prêt à opérer lui-même les injections d'anti-inflammatoires à ses joueurs pour qu'ils soient aptes le jour J. Pour Neymar, c'est cuit. Malgré les inquiétudes de son père pour sa condition physique à long terme, Kylian Mbappé est sur le terrain le 6 mars, mais il n'y aura pas de miracle. Ronaldo marque encore. Mbappé est en difficulté, sérieusement secoué par les défenseurs madrilènes, Ramos et Marcelo en tête. Il bute encore sur Keylor Navas, et oublie parfois de servir Cavani. Paris est éliminé. Le Real Madrid de Zizou remportera sa troisième ligue des champions consécutive quelques mois plus tard. Mbappé a-t-il fait le mauvais choix ? Libre à chacun d'en juger.

Paris se console avec la Coupe de la Ligue, remportée le 31 mars face à l'AS Monaco. Tout sourire après ses deux passes décisives en finale, Mbappé soulève son premier trophée avec le Paris-Saint-Germain.

Les Parisiens réalisent un triplé national, avec la Coupe de France et le Championnat de France. Avec 29 victoires en 38 journées, Paris a sept points d'avance sur Monaco. À 19 ans, Mbappé est déjà double champion de France.

Étudions les statistiques de Kylian Mbappé, pour sa première saison au PSG : 44 matchs, 21 buts et 15 passes décisives.

En comparaison, voici celles de Neymar (30 matchs, 28 buts, 17 passes décisives) et Cavani (48 matchs, 40 buts, 8 passes décisives).

Le 15 mai 2018, Kylian et toute sa famille regardent le journal télévisé de TF1. Ce soir-là, Didier Deschamps annonce sa liste pour la Coupe du monde. La prochaine grande aventure du nouveau chouchou du football français.

7

Premier déjeuner à l'Élysée

Le 22 janvier 2018, une légende du Paris-Saint-Germain change de dimension : George Weah est élu président de la République du Libéria. Ancien meilleur buteur du club en coupe d'Europe, « Mister George » a laissé de merveilleux souvenirs aux supporters du PSG après ses trois années dans la capitale, de 1992 à 1995.

Très populaire aussi dans son pays, l'ancien attaquant – passé aussi par Monaco et l'AC Milan – s'est lancé en politique après la deuxième guerre civile libérienne. Après plusieurs échecs aux urnes, il devient sénateur en 2015 et président en 2018.

Si Kylian Mbappé n'était pas né à l'heure des exploits du meilleur joueur africain de l'Histoire, cela ne l'empêche pas d'avoir conscience du phénomène. Très intéressé par le passé de son jeu préféré, le jeune Français a forcément visionné des images et lu l'histoire du footballeur libérien, devenu en 1995 le premier Ballon d'or non européen. À ce jour, il reste d'ailleurs le seul joueur africain à avoir remporté cette distinction. Surtout, Kylian connaît bien son fils, Timothy Weah, car celui-ci vient de signer son premier contrat professionnel au PSG, après quatre ans au centre de formation. Tous les deux attaquants, ils ont l'habitude de s'entraîner ensemble au Camp des Loges.

Si l'on vous parle de la famille Weah, c'est parce qu'elle est à l'origine d'une grande première pour Kylian Mbappé : une invitation à l'Élysée. Les huit années passées en première division ont permis à Mister Georges de tisser des liens forts avec la France. Ainsi, il choisit logiquement notre pays pour sa première visite officielle en Europe dans la peau d'un chef d'État. Le 21 février 2018, Georges Weah est reçu à l'Élysée. Pour l'occasion, Emmanuel Macron a organisé un déjeuner réunissant, outre la ministre des Sports Laura Flessel et le ministre des Affaires étrangères, Jean-Yves Le Drian, une poignée de personnalités du ballon rond : Didier Drogba, Noël Le Graët (président de la FFF), Gianni Infantino (président de la FIFA) et... Kylian Mbappé ! À dix-neuf ans, le footballeur est le benjamin de cette réception qui a pour but de mettre en avant la place du sport comme facteur de développement économique. Très sensible au développement du football africain, Mbappé a été jugé capable de débattre d'égal à égal sur ces sujets par les conseillers de l'Élysée.

Vêtu d'un costume bleu nuit taillé sur mesure et affublé d'une cravate, Kylian Mbappé monte les marches de l'Élysée en saluant les photographes comme s'il se rendait au conseil des ministres – et si c'était son destin ?

Juste avant de rejoindre le Faubourg Saint-Honoré, Mbappé était à l'entraînement avec ses coéquipiers. Au moment de quitter le vestiaire en costume-cravate, il se fait chambrer par ses coéquipiers.

— Tu vas où, tu vas où ?

— Je rentre chez moi, dîner en famille *(rires)*.

Sur le perron du palais présidentiel, Mbappé glisse quelques mots aux journalistes qui lui tendent un micro : « Pour l'amateur de foot, Georges Weah est une légende et pour le jeune homme qui est venu aujourd'hui, c'était le président et un homme parfaitement honorable : une source d'inspiration pour moi. J'ai beaucoup appris, c'était une première pour moi. C'est vraiment une expérience enrichissante. »

Au-delà de la symbolique d'avoir rencontré un ex-Ballon d'or, passé comme lui par Monaco et le PSG, Kylian Mbappé a justifié sa présence entre deux chefs d'État par sa volonté d'être, déjà, plus qu'un joueur de foot : « Même si je suis français, j'ai des origines africaines, et pour moi aider le sport africain à se développer est une thématique qui me tient à cœur. Si je peux aider à travers ma notoriété et même autre chose, je le ferai avec plaisir. Je ne peux pas trop en dire plus pour le moment, mais sachez que dans un futur proche, j'essaierai de m'investir au maximum, du mieux que je peux. » Dans une conférence de presse commune, les présidents français et libériens ont annoncé le lancement de projets de développement sportifs à décliner sur l'ensemble du continent africain.

Dans la foulée du déjeuner présidentiel, on aurait pu imaginer que Mbappé et Weah se rendent ensemble à Saint-Germain-en-Laye pour assister au huitième de finale de la Youth League entre Paris et Barcelone, auquel participe Timothy, mais le nouveau président du Libéria est appelé vers d'autres obligations.

On peut dire que la rencontre Weah-Mbappé a porté chance au jeune attaquant, car quelques jours plus tard, il inscrit son premier but contre l'OM sous le maillot parisien, dès la dixième minute de jeu.

Surtout, on retient que ce déjeuner marque le début d'une longue relation de confiance entre Emmanuel Macron et Kylian Mbappé. À plusieurs reprises, au cours des années suivantes, le président de la République entrera en contact avec l'attaquant, pour des dîners, des félicitations, des mots de consolation, des conseils ou des opérations marketing. Une relation sans filtre, devant les caméras, qui semble plaire tant à l'un qu'à l'autre, et que nous évoquerons de nouveau un peu plus tard.

8

2018 : le phénomène devient mondial

Si les passionnés de football connaissent les pépites du monde entier grâce à la diffusion télévisée des matchs de coupes d'Europe et des championnats étrangers, le grand public attend souvent les compétitions quadriennales pour découvrir les nouveaux grands joueurs. Les stars sont celles que tout le monde connaît, et le principe est identique pour tous les sports. Avant les Jeux olympiques de Paris 2024, combien d'humains connaissaient Léon Marchand ? De même, Erling Haaland devra attendre des performances de la Norvège en Coupe du monde ou à l'Euro pour entrer dans les foyers des non-fans de foot.

Tout ça pour dire qu'avant la Coupe du monde 2018, Kylian Mbappé n'est pas encore un phénomène mondial. À dix-neuf ans, il est un grand espoir du football français, qui a déjà remporté deux titres de champion et deux coupes nationales. En sélection, il s'est imposé dès son arrivée à Clairefontaine puisqu'il a disputé les six derniers matchs de qualification au Mondial.

Le 17 mai 2018, Didier Deschamps annonce sa liste sur TF1. Si certains choix sont largement discutés (Nzonzi à la place de Rabiot, Thauvin et pas Payet, Mendy après sa blessure, etc.), celui de placer un joueur de moins de vingt ans dans la liste des attaquants n'est pas une seule fois remis en question, pas même par le plus critique des commentateurs. En France, tout le monde est sous le charme de Kylian, à commencer par le président de la FFF, Noël Le Graët : « Mbappé serait titulaire dans n'importe quel club au monde. À 19 ans ! Il a des qualités exceptionnelles. Un dribble déroutant, une grande maturité, la vista, la vision du jeu, une qualité de passe, la joie de vivre, il a tout[1] ! » L'attaquant parisien est, de loin, le benjamin de l'équipe de France, mais il n'est pas le moins expérimenté. Au coup d'envoi du Mondial russe, il cumule déjà 15 sélections (et quatre buts), plus qu'Ousmane Dembélé ou Benjamin Pavard, ses aînés. C'est aussi plus que Thierry Henry et David Trézéguet réunis au début du Mondial 1998 (respectivement 3 et 5), et même plus que Fabien Barthez (13) ou Robert Pirès (14) à la même période.

Du 28 mai au 9 juin, avant de s'envoler pour la Russie, les Bleus disputent trois matchs de préparation à Saint-Denis, Nice, et Lyon. Lors du troisième et dernier match face aux États-Unis, Mbappé marque le seul but tricolore (1-1).

À Clairefontaine, l'ambiance est très détendue. Au-delà des qualités intrinsèques de chacun, Didier Deschamps s'est attaché à construire un groupe prêt à vivre ensemble pendant un mois et demi. On découvre un Kylian Mbappé tout sourire, chambreur, notamment avec son

1. Propos recueillis par l'auteur, juin 2018.

ami Florian Thauvin. À l'entraînement, l'attaquant parisien célèbre ses buts comme en match. Un compétiteur né… parfois boudeur, aussi, quand il est dans le camp des perdants. « J'ai toujours été comme ça. Il faut que je le contrôle, parce que parfois c'est un peu dans l'excès. Mais je suis comme ça, j'ai toujours envie de gagner, de montrer que je suis meilleur que l'autre, que c'est mon équipe qui gagne. C'est un bon état d'esprit quand on arrive dans un match, pour ne rien lâcher dans la difficulté. »

Avant le départ pour la Russie, Emmanuel Macron salue les 23 élus, avec une poignée de main affirmée pour Mbappé (« Comment ça va Kylian ? Prêt ? Tout va bien ? »), et ce message ambitieux : « Une Coupe du monde réussie est une Coupe du monde gagnée. »

En Russie, l'équipe de France a établi son camp de base à Istra, dans l'oblast de Moscou, à une cinquantaine de kilomètres de la capitale. Au bord de la rivière d'Istra, les Bleus s'entraîneront et passeront le temps entre chaque rencontre.

Le 12 juin, légère frayeur : durant un entraînement, Adil Rami et ses 97 kilogrammes blessent involontairement Kylian. Mbappé quitte l'entraînement. Durant quelques heures, la France tremble. Avant d'être rassurée. « Laissez mon ami Adil Rami, ce n'est pas méchant », tweete Mbappé pour tuer dans l'œuf la polémique qui gronde sur les réseaux sociaux.

« Ce coup, ce sont des choses qui arrivent et qui arriveront encore, explique l'attaquant devant les journalistes. La sélection est une équipe très médiatisée. On sait que nos moindres faits et gestes vont être repris. C'est un coup anodin. Il est un peu en retard, certes, mais il n'y a rien de méchant. C'est pour ça que j'ai voulu dégonfler tout de suite pour que ça ne prenne pas trop d'importance. Je suis habitué à tout ça, c'est mon quotidien. Dans un club comme le PSG et une nation comme la France, on ne peut pas passer à côté de ça. Sinon il faut changer de sport. Je n'ai pas eu peur d'être blessé, j'ai voulu continuer, mais ça grinçait un peu. L'adjoint m'a dit de rentrer et c'est ce que j'ai fait. »

Le lendemain, Kylian Mbappé donne sa première conférence de presse en tant que joueur de l'équipe de France. Auparavant, pour ne pas trop l'exposer, Didier Deschamps et Philippe Tournon, le chef de presse, avaient décidé de ne pas le présenter devant les journalistes.

Survêtement de l'équipe de France et casquette bleue « FFF » sur la tête, Mbappé apparaît dans un look très corporate dans la salle de presse d'Istra. Sans surprise – on commence à avoir l'habitude –, il se balade dans l'exercice et distille ses opinions teintées d'ambition et d'une confiance en lui très affirmée. Notamment quand on lui parle du numéro qu'il a choisi : le 10, celui de Raymond Kopa, Michel Platini et Zinédine Zidane. « C'est moi qui le voulais. Aucun joueur ne l'avait... personne à l'horizon... je l'ai pris ! *(rires)* Je suis un gamin qui a toujours aimé ce numéro et qui joue avec chez les grands. Mais ça va ne pas changer ma façon de jouer, que j'aie le 12, le 10 ou le 29. C'est un numéro historique pour les Français, mais pour moi ça ne va rien changer. »

Quand un journaliste lui demande la définition, à ses yeux, d'une Coupe du monde réussie, Mbappé a les mêmes éléments de langage que le président Macron : « La victoire. »

Placée dans la poule C, la France affronte une vieille connaissance (le Danemark, déjà dans sa poule en 1998, 2000 et 2002), un bon souvenir (l'Australie, battue 6-0 au Parc des Princes en 2013) et une quasi-nouveauté (le Pérou, rencontré une seule fois en amical en 1982).

Le 16 juin 2018, Kylian Mbappé a l'honneur d'être titularisé pour son premier match de Coupe du monde, face à l'Australie, dans une attaque à trois avec Griezmann et Dembélé. Dès la troisième minute, Mbappé séduit avec un appel en profondeur bien senti. Hélas, le reste n'est pas du même acabit. Dans l'axe ou sur l'aile, le jeune attaquant a beaucoup dribblé et provoqué, mais rarement à bon escient. Ce n'est guère mieux pour ses deux compères. L'entrée dans la compétition est rude, mais les Bleus s'en sortent : « Grizou » ouvre le score sur penalty après l'intervention de l'assistance vidéo. Jedinak égalise aussi sur penalty. À dix minutes de la fin, Paul Pogba s'appuie tour à tour sur Mbappé et Giroud avant de décocher une frappe lobée à l'entrée de la surface de réparation. Contré par un défenseur, son tir heurte la barre transversale et rebondit derrière la ligne de but : la France s'impose 2-1.

Mécontent de l'animation offensive de son équipe autant que de sa solidité, Didier Deschamps bouleverse son onze dès le coup d'envoi du deuxième match, face au Pérou. Déjà indiscutable dans l'esprit du sélectionneur, Mbappé est évidemment titulaire. Dembélé, lui, est remplacé par Olivier Giroud, et Blaise Matuidi occupe le rôle de milieu gauche. Peu après la demi-heure de jeu, Olivier Giroud efface le gardien péruvien sur la gauche de la surface de réparation, et marque… ou presque… car juste avant que le ballon ne franchisse la ligne,

Kylian Mbappé déboule à pleine vitesse et prolonge le tir de son coéquipier d'un plat du pied pour inscrire son premier but en Coupe du monde ! « Ça, c'est un but, si Kylian ne l'avait pas touché, réagira plus tard Giroud. Mais il a préféré assurer le coup et le pousser au fond au fond des filets. Je n'ai pas les boules, mais c'est vrai que s'il l'avait laissé entrer, ça aurait peut-être été un peu différent pour moi[1]. » Effectivement, à l'issue de la compétition, beaucoup de supporters ne manqueront pas de reprocher à Giroud d'avoir traversé le Mondial sans marquer le moindre but, en oubliant cet épisode. Toujours est-il que ce but, que nous qualifierons de « collectif », permet à la France de s'imposer (1-0) et d'assurer sa qualification dès le deuxième match. Cette réalisation permet aussi à Mbappé d'écrire une nouvelle ligne du grand livre des records du football : à 19 ans, six mois et un jour, il est le plus jeune buteur français dans un tournoi majeur. Plus que son but, c'est son travail dans toutes les zones du terrain qui est salué par ses coéquipiers. Hugo Lloris : « Kylian a fait un super match, il était concerné offensivement et défensivement, ce qui n'était pas évident pour lui. Cela lui a demandé beaucoup de concentration, ce n'était pas très confortable, mais c'était pour le bien de l'équipe, il l'a compris. En plus, il a été récompensé par ce but qui le fait entrer dans l'Histoire. Ça lui enlève un poids. » Blaise Matuidi : « Quand on voit Kylian se battre comme un chien sur le terrain, ça fait plaisir. Ce n'est pas son point fort, mais il a fait l'effort, c'est bien. » Mbappé, lui, s'est contenté de dire qu'il espérait « marquer d'autres buts ». Éternel insatisfait…

1. *Eurosport*, novembre 2018.

La qualification permet à Didier Deschamps de faire tourner son effectif, pour un troisième match de poules dit « des coiffeurs », ceux qui sont remplaçants et qui joueront peu durant le Mondial. Kylian Mbappé passe ainsi la majorité du match sur le banc, s'ennuyant probablement comme tous les spectateurs de ce match insipide, durant lequel il ne se passe strictement rien. Mbappé remplace Dembélé à la 78e minute, mais ne change rien au sort de ce triste match, malgré une passe qui aurait pu être décisive pour Nabil Fekir. C'est le premier 0-0 de la Coupe du monde.

En huitièmes de finale, la France affronte l'Argentine de Lionel Messi. C'est le seul huitième qui oppose deux anciens vainqueurs de la Coupe du monde. Les Bleus retrouvent la Kazan Arena, théâtre de leur premier match.

Pour contrer la vitesse des Argentins, Deschamps place de nouveau Blaise Matuidi au poste de milieu gauche. Mbappé joue à droite, avec Giroud en numéro 9 et Griezmann derrière lui.

Nous sommes le 30 juin 2018. La naissance de Kylian Mbappé aux yeux du monde.

Dans sa causerie, Deschamps réclame « des morts de faims, des affamés sur chaque ballon ». Attentif quand les « anciens » s'expriment, Mbappé écoute Paul Pogba tonner que « Messi ou pas Messi, on s'en fout, je veux des guerriers sur le terrain, je veux qu'on soit morts ce soir, et qu'on fasse la fête après le match ». Devant son tableau noir, Didier Deschamps délivre ses dernières consignes tactiques : « Kylian, Antoine et Olivier : à la récupération, largeur, appel, contre-appel, et pas dans les pieds. Un qui décroche et profondeur. Ensuite, c'est du un-contre-un. »

Est-il besoin de tactique quand on est un phénomène comme Kylian Mbappé ? À quoi pense l'attaquant de dix-neuf ans quand il récupère le ballon dans son camp, à la onzième minute, et qu'il décide de traverser le terrain jusqu'à la surface de réparation adverse, dans une version « sprint » de l'exploit de Maradona en 1986 ? En seulement sept secondes, il dépasse quatre adversaires et s'écroule dans la surface de réparation, bousculé par un Marcos Rojo étourdi et dépassé par la vitesse insolente du Parisien. Les chiffres parlent d'eux-mêmes : durant sa traversée du terrain, Mbappé a été flashé à une vitesse maximale de 37 km/h. En comparaison, Usain Bolt a couru le 100 mètres à 37 km/h de moyenne et avec une pointe enregistrée à 44 km/h, le jour de son record du monde, en 9'58". Même s'il est assez loin de l'action (Mbappé va trop vite pour tout le monde !), l'arbitre iranien n'hésite pas et désigne le point de penalty. Griezmann donne l'avantage aux Bleus. Au-delà de cette course sensationnelle, Kylian Mbappé survole les vingt premières minutes, multipliant les courses, obtenant trois coups francs dangereux. Les Argentins parviennent peu à peu à éteindre l'incendie, et même, juste avant à la pause, à égaliser grâce à une frappe lointaine d'Angel di Maria, le coéquipier de Mbappé au PSG. « Les gars, on se calme, demande Deschamps à la pause. Ils essaient d'embrouiller… alors maîtrisez-vous, pas de mauvais gestes ». Au retour des vestiaires, un tir de Messi est détourné par Mercado : l'Argentine mène 2-1. Un but qui va galvaniser les Français, et aboutir sur deux chefs-d'œuvre inattendus. D'abord, celui du défenseur latéral Benjamin Pavard qui catapulte une frappe d'une force inouïe pour égaliser (57e, 2-2). Cinq minutes plus tard, Kylian Mbappé récupère un ballon dans la surface argentine. D'un dribble supersonique, le gamin de dix-neuf ans se met en position de frappe et ajuste Franco Armani. 3–2 pour la France (64e) ! Et Kylian ne s'arrête pas là… Dans ce match très spectaculaire, il lui reste encore un défi : mettre la France et l'abri et signer le premier doublé de sa carrière dans un match de Coupe du monde. Quatre minutes plus tard, Olivier Giroud a l'intelligence de prolonger une passe en profondeur pour la fusée Mbappé, qui conclut sans mal (4-2, 68e). La France a marqué trois fois en onze minutes. Mbappé, le plus jeune joueur sur le terrain, deux fois en quatre minutes. Sur son canapé, au Brésil, Pelé est ébahi.

Le but d'Aguero dans le temps additionnel ajoute encore un peu d'ampleur au score (4-3). Les Bleus sont qualifiés pour les quarts de finale de la Coupe du monde et Kylian Mbappé vient de passer à la postérité.

Dans le vestiaire tricolore, c'est la folie. Les joueurs ont conscience d'avoir accompli une très grande performance à Kazan et célèbrent ce succès comme il se doit. Paul Pogba invente une chanson en l'honneur de ses coéquipiers et surnomme Benjamin « demi-volée » Pavard. S'il participe à ces effusions, Kylian Mbappé ne fait pas partie des « meneurs » et des « ambianceurs » du vestiaire, ce rôle étant plutôt occupé par Pogba, Benjamin Mendy ou Presnel Kimpembe. En revanche, par ses deux buts et son accélération fulgurante, Kylian Mbappé vient de changer de statut en équipe de France. Il n'est plus l'espoir du foot français qui est là pour découvrir le très haut niveau et la Coupe du monde. Désormais, il est celui qui fait gagner les Bleus. Avec trois buts en quatre matchs, il est le meilleur buteur tricolore depuis le début de la Coupe du monde.

Dans l'avion privé qui ramène les joueurs à Istra, au son de la musique diffusée par l'enceinte Bluetooth de Kimpembe, Kylian et ses coéquipiers jouent aux cartes. Là aussi, le benjamin de l'équipe de France joue pour gagner, accusant notamment Flo Thauvin de tricher !

Le lendemain, si le Bondynois consulte sur sa tablette les différents titres de presse internationaux, il peut sourire de contentement. Le monde entier ne parle plus que de lui. Voici un florilège :

Süddeutsche Zeitung (Allemagne) barre sa une de la devise française… revisitée : Liberté, Égalité, Mbappé. En français dans le texte ! Avec ce commentaire qui ravira Nasser Al-Khelaifi : « Les 180 millions d'euros payés par le Paris-Saint-Germain à Monaco pour acquérir Mbappé l'été dernier semblent désormais une affaire. »

El Mundo, qui écrit que « Mbappé a illuminé le monde et bouté Messi hors du Mondial », compare le Français au Brésilien Ronaldo : « En 1996, en Liga espagnole, Ronaldo avait montré un mélange de puissance, de vitesse et de technique comme jamais aucun attaquant auparavant. Vingt-deux ans plus tard, à Kazan, cette immensité se retrouve dans le corps d'un jeune homme qui n'a pas encore atteint la vingtaine. Ce gamin est l'auteur d'un des grands moments de l'histoire de la Coupe du monde. »

La Vanguardia catalane n'est pas moins élogieuse envers « l'étoile de Kazan » : « L'ailier français n'est en vie que depuis à peine dix-neuf ans, mais ces 19 années ont été suffisantes pour éblouir la Russie avec l'un des plus grands spectacles de football dont on puisse se souvenir. »

Pour le journal argentin *Clarin*, en souffrance après l'élimination, les superlatifs sont en mode mineur, et Mbappé est affublé du nom de « cauchemar ».

On retient aussi ce commentaire amusant de la presse britannique – The Daily Telegraph : « Si la plupart d'entre nous, à 19 ans, étions sans doute en train de nous remettre d'une cuite après avoir trop dépensé au bar étudiant, Kylian Mbappé vient juste de produire, au même âge, la performance individuelle la plus incroyable de ce tournoi ».

Enfin, nombreux sont les médias du monde entier à établir un parallèle entre deux trajectoires contraires : celle de Messi (31 ans) et Mbappé (19 ans). Certains évoquent même un passage de témoin, ce que l'histoire contredira quatre ans plus tard.

En quarts de finale, la France défie l'Uruguay. La *Celeste* après l'*Albiceleste*. Face à un nouvel adversaire sud-américain, les Bleus ne seront pas surpris par la rugosité et la grinta des partenaires de Luis Suarez. En revanche, il n'y aura pas de duel à distance entre Cavani et Mbappé, les deux partenaires d'attaque du PSG. L'Uruguayen s'est blessé au mollet à la fin du huitième de finale remporté face au Portugal (2-1).

En maillot blanc, les Français débutent bien la partie, mais Mbappé ne concrétise pas, seul devant le but à la quinzième minute, loupant complètement sa tête. Le Bondynois multiplie les accélérations pour tenter de percer le bloc uruguayen, porté notamment par la doublette de défenseurs centraux de l'Atlético de Madrid… une sacrée référence quand il s'agit de verrouiller, donc. Antoine Griezmann en sait quelque chose et c'est lui qui trouve la solution en délivrant un coup franc parfait sur la tête de Varane (1-0, 40e) puis en travaillant une frappe flottante du gauche, qui pousse Muslera à la faute (2-0, 61e).

La France est en demi-finale !

« C'était moins dur que ce que je pensais, confie Mbappé. L'absence d'Edinson a changé les choses. On a bien joué, car on a su les tuer sur leurs points forts, en marquant sur coup de pied arrêté et sur attaque rapide/ frappe[1]. »

Fan de foot invétéré, dans le bus du retour qui le conduit à l'aéroport, Kylian Mbappé suit le quart de finale entre le Brésil et la Belgique, casque sur les oreilles pour ne rien manquer des commentaires. Pendant que ses partenaires chantent et dansent, il préfère analyser le match remporté par les Belges, avec notamment un but de Kevin De Bruyne.

Didier Deschamps est également très attentif à la performance des Diables Rouges, puisqu'ils sont les prochains adversaires des Bleus en demi-finale, quatre jours plus tard, au stade de Saint-Pétersbourg.

Avant la compétition, Kylian Mbappé avait annoncé la Belgique comme un candidat potentiel au titre mondial. « C'est la dernière chance d'une génération très talentueuse », avait très justement précisé l'attaquant français. Thomas Meunier, son coéquipier du PSG, est suspendu après son carton jaune reçu face au Brésil, mais toutes les vedettes belges sont là : Eden Hazard, Lukaku, De Bruyne, Kompany, Courtois…

1. FFF TV, juin 2018.

La veille de la demi-finale, en quittant son lit pour rejoindre sa douche, Kylian Mbappé effectue un faux mouvement et se bloque le dos. La tuile ! La douleur irradie dans son dos au son d'un « clac » qui terrifie le jeune attaquant. Aussitôt, il s'écroule sur son lit et, péniblement, saisit son téléphone pour appeler Franck Le Gall, le médecin de l'équipe de France. Verdict : trois vertèbres bloquées. Pour un match de qualifications contre Saint-Marin, Mbappé aurait probablement déclaré forfait. Dans le dernier carré du Mondial, il n'en est pas question. Jean-Yves Vandewalle, l'ostéopathe du groupe, se charge de le remettre sur pied. Une douleur restée top secret, qui sera seulement révélée par le journal *L'Équipe* une fois les Bleus rentrés en France.

Sans doute inquiet, Deschamps est vite rassuré, car Mbappé est tranchant dès le début du match. À peine le coup d'envoi donné, il dribble, déborde et centre devant le but. Triple buteur depuis le début du tournoi, il évolue plus ce soir dans un rôle de passeur, cherchant notamment Pavard et Giroud. Mais, ce soir, ce sont les hommes de la défense qui vont récolter les lauriers : Hugo Lloris, pour ses parades horizontales inspirées de Gordon Banks ; Raphaël Varane, pour ses interventions dignes d'un Cerbère, et enfin, Samuel Umtiti (1,82 m), à la fois défenseur central hors pair et buteur-héros, qui, sur un corner de Griezmann, saute plus haut que le géant Fellaini (1,94 m), pour envoyer la France en finale de la Coupe du monde.

Pour la troisième fois de son histoire, après le bonheur de 1998 et la tragique séance de tirs au but de 2006, la France participe au match de football le plus regardé et le plus convoité de la planète.

Le 15 juillet 2018, Kylian Mbappé dispute sa première finale de Coupe du monde à dix-neuf ans, au stade Loujniki de Moscou, contre la Croatie de Luka Modric.

Didier Deschamps aligne son onze-type : Lloris – Pavard, Varane, Umtiti, Hernandez – Pogba, Kanté – Mbappé, Griezmann, Matuidi – Giroud. Il s'agit de la plus jeune équipe en finale de Coupe du monde depuis l'Argentine en 1978. Forcément, les 19 ans de Mbappé jouent un rôle dans cette statistique. Avec un âge moyen de 26 ans et 90 jours, la France est nettement plus jeune que la Croatie, 29 ans et 190 jours. En finale, c'est le plus gros écart d'âge depuis la finale 1958, quand la Suède avait trois ans de plus que le Brésil… de l'adolescent Pelé.

Deux heures avant la rencontre, Kylian Mbappé est aux soins, avec ses coéquipiers, entre les mains des masseurs de l'équipe de France. Rien n'est laissé au hasard. Regard baissé sur son téléphone, le jeune attaquant est dans sa bulle. Ce soir, dans la capitale russe, il a rendez-vous avec l'Histoire, celle de son pays et celle du football, liée au Roi Pelé, sacré champion du monde à 17 ans. De temps en temps, il relève la tête et plaisante avec Alphonse Aréola, le troisième gardien, qu'il surnomme « le sorcier », ou avec Florian Thauvin, pour une énième chamaillerie au sujet de leurs parties de cartes. Visage fermé et concentré, Didier Deschamps entre dans la pièce pour confirmer le onze de départ de la Croatie, qui ne comporte aucune surprise.

Dans le vestiaire, avant la finale, Mbappé s'efface pour laisser parler les leaders du vestiaire (Pogba, Matuidi, Giroud, Lloris…), ceux qui ont disputé la finale de l'Euro 2016, quand lui n'était encore qu'en équipe de France des moins de 19 ans.

Il fait chaud et humide. La météo est orageuse. Sur le terrain, aussi, ça promet d'être explosif.

Dès l'entame de match, Mbappé veut peser sur le jeu. On le voit même effectuer une remise en touche (3e), près de la ligne médiane. Un geste qui surprend Benjamin Pavard, lequel n'attaque pas le ballon et laisse filer Perisic. Heureusement, Umtiti veille. Comme le lui a demandé son sélectionneur, Mbappé défend, concédant le corner devant Strinic (8e). Le début de match est compliqué pour les Bleus, mis sous pression par les partenaires de Rakitic. Au cours des dix premières minutes, la Croatie touche 28 ballons dans les 40 mètres adverses. La France, seulement 2...

Pourtant, les Bleus sont les premiers à trouver l'ouverture. Une minute après un centre en retrait contré de Mbappé, Griezmann distille un maître coup-franc qui déstabilise Mandzukic. En direct, les commentateurs pensent voir un but de Mbappé, mais c'est bien le grand attaquant croate qui détourne le ballon dans son but. Il devient le premier buteur contre son camp en finale de Coupe du monde. La France mène 1 à 0 (18e).

Lors d'une telle journée, Mbappé a des fourmis dans les jambes. Lancé en profondeur, il entame une série de dribbles mais Vida le bloque intelligemment (23e).

Perisic égalise (28e, 1-1). Même s'il reste une heure à jouer, on se rappelle alors que les trois dernières finales de Coupe du monde se sont jouées en prolongation. L'information à peine digérée, Griezmann obtient (encore !) un penalty dans cette Coupe du monde. Sur un corner tiré par l'attaquant de l'Atlético et repris par Matuidi de la tête, Perisic a touché le ballon de la main. Après visionnage vidéo, M. Pitana offre à « Grizou » son troisième penalty du tournoi. Encore transformé (38e, 2-1) !

Hormis un débordement de Kylian Mbappé, les supporters français n'ont plus grand-chose à se mettre sous la dent en première période. Au contraire, ils souffrent devant les assauts et les corners répétés de la Croatie.

À la mi-temps, les Bleus mènent 2 à 1.

Dans le vestiaire, la consigne de Didier Deschamps est limpide : « Cherchez la simplicité. Dès que vous pouvez, donnez le ballon à Kylian. » Ou comment, dès l'âge de 19 ans, prendre naturellement le pouvoir de l'une des meilleures sélections du monde.

En début de seconde période, le jeu est rapidement interrompu. Trois femmes en costume-cravate et un homme font irruption sur le terrain. Ils font partie du groupe punk-rock féministe des Pussy Riots, célèbre pour ses actions « coup de poing ». Décidément à l'aise dans toutes les circonstances, Kylian Mbappé accepte de taper dans les mains de l'une des activistes, qui dénonce la répression du régime politique russe.

Deschamps a été écouté : trouvé par ses partenaires, Mbappé fait parler sa vitesse sur le côté droit de la surface et étouffe Vida, avant de frapper dans l'angle fermé. Subasic, son ancien coéquipier de l'AS Monaco, a parfaitement lu l'action du jeune attaquant et s'interpose du pied.

Peu avant l'heure de jeu, Mbappé accélère encore et provoque sur le côté droit, attirant comme un aimant trois défenseurs croates qui délaissent l'axe. Intelligemment, le Parisien centre en retrait pour Griezmann. Ce dernier décale Paul Pogba qui s'y reprend à deux fois pour donner deux buts d'avance à la France (3-1, 59e).

Six minutes plus tard, c'est l'instant Mbappé. À 25 mètres du but, dans l'axe, il expédie une frappe puissante à ras de terre, du pied droit, qui déboussole Subasic. Un but impressionnant qui démontre que le joueur de 19 ans peut marquer dans plusieurs styles différents, et pas seulement après des accélérations dans la surface. Il s'agit de son huitième but en 22 sélections, son quatrième dans ce Mondial. Il devient le deuxième plus jeune joueur à marquer dans une finale de Coupe du monde, après Pelé (17 ans et 8 mois, face à la Suède, en 1958). Surtout, il met la France à l'abri (4-1, 65e).

Dans cette finale à émotions fortes, nous allons encore souffrir, trembler, et pester – fait rare ! – contre Hugo Lloris, auteur de sa première bévue du tournoi. Étonnamment, le prudent gardien tente un dribble devant Mandzukic, qui réduit l'écart au score (4-2, 69e). Il faut tenir bon !

Malgré les changements défensifs à opérer, Kylian Mbappé reste sur le terrain. On ne sort jamais son meilleur joueur dans une finale de Coupe du monde… On pense d'ailleurs, à la 79e minute, que le Bondynois file vers un doublé, mais il s'emmêle un peu les crayons.

Vingt ans après le sacre de 1998 à domicile, la France remporte sa deuxième Coupe du monde, à Moscou. La « génération Griezmann », battue deux ans plus tôt en finale de l'Euro par le Portugal de Cristiano Ronaldo, tient son fait d'armes majeur obtenu aussi grâce à l'apport indéniable (quatre buts) d'un surdoué du football, qui a croqué son premier tournoi majeur à pleines dents. Mbappé est le troisième plus jeune joueur à être sacré champion du monde en disputant la finale, derrière Pelé et l'Italien Giuseppe Bergomi (en 1982). Il est fort logiquement élu

« meilleur jeune du tournoi » par la FIFA, et soulève le trophée, sous des trombes d'eau et au milieu des confettis dorés, avec ses 22 coéquipiers. À seulement dix-neuf ans, la « bombe » Mbappé est déjà au sommet de sa carrière.

Dans le vestiaire, Kylian n'est pas le plus exubérant. Il n'est pas celui qui grimpe sur la table ou harangue les autres. Bien qu'il soit aux anges après l'accomplissement de ses rêves, il reste calmé et posé. Le Bondynois ne cède pas à la folie générale quand Emmanuel Macron vient célébrer le titre de champion du monde avec les vingt-trois bleus.

Le lendemain, toute la presse internationale consacre Kylian Mbappé. « Zizou n'est plus seul dans l'Olympe du foot français », écrit la *Gazzetta dello Sport*, ce qui n'a pas dû faire plaisir à Platini. En Grande-Bretagne, le *Times* surnomme Mbappé « l'adolescent sensation », tandis que le journal portugais *Record* évoque « la confirmation d'un phénomène ». Pour *El Pais*, en Espagne, Mbappé est un attaquant « prodigieux ».

« Une nouvelle étoile dans ce ciel bleu français », écrit le quotidien *Globo*, pour des lecteurs brésiliens qui apprécient les qualités de dribbleur de Mbappé, un joueur qui leur ressemble. Le plus bel hommage est rendu par le Roi Pelé en personne, sur son compte Twitter : « Bienvenue au club, Kylian. Cela fait du bien d'avoir un peu de compagnie. Si Mbappé continue d'égaler mes records, je vais devoir rechausser mes crampons. » Touché, le Français lui répond d'une plume respectueuse : « Le roi restera toujours le roi. » Des propos nettement plus classes que ceux de Cristiano Ronaldo en 2024 sur sa chaîne YouTube[1].

1. « J'ai marqué 900 buts, et moi, tous mes buts sont filmés, je peux tous les prouver », sous-entendant que le record de 1281 buts de Pelé était faux.

Dès le lendemain, les Bleus s'envolent pour la France. Un retour triomphal les attend. Prenant toujours le sacre mondial avec beaucoup de recul et de distance, Kylian Mbappé n'est pas certain qu'une descente des Champs-Élysées soit la meilleure chose, car il trouve ça « un peu gênant ». Champion du monde à 19 ans, il ne veut pas se disperser et pense déjà à ses prochains objectifs.

Après une rapide descente des Champs pour présenter le trophée sur le bus à impérial, Kylian Mbappé retrouve l'Élysée pour la deuxième fois de l'année. Accompagné de ses coéquipiers et du staff de l'équipe de France, il participe à la *garden party* donné par le Président Macron en l'honneur du titre planétaire.

Champions du monde, les vingt-trois joueurs reçoivent chacun une prime de victoire individuelle, fixée à 350 000 euros. Une fois de plus, Kylian Mbappé se singularise en reversant l'intégralité de cette somme à l'association *Premiers de cordée*.

9

Quand Mbappé rime avec générosité

Avant la Coupe du monde, Kylian Mbappé avait formulé une promesse à « Premiers de cordée » : il reverserait l'intégralité de ses primes à l'association. Au moment de cette confidence, restée secrète, le joueur ne pouvait pas connaître le montant de ses primes. Si la France avait été éliminée en huitièmes de finale par l'Argentine, la somme aurait été moins rondelette. Et les bénéficiaires de « Premiers de cordée » se seraient contentés de la moitié. Pourtant, fidèle à ses valeurs et son éducation, Kylian ne change pas d'avis et reverse les 350 000 euros à l'association.

Née à Saint-Denis (93) en 1999 et basée au Stade de France, cette association d'intérêt général propose des initiations sportives aux enfants hospitalisés ainsi que des sensibilisations au handicap dans les écoles et les entreprises. Premiers de cordée organise des journées « évasion » ou encore la « semaine du sport à l'hôpital ».

En 2017, soit un an avant la Coupe du monde, Kylian Mbappé devient le parrain de l'association caritative, par le biais du journaliste sportif Christian Jeanpierre, un bénévole qui lui a expliqué les actions et les objectifs de Premiers de cordée. Le footballeur rejoint ainsi Thierry Omeyer, déjà impliqué depuis une demi-douzaine d'années. « Ce sont eux, les stars, pas moi », sourit Kylian, le jour de son premier événement avec des enfants de la clinique médicale et pédagogique Edouard-Rist, à Paris, le 14 juin 2017. « Je suis encore plus content qu'eux », ajoute le joueur de dix-huit ans, étonnamment à l'aise, ce qui n'étonne pas ceux qui le connaissent et qui l'observent dans tous les milieux sociaux qu'il arpente : Kylian se fond partout à merveille, qu'il discute avec le président Macron, l'entraîneur de Manchester City ou un enfant en chimiothérapie. Il est lui-même, empathique et souriant. « Ça me tient à cœur. Aider les gens, c'est toujours ce que j'ai voulu faire. C'est quelque chose que j'aime. Ces enfants le méritent. » À l'issue de la journée, Kylian offre son maillot de l'ASM, dédicacé, pour l'exposer à la clinique et faire rêver tous ceux qui passeront devant.

En 2019, Premiers de cordée fête ses vingt ans, et Kylian est le grand animateur de la « journée évasion » de l'association au Stade de France, qui réunit 4 000 enfants autour de la découverte de sports comme l'escalade ou le taekwondo. À ses côtés, on retrouve l'entraîneur Arsène Wenger ou le tennisman Paul-Henri Mathieu. La star du PSG rend également visite aux enfants de l'Espace pédiatrique Alice Blum Rives de Montreuil, afin d'organiser une partie de football. Détendu et disponible, l'attaquant de l'équipe de France n'hésite pas à étreindre amicalement les enfants en fauteuil roulant. Kylian les surnomme « les petits guerriers ».

À la direction de Premiers de cordée, on est ravis de l'engagement profond du footballeur dans le fonctionnement de l'association. Si beaucoup de stars du ballon rond offrent de l'argent à divers organismes de charité, la plupart se désintéresse de l'utilisation de leur don. Rares sont ceux comme Kylian qui donnent autant de leur temps. En 2022, quelques heures après avoir marqué un but contre Auxerre en Ligue 1, il monte sur la scène de l'Olympia lors d'un concert organisé en soutien à l'association. L'année suivante, encore à l'Olympia, rebelote. À 17 heures, le Parisien est à Reims avec le PSG. Le temps d'inscrire un triplé, Mbappé regagne fissa la capitale et vient clore le spectacle de Rockaway, le groupe dont Christian Jeanpierre est le batteur. Alors que Jean-Louis Aubert plaque ses derniers accords de guitare, l'ancien journaliste de TF1 reçoit une information surprise : « Kylian arrive dans cinq minutes ! » Jeanpierre se lève alors de son tabouret et demande à l'ex-guitariste de Téléphone de jouer un nouveau rappel. Au son de *New York avec toi*, Kylian Mbappé entre sur la scène du Boulevard des Capucines, par la magie d'un tour d'Éric Antoine. Entouré d'Ethan et de son père, Kylian, vêtu d'un survêtement du PSG et coiffé d'un bonnet, affiche son sourire naturel : « J'ai essayé de venir le plus vite possible, je viens un peu tard, mais comme on dit, vaut micux tard que jamais. C'est toujours un plaisir de voir que tous les gens qui sont là partagent les mêmes valeurs que nous, les mêmes valeurs que cette association. Le but de ce spectacle est d'aider et de transmettre. Vu les sourires et les regards, je pense que ça s'est pas trop mal passé. »

Quelques semaines plus tôt, le footballeur avait encore participé à la journée évasion du Stade de France, disputant des mini-parties de foot à cinq avec des enfants malades et son petit frère Ethan. « Les enfants se sont amusés, c'est un message pour dire que le sport est pour tout le monde, ces enfants n'ont pas à être exclus des activités sportives. Je suis un privilégié : les vrais héros, ce sont eux, ils ont de vrais combats tous les jours, ce n'est pas dur de jouer au PSG et d'être capitaine de l'équipe de France, c'est dur de lutter contre la maladie[1]. »

« Dès que j'ai du temps libre, je suis toujours là[2]. » Une assertion valable aussi pour ses autres engagements.

En effet, la générosité de Kylian Mbappé s'explique avant tout par son éducation et les valeurs transmises par ses parents, qui ont toujours veillé à ce que leur fils, malgré son statut d'enfant star du football, ne vive pas en déconnexion de la réalité. Dans leur vie quotidienne à Bondy, Fayza et Wilfrid ont toujours été proches des gens. « Le père de Kylian Mbappé m'a pris dans son club sans licence, car il ne voulait pas que je traîne dans la rue », confie le rappeur Lartiste, qui a grandi à Bondy et à Aulnay-sous-Bois, dans le 93. C'est quelqu'un de super, c'est un homme courageux comme il y en a peu en banlieue, qui n'hésite pas à encadrer les gamins comme il le faut. Je l'ai vu faire des choses vraiment touchantes. Au niveau de la solidarité, c'est quelqu'un de très engagé[3]. » À plusieurs reprises, Fayza Lamari a confié à qui voulait l'entendre qu'elle n'était pas spécialement impressionnée par le footballeur Kylian Mbappé, mais, qu'en revanche, elle était très fière de l'homme que devenait son fils, par

1. *La Croix*, avril 2024.

2. *Le Parisien*, 2023.

3. *Team Duga*, RMC, 2019.

la vigueur et la sincérité de ses engagements. Et, par-dessus tout, qu'elle espérait qu'il ne change pas...

Le 20 janvier 2020 à Bagnolet (93), épaulé par ses parents, et en présence de Leonardo, Vadim Vasilyev et Nathalie Boy de la Tour, présidente de la LFP, Kylian Mbappé lance sa propre association : *Inspired by KM*[1]. Comme toujours, le footballeur casse les codes avec une idée originale et innovante, qui a germé dans le cerveau de sa maman, Fayza, forte de ses vingt ans d'expérience dans le social. 98 enfants nés entre 2003 et 2010 ont été soigneusement choisis parmi plusieurs centaines de candidats, en respectant une mixité sociale, ethnique, territoriale, d'âge et de genre. Le point commun de ces 98 enfants ? Ils ont un rêve. Kylian entend leur donner un coup de pouce. « Depuis que je suis enfant, j'ai toujours rêvé, explique le footballeur, qui co-finance l'association avec certains de ses sponsors. Aujourd'hui, j'ai envie de tendre la main aux plus jeunes. On n'est pas là pour vendre du rêve, mais les accompagner dans ceux qu'ils ont et les aider à les construire. » Il ne s'agit pas de trouver « le nouveau Mbappé », car cette association n'est pas spécialement conçue pour les footballeurs en herbe. On y trouve des passionnés d'architecture, de musique, de cuisine... L'objectif est aussi le « vivre-ensemble », un utopisme souvent agité grossièrement par les politiques, mais qui, chez « IBKM », est une réalité. « L'obscurantisme, le vote FN, c'est parce que les Français ne se connaissent pas », assure Fayza Lamari[2]. Cette association n'est pas réservée aux jeunes de banlieue ni aux familles défavorisées,

1. Inspiré par Kylian Mbappé.

2. *Envoyé spécial*, 18 janvier 2024.

même si quarante Bondynois ont été sélectionnés. Le but étant de créer la rencontre entre des enfants issus de milieux différents, des jeunes du seizième arrondissement de Paris au milieu bourgeois participent ainsi à des activités avec des gamins de Seine-Saint-Denis. « C'est un petit parallèle avec le football, quand chacun vient des quatre coins du globe pour former une équipe et on doit gagner, compare "'Kyky". L'objectif est vraiment que ces enfants partent d'un bon pied dans la vie. » Lorsqu'une sortie est organisée, chaque famille paie à hauteur de ses revenus.

Pour la gestion de cette association, Fayza Lamari indique avoir négocié avec son fils « 30 % » de ses revenus annuels. « Je lui avais demandé le 50-50, mais il m'a répondu : jamais de la vie je te donne 50, c'est moi qui marque les buts[1] ! »

Au fil des mois, IBKM permet à ces 98 jeunes de s'ouvrir au monde, via des activités sportives et culturelles, des visites, des voyages : d'une journée en famille au zoo de Beauval à un match du PSG vécu en tribune Auteuil avec les supporters du PSG, à un week-end à Cologne en Allemagne, en passant par une visite de la Maison Dior ou la construction de sacs de nourriture pour les SDF, distribués ensuite lors de maraudes dans Paris.

« J'ai monté cette association, car c'était le moyen de transmettre, par rapport à ce que je représentais et à mes valeurs. Bien sûr, avoir des moyens, ça aide à accomplir les choses plus rapidement. On n'a pas attendu d'avoir tout ça pour faire des choses. L'idée était déjà là et la réalisation est venue avec l'argent[2]. »

---

1. *Envoyé spécial*, janvier 2024.
2. *Envoyé spécial*, janvier 2024.

« Inspired by KM » est forcément empreinte de la personnalité de Kylian Mbappé. Ce dernier a donc imaginé un double retour aux sources, en emmenant les enfants de l'association au Cameroun et en Algérie, les terres d'origine de ses deux parents.

En juillet 2023, une partie de l'association se rend dans le village Noah, à Yaoundé, pour un voyage humanitaire inoubliable. La mission du séjour ? Rénover entièrement l'école pour enfants sourds et muets de la capitale du Cameroun. Kylian est accueilli comme une rock star par la population, des danseurs traditionnels ainsi que le fan-club camerounais du PSG, et comme un fils par ses grands-parents paternels. « Il vient fouler la terre de ses ancêtres », sourit fièrement Philippe Mbappé, qui l'attend à sa descente d'avion avec son épouse, Christine. « Petit, il est déjà venu, mais là ce n'est pas pareil, il vient en tant qu'adulte[1]. » Lorsqu'il entre dans l'école de malentendants, une belle surprise attend Kylian. Naturellement, les enfants s'expriment via le langage des signes, qui répond aux règles d'un alphabet universel. Pour l'occasion, les écoliers camerounais ont imaginé le signe « Mbappé », en reproduisant la fameuse célébration du Français, mains croisées sur la poitrine. La séquence est particulièrement émouvante. Fan de basket, Kylian – qui porte un short du Heat de Miami – en profite pour tenter quelques paniers avec Joakim Noah, l'ancien pivot des Bulls de Chicago. Ensuite, l'attaquant met le cap sur Douala, la capitale économique du pays des lions indomptables, où il visite le complexe scolaire bilingue de Bonendale, une école maternelle et élémentaire de 16 classes dont il finance

1. *Envoyé spécial*, janvier 2024.

les travaux de rénovation. Enfin, il se rend à Djébalé, le village natal de son papa, situé sur un îlot dans le delta du fleuve Wouri. Là-bas, de nombreux enfants se rendent à l'école en pirogue, tous les matins. Comme eux, Kylian Mbappé monte à bord d'un bateau avant d'être accueilli par le chef du village pour sacrifier aux cérémonies. Le footballeur français pénètre dans la « case sacrée », réservée aux rites ancestraux, et en ressort coiffé et habillé de façon traditionnelle des « Djébalé », membres des ethnies Sawa, « les peuples de l'eau ». Durant ce séjour, le « Président » Mbappé rencontre officiellement Joseph Dion Ngute, Premier ministre du Cameroun, ainsi que Narcisse Mouelle Kombi, le ministre des Sports. Ensemble, ils n'évoquent pas la dernière Ligue des champions, mais discutent de projets d'aide à l'enfance. Mbappé dîne aussi chez Franck Biya, le fils du président – et potentiel successeur – sur les hauteurs du mont Fébé, en compagnie du gratin camerounais. En coulisses, nombreux sont les ministres ou personnalités locales qui intriguent pour obtenir leur moment de gloire avec la star française.

En avril 2024, IBKM prend la direction de l'Algérie, pays natal de Fayza, le pilier de l'association. Inauguration d'un stade de football, fête de l'Aïd, visite de la Casbah, Tizi, Béjaïa… Plusieurs projets sont annoncés : construction de terrains de football à Béjaïa, Amizour et Feraoun, construction d'un centre artisanal pour femmes au foyer en Kabylie…

Au passage, Fayza pose les jalons d'une visite de son fils, prévue au cours de l'été. En pleine saison de coupe d'Europe, Kylian l'évoque à demi-mot lors d'une opération publicitaire : « On est en train de préparer tout cela, mais pour vous dire la vérité, la Ligue des champions gèle un peu tout, car cela demande beaucoup de concentration, mais beaucoup de projets et de déplacements sont dans les tuyaux. J'espère m'y rendre avec la Ligue des champions et l'Euro dans mes bagages[1] ! » Finalement, après un double échec et une blessure au nez, puis un transfert au Real Madrid, Kylian n'aura pas eu le temps de visiter le pays de sa mère à l'été 2024. Ce n'est que partie remise…

À force de visiter les hôpitaux, Kylian a aussi tissé des liens avec une petite fille, prénommée Camille. Alors âgée de six ans, la fillette atteinte d'une malformation au niveau de cœur et de la colonne vertébrale avait interpellé le footballeur sur les réseaux sociaux, le suppliant de rester au PSG. Puis, à huit ans, elle a parcouru près de 100 kilomètres à vélo pour rejoindre le Parc des Princes et rencontrer son idole. Kylian lui a offert un maillot, et elle, un stylo « pour signer ses contrats ». Une fois encore, on est frappés par le sourire franc de Kylian sur les photos. Faire le bien autour de soi, c'est inné chez les Mbappé.

1. *Brut*, avril 2024.

10

Mbappé plane sur la Ligue 1

« C'est au Royaume des Princes que trônent les champions. » Le 12 août 2018, Kylian Mbappé retrouve le Parc des Princes auréolé d'un nouveau statut : il n'est plus l'espoir du football français qui apprend à côté de Neymar, Cavani et Di Maria. Désormais, il est le seul champion du monde de l'attaque parisienne. Par cette banderole, et alors que les 40 000 supporters du PSG brandissent une Coupe du monde en carton, le Parc rend hommage à son joyau. Une autre bannière indique : « Kylian, Presnel, Alphonse, vous avez rendu fier le peuple parisien. Merci ! » Ce soir-là, la Ligue 1 reprend ses droits dans une ambiance euphorique, moins d'un mois après le sacre de Moscou. Avant le match contre Caen, le buteur Kylian Mbappé, l'ambianceur Presnel Kimpembe et le troisième gardien Alphonse Aréola présentent le trophée Jules-Rimet à leurs fans. Les trois champions du monde n'ont pas chaussé les crampons, puisqu'ils ont logiquement bénéficié de vacances après le Mondial. Kylian s'est rendu en Espagne, à Ibiza, arrivant sur l'île juste après le départ de... Lionel Messi. Sur ses réseaux sociaux, Mbappé dévoile sa manière bien à lui de profiter du farniente : affalé sur un matelas de plage, en maillot de bain, avec un cocktail et... son téléphone pour regarder un match de foot ! Kylian, qui ne décroche jamais de son sport, n'a en effet rien raté des matchs de préparation de ses coéquipiers.

Affûté par ses vacances et assis sur son nuage de champion du monde, Mbappé reprend la compétition dès la deuxième journée, à Guingamp. Les débuts de l'attaquant parisien sont sensationnels, puisqu'il inscrit la bagatelle de cinq buts lors de ses quatre premiers matchs : un doublé en huit minutes à Roudourou, un but contre Angers, un autre à Nîmes et encore un à Anfield, face à Liverpool. La cadence du Bondynois est infernale. Après un nouveau but en Ligue des champions contre l'Étoile rouge, il ridiculise l'Olympique lyonnais à lui tout seul en signant un retentissant quadruplé. Tout dans cette performance mérite d'être disséqué. D'abord, il s'agit de son premier quadruplé en professionnel. Ensuite, c'est évidemment un record : jamais un joueur de 19 ans n'avait marqué quatre buts au cours d'un seul match de Ligue 1. Enfin, il faut préciser le temps d'action du buteur pressé : 13 minutes. Kylian Mbappé a inscrit ses quatre buts à la 61e, 66e, 69e, et 74e. Hallucinant ! Et un véritable calvaire pour Anthony Lopes, le gardien lyonnais qui avait blessé l'attaquant la saison précédente. Neymar, qui sent son statut évoluer, adoube le jeune champion du monde : « C'est un joueur qui a beaucoup de qualités et qui assume ses responsabilités. C'est un phénomène, un crack. » Au passage, cet exploit de Mbappé permet au PSG de valider le meilleur départ de l'histoire du Championnat de France avec neuf succès en autant de journées. Paris et son buteur sont sur la voie royale. D'autant que la série est loin de s'arrêter. Le club de la capitale remporte encore cinq matchs d'affilée (pour porter la série à 14), avec trois nouveaux buts du Français.

En octobre, l'attaquant connaît son premier accroc depuis la Coupe du monde. Légèrement en retard à la causerie d'avant-match de Thomas Tuchel, il est aussitôt sanctionné en étant positionné sur le banc. Énervé, il est ragaillardi par Gianluigi Buffon, qui trouve les mots pour évacuer sa frustration. Alors que le score est toujours nul (0-0), Mbappé remplace Choupo-Moting à la 62e minute et marque… à la 65e. Un lion en cage ! Même puni, Mbappé est le héros. Au micro de Laurent Paganelli, sur Canal+, le buteur parisien choisit soigneusement ses mots : « L'équipe en avait besoin. Une grande équipe se repose sur des leaders, qui doivent faire la différence dans les moments clefs. Je pense que je peux assumer ce rôle, je l'ai fait aujourd'hui. Il faut continuer et rester dans le droit chemin. » Concentré sur sa déclaration choc, Mbappé en oublie de sourire en recevant son trophée d'homme du match, ce que ne manque pas de lui souffler « Paga », le trublion de Canal. Le joueur pensait peut-être déjà aux conséquences de ce « coup d'État » dans le vestiaire du PSG.

Une déclaration renforcée par la prise de pouvoir du footballeur français sur le terrain. Durant cette saison 2018/2019, Mbappé plane totalement sur la Ligue 1, dont il termine meilleur buteur, avec 33 réalisations en 29 matchs (plus sept passes décisives), ce qui reste encore cinq ans plus tard son meilleur exercice statistique. Dès sa deuxième saison parisienne, le joueur de vingt ans a dépassé ses deux aînés : Cavani (18 buts et 3 passes en 21 matchs) et Neymar (15 buts et 7 passes en 17 matchs).

Élu meilleur espoir du championnat en 2018, Mbappé remporte un an plus tard le trophée du meilleur joueur de Ligue 1.

C'est le début d'un long règne sur le football français.

En 2019-2020, la saison est interrompue définitivement par la pandémie de Covid-19. Mais, le 8 mars 2020, après le dernier match de la saison, Mbappé est le meilleur buteur de Ligue 1, avec 18 réalisations en 20 matchs (et 5 passes décisives). Il signe notamment un doublé lors du Classique au parc des Princes (4-0) et un doublé à Monaco (1-4). Dans ce contexte morose, et même si le PSG est déclaré champion de France, aucun trophée de meilleur joueur n'est attribué, mais Mbappé était un postulant évident. Paris remporte aussi la Coupe de France (avec un triplé de Mbappé à Lyon en demi-finale) et la Coupe de la Ligue.

En 2020-21, le Bondynois poursuit ses standards en donnant souvent une impression de facilité sur les pelouses de Ligue 1, en terminant la saison meilleur buteur (27, plus 7 passes décisives). Il est également meilleur buteur de la Coupe de France (7). Kylian Mbappé tire de plus en plus souvent les penalties. Dès le début de saison, diffusé sur feu la chaîne Téléfoot, le Parisien est décisif à chaque match, ou presque. De la quatrième à la neuvième journée, il est systématiquement au tableau statistique : but dans le jeu, penalty, ou passe décisive. Mbappé est l'homme fort du Paris-Saint-Germain, mais il est parfois trop seul. S'il inscrit encore une demi-douzaine de buts, dont deux doublés, lors des huit dernières journées, le PSG échoue à un point de Lille au classement. Paris a perdu son titre… mais pas Kylian, qui est élu meilleur joueur du championnat par ses pairs. Au Stade de France, Mbappé est à la fois buteur et passeur pour le succès 2-0 face à Monaco, en finale de la Coupe de France. À noter que la Coupe de la Ligue n'existe plus… Dommage pour le compteur de buts du Français !

Pour les trois dernières saisons de Kylian Mbappé au sein du club de la capitale, deux histoires peuvent être écrites en parallèle : d'abord, il y a celle de la lecture statistique, qui est assez exceptionnelle : Mbappé est élu meilleur joueur et sacré meilleur buteur de Ligue 1 à l'issue de chaque saison : 28 buts en 35 matchs en 2021-22, 29 buts en 34 matchs en 2022-23 et 27 buts en 29 matchs en 2023-24. Ajoutez à cela son altruisme de la saison 2021-22 : dans un trio offensif avec Messi et Neymar, Mbappé délivre 17 passes décisives, mieux que tout autre joueur de L1. Il est surtout le premier joueur de l'histoire du Championnat de France à être à la fois le meilleur buteur et le meilleur passeur. Ces performances en or lui permettent d'écrire son nom tout en haut de nombreuses rubriques du grand livre des records du PSG : à seulement 25 ans, il est le meilleur buteur du club (256), meilleur buteur au Parc des Princes (116), meilleur buteur du PSG à l'extérieur (138), meilleur buteur du PSG en championnat (175), en Coupe de France (35) et en Ligue des champions (42).

Ces chiffres donnent la berlue et nous poussent à écrire, sans sourciller, que Kylian Mbappé est le meilleur footballeur de toute l'histoire du Paris-Saint-Germain, et que son passage laissera une trace indélébile.

Entièrement positive ? Malheureusement, non. Que ce soit à cause des échecs répétés en coupe d'Europe, de l'éternel feuilleton « je pars, je reste » renouvelé chaque été, ou des multiples bras de fer qui se termineront dans les tribunaux, l'empreinte de Mbappé au PSG est salie, et les émotions gâchées par le ressentiment.

11

Paris-Saint-Germain : une histoire d'amour contrariée

Les histoires d'amour finissent mal… en général. Le mantra des Rita Mitsouko[1] s'applique douloureusement au football. Souvenez-vous, dans les pages précédentes, de l'arrivée en fanfare de Kylian Mbappé à Paris en 2018. Présenté comme un enfant du club, il avait reçu tous les éloges de Nasser Al-Khelaifi, le président. « J'aurai confiance en cette famille toute ma vie », avait même avancé le Qatarien, au sujet de Kylian, sa maman Fayza et son papa Wilfrid. Six ans plus tard, après d'interminables heures de discussions, d'incompréhensions, de négociations et de compromis, les deux parties ne se parlent plus que par le biais de leurs avocats. Si, officiellement, quand il est interrogé pour son retour au Parc en tant que capitaine de l'équipe de France, en septembre 2024, Kylian lâche un « Je leur souhaite le meilleur », on devine qu'il pense plus à ses amis restés au club, ou aux supporters, qu'à l'équipe dirigeante. Celle qu'il accuse de l'avoir maltraité, en le plaçant sur le banc

1. Refrain de la chanson *Les histoires d'A.*, 1986.

de touche un bon nombre de fois au cours de sa dernière saison, alors qu'il empilait les buts. Le club, lui, reproche à Mbappé de ne pas respecter sa parole.

Par où commencer pour vous conter le roman de la discorde ?

Retournons aux premières heures de l'aventure.

Le 31 août 2017, jeune champion de France avec Monaco, Kylian Mbappé débarque au camp des Loges. En signant un prêt avec option d'achat obligatoire, Mbappé s'engage cinq années avec le club de la capitale. Jusqu'en 2022, donc. Ses émoluments ? 10 millions d'euros, nets d'impôts, par an. Cette somme représente un salaire moyen, car celui-ci est évolutif : 9,3 millions la première année, jusqu'à 12 millions en 2021-22. Plus, au passage, une prime à la signature de 5 millions d'euros et quelques avantages conséquents : une indemnité de 30 000 euros mensuels pour payer son loyer et ses trois employés (majordome, chauffeur, agent de sécurité). Trois autres clauses ont été refusées par l'état-major parisien : en cas d'obtention du Ballon d'or, le prodige souhaitait être augmenté à hauteur du plus gros salaire du club (35 millions d'euros bruts pour Neymar) ; il voulait aussi que sa prime de champion de France (400 000 euros) soit versée en net et pas en brut ; enfin, il réclamait 50 heures de jet privé par an, financécs par le club.

Mbappé choisit donc Paris au détriment du Real Madrid, plus par volonté de s'assurer une place en équipe de France pour le Mondial, que parce qu'il est un supporter du club. En effet, contrairement à Zidane, Unaï Emery lui a promis une place de titulaire, quoi qu'il arrive. L'entraîneur espagnol aura d'ailleurs tenu parole. Cependant, le contrat du technicien basque n'est pas prolongé à l'issue de la saison, en raison de l'élimination en huitièmes de finale de la Ligue des champions.

L'Allemand Thomas Tuchel le remplace, tandis qu'une malédiction semble poursuivre le PSG en coupe d'Europe. Trois ans après la *Remontada* barcelonaise, Manchester United réussit une opération similaire, avec un penalty de Marcus Rashford à la 94e minute, qui traumatise le club dans toutes ses strates. Buteur au match aller à Old Trafford en l'absence de Neymar et Cavani, Mbappé est également passeur décisif pour le but de Bernat au retour, en vain. Quelques secondes après le penalty décisif de Rashford, Mbappé est inconsolable, les larmes (de chagrin ou de rage ?) dissimulées sous le maillot qu'il a remonté sur son visage. L'attaquant repense peut-être aussi au face-à-face qu'il a manqué avec David de Gea, s'emmêlant les pieds en tentant de dribbler le gardien mancunien. Il avait déjà raté un duel similaire lors du match aller. Pour la troisième année consécutive, le Paris-Saint-Germain est éliminé dès les huitièmes de finale. Peu reluisant pour un candidat auto-proclamé à la victoire finale…

À voir les Parisiens sur le terrain, on a l'impression d'une équipe tétanisée, angoissée à l'idée de reproduire les erreurs passées, comme si elles étaient inéluctables. Une attitude qui agace copieusement Mbappé, lequel avait déjà prévenu à l'issue du match aller : « Il faut qu'on arrête de vendre la peur. Les gens doivent arrêter d'avoir peur. Le foot, ça se joue sur un terrain. Bien sûr, Neymar est ultra important, Cavani est fondamental, mais le foot se joue sur le terrain et il faut que les gens nous soutiennent, pour faire avancer le football français. On est bons alors il faut arrêter d'avoir peur[1]. »

---

1. RMC Sport, 12 février 2019.

Neymar n'est plus en odeur de sainteté. Au contraire, le PSG a cherché à s'en débarrasser au cours de l'été, mais le coût de l'opération est tel qu'aucun club n'a formulé d'offre concrète. Néanmoins, le statut du Brésilien est devenu aussi fragile que ses chevilles, et Kylian Mbappé en a profité pour prendre le leadership, aussi bien sur le terrain qu'en coulisses. Le Français n'hésitera pas non plus à agiter, pour la première fois, le sceptre d'un départ, pour mettre la pression sur ses dirigeants. Ainsi, le 19 mai 2019, au Pavillon d'Armenonville à Paris, Kylian Mbappé monte sur la scène des Trophées UNFP pour recevoir à la fois – c'est une première – les prix de Meilleur espoir et de Meilleur joueur. Même si tout un chacun commence à s'habituer au caractère subversif et imprévisible du « personnage Mbappé », ce dernier, vêtu d'un impeccable costume cravate noir et blanc, prend tout le monde de court… y compris son père, assis en face de lui. « C'est un moment important pour moi. J'arrive à un premier – ou un second – tournant de ma carrière. J'ai découvert énormément de choses ici. Je sens que c'est le moment d'avoir plus de responsabilités. J'espère que ce sera au Paris-Saint-Germain, ce sera avec grand plaisir, ou ce sera peut-être ailleurs pour un nouveau projet. »

Coup de tonnerre dans l'assemblée !

Quel est le message caché de cette déclaration froide et sans préavis ? Le buteur est-il en conflit avec sa direction ? Est-ce un appel du pied au Real Madrid ?

Quelques minutes après son discours, Kylian Mbappé passe par la zone d'interviews où l'attend une forêt de micros. Le reporter d'Europe 1 Julien Froment lui demande alors des précisions sur ses hésitations : « J'ai dit ça, car c'était le moment de le dire. Je suis quelqu'un d'entier. Quand je dis quelque chose, je le pense. Je pense que c'était le bon moment de le dire alors je l'ai dit ! » Après le micro bleu, le rouge de RTL, et cette relance de Philippe Sanfourche :

— Vous voulez plus de responsabilités au Paris-Saint-Germain ?

— Comme je l'ai dit, si c'est au Paris-Saint-Germain, c'est tant mieux, avec plaisir. Si c'est ailleurs, ce sera ailleurs, pour un nouveau challenge.

Au lendemain de ces propos ambigus, la presse espagnole s'enflamme : « Mbappé sait que le Real Madrid l'attend, que le club ne peut pas rater l'occasion de faire signer le joueur appelé à prendre le relais de Messi et Cristiano Ronaldo dans les années à venir », écrit le quotidien madrilène *Marca.* C'est le point de départ du feuilleton « je pars/je reste » autrement nommé « Je ne suis pas content, je veux partir/J'aime le PSG, je reste » qui se tiendra chaque été, ou presque, jusqu'en 2024.

Deux mois plus tard, le Bondynois bat sa coulpe : « Je m'excuse auprès des joueurs présents à la cérémonie, car j'ai, entre guillemets, gâché la fête. »

Toujours est-il que Kylian Mbappé vient d'exprimer pour la première fois des envies d'ailleurs. Un premier coup de canif dans le cœur des supporters parisiens. Et un vrai coup de pression sur l'état-major du PSG, qui rappelle donc Leonardo à son chevet quelques semaines plus tard. Tuchel est reconduit dans ses fonctions, mais le Brésilien effectue son retour au poste de directeur sportif, pour remettre de l'ordre au sein d'un vestiaire éparpillé dans tous les sens. Ancienne légende du club, le champion du monde 94 a conscience que l'institution

PSG doit reprendre ses droits. « Le club doit faire le choix de son destin : ne pas subir n'importe quoi, tout le temps. On doit supprimer l'idée que des personnes font des faveurs au club en étant présentes. Ce n'est pas un message agressif : c'est la normalité d'un club comme le PSG. Le reste, c'est le travail. Il y a des génies, mais ils sont rares. Je crois au travail, tous les jours. On parle de discipline, ce n'est rien d'extraordinaire, c'est juste la norme[1]. » Un message fort pas destiné à Mbappé, mais à Neymar, qui a tendance à confondre PSG et Club Med. C'est d'ailleurs le jour du retour du Ney à l'entraînement qui est choisi par le nouveau directeur sportif pour un rappel des règles à l'ensemble du groupe : « Je vais parler en français. Si certains ne comprennent pas, ils n'ont qu'à prendre des cours. »

Bizarroïde en raison de la pandémie, la saison 2019-2020 aurait pu se terminer de façon idéale pour Kylian Mbappé. Contrairement à la Ligue de football professionnelle française qui a validé la décision du gouvernement d'annuler les championnats domestiques, les autres pays ont rejoué au foot après le déconfinement, et l'UEFA a imaginé un format inédit pour terminer la Ligue des champions en mode express, à la fin de l'été. Un « final 8 » est donc organisé au Portugal avec les huit clubs qui s'étaient qualifiés, en mars, pour les quarts de finale. Paris dispute trois matchs en onze jours : après le quart de finale contre l'Atalanta Bergame (2-1) et la demi-finale contre Leipzig (3-0), Paris s'incline en finale contre le Bayern Munich, après un but du « titi » parisien Kingsley Coman, formé au PSG. Le Paris-Saint-Germain n'avait jamais été aussi près de ravir la coupe aux grandes

1. *Le Parisien*, juillet 2019.

oreilles… Déçu, Mbappé retire sa médaille de finaliste quelques secondes seulement après qu'elle lui a été remise. Même s'il a délivré une passe ultra décisive pour Choupo-Moting en demi-finale, le buteur n'a pas pesé sur ce tournoi européen comme il l'aurait souhaité. Blessé fin juillet en finale de la Coupe de France par un mauvais tacle de Loïc Perrin, il pleure toute la nuit en imaginant qu'il va rater ce grand rendez-vous. Finalement, grâce à son hygiène de vie irréprochable et sa détermination hors du commun, il déjoue le pronostic médical et retrouve ses coéquipiers en demi-finale, contre Bergame. « Je savais qu'à un moment donné l'équipe allait avoir besoin de moi, sans forcément ma présence physique sur le terrain. Pour apporter ma bonne humeur. Je n'ai jamais voulu montrer que j'étais mal même si c'était un moment difficile[1]. » Malheureusement, le prodige, qui joue avec un strap épais à la cheville n'est pas à 100 % de ses capacités physiques, et ne fait pas la différence.

À l'automne 2020, le PSG replonge dans la crise. Thomas Tuchel a critiqué publiquement la gestion parisienne du mercato, ce qui a fâché Leonardo. Ce dernier coupe la tête de l'Allemand, limogé à Noël, à six mois de la fin de son contrat. Tuchel est remplacé par Mauricio Pochettino, l'ancien coach de Tottenham, très populaire, mais dont le palmarès est vierge. Emery, Tuchel, Pochettino. Il s'agit déjà du troisième entraîneur de Kylian Mbappé au PSG, pourtant arrivé trois ans auparavant. En fin de saison, la frustration de Kylian Mbappé est à son comble. Alors qu'il vient d'accomplir l'exploit inédit de cumuler la première place au classement des buteurs et des passeurs du championnat de France, le Paris SG

1. RMC, août 2020.

est devancé par le LOSC au classement. En Ligue des champions, Paris n'a pas réussi à surfer sur la campagne précédente, éliminé en demi-finale par Manchester City, l'ennemi du Golfe, qui brille par la continuité de sa direction sportive, en opposition à l'instabilité du club de la capitale française. Pourtant, Mbappé a régalé les supporters tout au long de la saison européenne. En huitièmes de finale, il signe un fabuleux *hat-trick* au Camp Nou, mettant le Barça à terre à lui tout seul (4-1). Depuis l'ex-Ballon d'or Andreï Chevtchenko en 1997, aucun joueur ne s'était permis d'inscrire trois buts sur la mythique pelouse catalane. Au retour à Paris, Kylian marque encore. À Munich, en quart de finale, il valide un doublé pour mettre son équipe sur les bons rails. En revanche, le Bondynois reste muet face à Man City. Touché au mollet au match aller, il reste sur le banc au retour, en raison de la douleur, ce qui agace Leonardo.

Qui, pourtant, au regard de la personnalité du joueur et de tout ce qu'il a déjà accompli, peut lui reprocher son manque d'implication ? « On ne peut pas changer le passé, réagit Mbappé, quelques semaines plus tard[1]. C'est comme ça. J'ai tout essayé pour pouvoir jouer, mais je ne pouvais pas aller sur le terrain. Il ne faut pas jouer pour jouer. Il fallait pouvoir apporter quelque chose. J'étais le premier déçu, en championnat aussi. L'équipe a donné le meilleur d'elle-même, on peut être fier de nos parcours et nous appuyer dessus. »

À l'été 2021, Kylian Mbappé demande à ses dirigeants son transfert au Real Madrid. « J'ai demandé à partir, parce qu'à partir du moment où je ne voulais pas prolonger, je voulais que le club ait une indemnité de transfert

1. Eurosport, mai 2021.

pour avoir un remplaçant de qualité. C'est un club qui m'a beaucoup apporté, j'ai toujours été heureux, les quatre années que j'ai passé ici, et je le suis encore. Je l'ai annoncé assez tôt pour que le club puisse se retourner. J'ai voulu que tout le monde sorte grandi, qu'on sorte main dans la main, qu'on fasse un bon deal[1]. » Dans les bureaux parisiens, le ton est monté : Leonardo pense que le moment est venu de vendre le joyau, à un an de la fin de son contrat, et veut demander, en plus d'une indemnité de transfert conséquente, un échange avec Vinicius Jr. Cependant, l'émir du Qatar refuse de perdre le meilleur joueur du monde à un an et demi de la Coupe du monde qui doit se tenir dans l'état pétrolier. Si le PSG est la vitrine, Kylian Mbappé est le bijou que tout le monde regarde en passant devant la boutique. Ou plutôt, l'un des deux. En effet, au début du mois d'août, Lionel Messi signe au Paris-Saint-Germain. S'il ne dénigre jamais publiquement la « Pulga » – bien au contraire –, le champion du monde français ne semble pas ravi à l'idée de partager les honneurs avec l'Argentin, d'autant que celui-ci risque de se montrer plus complice avec son ami Neymar. Mbappé fait donc le forcing pour partir jusqu'à la fin du mercato. C'est d'ailleurs en raison de ce point que le « feuilleton Mbappé » a semblé interminable chaque été, car systématiquement, les discussions s'étirent jusqu'à la clôture des marchés et polluent chaque début de saison. Dans les tribunes du Parc des Princes, on demande au joueur de rester, au club de le prolonger, mais surtout, que le football reprenne ses droits, point à la ligne ! Hélas, de 2021 à 2024, chaque été sera plus pénible que les précédents pour les supporters parisiens.

1. RMC, *Rothen s'enflamme*, 4 octobre 2021.

À cinq jours de la fin du mercato, le Real Madrid transmet une offre écrite à 160 millions d'euros, repoussée par le PSG. Malgré une relance à 180 millions, la réponse reste négative. Réputé pour ses capacités à bouder, Kylian vit mal ce refus. Un article du journal *L'Équipe* révèle d'ailleurs qu'il lui arrive, en privé, de qualifier le PSG de « Prison Saint-Germain ». Il est vrai que si l'état-major a souvent brillé par son laxisme dans la vie quotidienne du club, Nasser Al-Khelaifi a prouvé à plusieurs reprises son inflexibilité sur le marché des transferts. Demandez donc à Adrien Rabiot ou Marco Verratti… Néanmoins, le Bondynois n'entre pas en conflit contre sa direction, et à l'inverse de nombreux joueurs dans les grands championnats, n'entame aucune « grève » de l'entraînement pour forcer la main au club. Il aime trop le foot et la compétition pour se priver du moindre match…

Kylian Mbappé reste donc au PSG, et l'on ne manque pas de relever le risque pris par l'émir et le président. L'attaquant entame la dernière saison prévue à son contrat, qui prend fin le 30 juin 2022. Dès le 1er janvier 2022, le champion du monde français sera donc libre d'entamer des discussions et de s'engager dans le club de son choix, sans indemnité de transfert pour le PSG. Ainsi, le feuilleton « Je pars/Je reste » n'est plus une série estivale, mais un marronnier de la saison de Ligue 1, que l'on ne cessera plus d'évoquer, semaine après semaine.

Après un été agité (Euro raté, transfert avorté), Kylian Mbappé retrouve des couleurs en enchaînant les buts en Ligue 1, mais son entame de saison n'est pas idyllique, surtout en termes d'image. Après une victoire à Metz (1-2), Frédéric Antonetti l'attaque verbalement, en conférence de presse : « Il aurait intérêt à avoir un autre comportement s'il veut être aimé. J'adore ce joueur, il est très, très fort, mais il gagnerait à avoir un autre comportement. Il gagnerait à être un peu plus humble. » En cause ? Une altercation entre Mbappé et Alexandre Oukidja, le gardien messin. Trois jours plus tard contre Montpellier, c'est avec Neymar qu'il y a de la friture sur la ligne. Experte en lecture labiale depuis les années J+1, Canal+ décrypte une petite phrase d'agacement lâchée par Mbappé à l'endroit de la star brésilienne : « Ce clochard, il ne me fait pas la passe. » Le Bondynois était frustré de voir son coéquipier lever la tête, et choisir finalement de jouer son action tout seul. Pour expliquer ce ressentiment, ajoutons qu'il s'agissait de son quatrième match sans but, le genre de série négative qui ne lui arrive pas plus d'une fois par saison.

Les origines de cette tension ne sont pas difficiles à déchiffrer. En coulisses, un premier bras de fer s'initie entre le club parisien et la famille Mbappé. Nasser Al-Khelaifi répète à l'envi qu'il est inconcevable que le joueur quitte le PSG librement, alors que Mbappé est persuadé d'avoir toutes les cartes en main. « Ça fait peur quand ton président dit : "Il ne va jamais partir libre". Quand j'ai entendu ça, j'ai avalé de travers. Je me suis dit "Mais donc il va se passer quoi là ?"[1] »

Au 1er janvier 2022, les journaux espagnols font tourner à plein leurs rotatives, persuadés que Kylian Mbappé va s'engager au Real Madrid dès la saison suivante. Carlo Ancelotti rêve d'associer le Parisien à Karim Benzema et Vinicius Jr. S'il est vrai que le club merengue et la famille Mbappé discutent, les négociations vont être interrompues. Un désaccord ? Non. Un revirement ? Non

---

1. RMC, Rothen s'enflamme, 4 octobre 2021.

plus. La faute au hasard ! En effet, le tirage au sort des huitièmes de finale de la Ligue des champions propose un alléchant Real Madrid – Paris-Saint-Germain. Dans ces conditions, impossible pour le Français de négocier avec son futur adversaire. « Ce n'est vraiment pas le moment pour moi d'en parler parce que nous sommes dans la partie la plus importante de la saison et nous affrontons le Real Madrid. Donc, la seule chose que j'ai en tête est de battre le Real Madrid en février et mars. Je suis prêt à jouer et à tout donner pour le PSG[1]. » De son côté, l'état-major parisien laisse filtrer en off que l'espoir d'une prolongation de contrat reste vivace.

Deux Real/PSG se jouent en parallèle. L'un, sur le terrain, pour accéder aux quarts de finale de la coupe d'Europe. L'autre, en coulisses, pour faire signer un contrat au joueur le mieux valorisé de la planète.

Le terrain, d'abord. Et encore un scénario catastrophe pour le PSG. Au match aller au Parc, face à un Real insipide (3 tirs, 0 cadré), Kylian Mbappé campe une fois de plus le rôle du sauveur en marquant un but magistral dans le temps additionnel (1-0), après une passe de Neymar et au bout d'un enchaînement de dribbles dont il a le secret. Sur le plateau de CBS Sport, Thierry Henry laisse vivre ses émotions : « Très peu de personnes me font me lever de mon siège ou me font crier, comme vous venez de voir. Mais c'est ce que vous voulez voir, c'est pour cela que vous allumez votre télévision, pour voir des gens débloquer une situation. Il faut profiter. Quelle soirée ! Quel but ! Et je suis sûr que ce ne sera pas le dernier. » Après le match, Carlo Ancelotti, sans doute déçu d'avoir manqué de le transférer lors de l'été

1. CNN, janvier 2022.

précédent, et peut-être désireux de « draguer » le joueur libre de tout contrat, l'encense : « Mbappé est le meilleur joueur dans le foot actuel. »

Au retour, à Santiago-Bernabéu, c'est encore le Bondynois qui trouve l'ouverture en première période. Bien embarqué après trois mi-temps sur quatre, le PSG a deux buts d'avance, dont un inscrit à l'extérieur (qui compte double). La qualification lui tend les bras. Mais, comme si le désastre parisien était inéluctable en huitièmes de finale de la Ligue des champions, les Rouge et bleu s'écroulent en 17 minutes. Ce court laps de temps est suffisant pour Karim Benzema, qui valide un retentissant coup du chapeau. Une manière de répondre au « Mister » après son interview hagiographique sur Mbappé. La faillite parisienne est saisissante, car elle est plus mentale que physique, technique ou tactique. Quand, à l'heure de jeu, Benzema met la pression à Donnarumma pour pousser le gardien italien à la faute, tout le bloc français s'écroule et le jeu devient inexistant. Pourtant, à cet instant, le PSG est toujours en position de force pour se qualifier, mais dans les têtes, c'est comme si le match était déjà perdu. Trop seul, Mbappé n'aura pas réussi à emmener l'équipe dans son sillage. « La Ligue des champions était un grand objectif pour nous, mais nous avons échoué[1]. » À l'issue du match, les supporters madrilènes scandent le nom de Kylian Mbappé, comme s'ils l'appelaient à les rejoindre. Guti, ancienne légende du club, lance à son tour l'opération séduction sur ses réseaux sociaux : « Mbappé, ta maison, le Bernabéu t'attend et tu sais où se vivent les soirées magiques. » Benzema n'est pas en reste : « J'aime jouer avec lui en sélection et j'aimerais jouer avec lui

1. Compte Instagram du joueur.

en club. Je pense qu'on marquerait le double de buts. Ou peut-être même le triple ! Avec Mbappé, on s'entend bien, car on sait ce que l'autre va faire. Par exemple, on aime tous les deux aller à gauche, mais on n'y sera jamais tous les deux en même temps : l'autre viendra à l'intérieur, ou prendra la profondeur[1]. »

On devine la douleur de l'attaquant français, qui rêvait de boucler la boucle au PSG, en apportant la première ligue des champions de l'histoire du club, au Stade de France, à Saint-Denis, dans le département qui l'a vu grandir. Au lieu de cela, il devra, une fois de plus, encaisser cet échec et réfléchir à son avenir.

Cela n'empêche pas l'attaquant de se balader en Ligue 1. Face à Lorient, en avril, Paris gagne 5 à 1, et Mbappé est impliqué sur tous les buts : un doublé et trois passes décisives ! Tout sourire après son show, Mbappé répond à une énième question sur son avenir : « Je n'ai pas fait mon choix. Tout le monde sait que je n'ai pas pris ma décision. Je réfléchis parce qu'il y a de nouveaux éléments, plein de choses, plein de paramètres et je n'ai pas envie de me tromper, j'ai envie de faire le bon choix. Après, je sais que ça tarde un peu pour les gens, on en parle tous les jours. Si j'avais pris ma décision, je le dirais. Je n'ai de compte à rendre à personne. C'est un choix personnel. Si j'ai pris ma décision, je viens et je le dis, je l'assume. Dans les bonnes ou les mauvaises choses que j'ai pu faire, j'ai toujours assumé. Je n'ai pas à me cacher, je n'ai tué personne *(rires)*. C'est juste un choix, je prends mon temps afin de faire le meilleur choix possible[2]. »

---

1. *L'Équipe*, 5 avril 2022.
2. Amazon Prime Video, 3 avril 2022.

Alertés par cette déclaration et ces « nouveaux éléments » évoqués par Mbappé, les journalistes de la France entière l'assaillent de questions à sa sortie du stade. « Non, je n'ai pas pris ma décision. Je suis tranquille. On prend le temps afin de prendre la meilleure décision parce que je ne veux pas me tromper. De nouveaux éléments (rires) ? Il n'y a pas besoin de blablater sur ça, ce sont de nouveaux éléments, pas mal de paramètres à prendre en compte. Encore une fois, c'est une décision pas facile et j'ai envie de prendre la meilleure possible. Donc j'essaie, avec mes proches, de prendre la meilleure décision pour mon futur. » Alors qu'on lui demande si son temps de réflexion est un bon signe pour Paris, il lâche : « Je n'en sais rien. Si c'est possible de rester au PSG ? Oui, bien sûr. » Une première porte ouverte…

Outre les négociations contractuelles que nous évoquerons dans quelques lignes, il existe plusieurs éléments susceptibles de faire basculer le choix du joueur en faveur de Paris. D'abord, la volonté de marquer l'histoire du Paris-Saint-Germain. En contribuant à la première Ligue des champions de l'histoire du PSG, mais aussi en devenant le meilleur buteur du club, toutes époques confondues. Pour l'instant, Mbappé est à 160 buts, contre 200 pour Cavani. Interrogé par un journaliste de Prime Video sur sa volonté de battre ce record, le Bondynois répond prudemment, sans rien laisser filtrer sur son avenir : « Je suis ambitieux, mais c'est la limite entre l'ambition et l'inconscience. Non, je ne battrai pas Cavani avant la fin de la saison. » En revanche, une saison supplémentaire pourrait suffire…

Le feuilleton « Je pars/Je reste » est un spectacle de montagnes russes pour les amoureux du PSG. Enfin rassérénés par ses déclarations aux médias français, les fans parisiens déchantent quelques heures plus tard en découvrant l'interview de Mbappé sur la chaîne ESPN. Il n'est pas question de ce qu'il a dit (la même chose qu'à Prime Video), mais de la manière dont il l'a exprimé : dans un espagnol d'une perfection stupéfiante, pour un jeune homme de 23 ans qui n'a jamais vécu ailleurs qu'en France. Si l'on savait qu'il avait pris des cours d'espagnol et qu'il s'entraînait à pratiquer la langue de Raùl dans le vestiaire du PSG avec les Latinos, on n'imaginait pas à quel point il parlait de manière fluide. Tout s'emballe de nouveau : Kylian Mbappé est prêt pour rejoindre le Real Madrid.

Toutefois, un nouvel élément majeur entre en compte. Le président de la République, décidément très proche du « Président Mbappé », téléphone directement au buteur parisien pour l'influencer :

« Kylian, je sais que tu veux partir. Je veux te dire que tu es aussi important en France. Je ne veux pas que tu partes. Je veux que tu restes à Paris. Tu as la possibilité d'écrire l'histoire ici. Tout le monde t'aime. »

Un coup de téléphone qui chamboule Mbappé, qui, rappelons-le, a seulement 23 ans. « Je n'avais jamais imaginé que j'allais parler avec le président de mon avenir dans ma carrière, donc c'est quelque chose de fou. Quand le président te dit ça, ça compte[1]. » Et cet appel n'a pas été unique en son genre. Au moins quatre conversations téléphoniques ont été révélées entre le Président et le footballeur, en décembre 2021, janvier, février et mars 2022. « On a échangé pas mal de fois. On va dire

1. *New York Times*, juin 2022.

que c'étaient des bons conseils. Il voulait que je reste, ça fait partie des négociations[1]. »

« De manière informelle et amicale, c'est le rôle d'un Président de défendre son pays, mais je vous rassure, je n'interviens dans aucun transfert », confirme Emmanuel Macron. L'un de ses prédécesseurs, Nicolas Sarkozy, proche de Nasser Al-Khelaifi, est également intervenu pour convaincre Mbappé.

Une séduction « politique » que n'apprécie pas Florentino Perez, le président du Real Madrid, qui, pour se justifier auprès de ses socios après l'échec de l'« opération Mbappé », évoquera des « pressions politiques et économiques ». Il dira même : « Ce n'est pas facile de recevoir un appel du président de la République. »

Vous l'avez compris : Kylian Mbappé a choisi Paris. Une fois de plus. Avant d'annoncer la nouvelle à l'état-major parisien, Kylian a téléphoné en personne à Florentino Perez pour l'avertir de sa décision. Si les supporters parisiens peuvent regretter tous ces atermoiements, ils peuvent malgré tout se féliciter de la bonne nouvelle, Mbappé reste dans la capitale française. Pour trois ans. Ou pour deux ans. Encore une fois, c'est flou. Et quand c'est flou…

Le 21 mai 2022, à quelques minutes de PSG-Metz, sur la pelouse du Parc, aux côtés d'Al-Khelaifi, le buteur pose fièrement avec un t-shirt « Kylian c'est Paris » et un maillot floqué « Mbappé – 2025 ». Pourtant, on apprend que le joueur est engagé jusqu'en 2024, avec un an en option, que le Bondynois est libre d'activer ou non. D'ailleurs, la famille Mbappé a d'abord refusé que

1. *Le Parisien*, mai 2022.

Kylian pose avec un maillot « 2025 », souhaitant qu'on y inscrive « 2024 », mais le service marketing du PSG a opposé une fin de non-recevoir, expliquant les nombreux enjeux publicitaires.

Le contrat mérite que l'on s'y attarde un instant. On le nomme déjà le « contrat du siècle ». En termes économiques, il prévoit une rémunération totale de 630 millions d'euros bruts, soit 282 millions d'euros nets, sur trois ans[1]. Jamais un footballeur n'avait signé pareil contrat dans le monde. Jusqu'ici, Leo Messi détenait le record avec un contrat à 555 millions d'euros bruts sur cinq ans, au FC Barcelone.

Ces montants comprennent le salaire (72 millions bruts annuels) et diverses primes. Celles-ci ne sont pas assujetties aux résultats sportifs. Il s'agit d'une prime à la signature de 180 millions, et de primes évolutives dites « de fidélité », versées chaque année si le joueur n'a pas quitté le club : 70 millions en 2022, 80 millions en 2023, 90 millions en 2024.

Pour le ministère de l'Économie, ce contrat inédit est aussi une bonne nouvelle. Si Mbappé restait à Paris jusqu'en 2025, ses différents salaires rapporteraient plus de 300 millions d'euros d'impôts au fisc. Bien joué, M. Macron...

Avant de chausser ses crampons pour la dernière journée de la saison, Mbappé s'adresse au Parc : « Je suis très content de continuer l'aventure, de rester en France, à Paris, dans ma ville. J'ai toujours dit que Paris était ma maison. J'espère continuer à faire ce que j'aime le plus : jouer au foot et gagner des trophées. » Sur les télévisions

1. Chiffres révélés par *Le Parisien*.

du vestiaire, ses coéquipiers découvrent la nouvelle en même temps que le public. Irrésistible, Mbappé inscrit ce soir-là un triplé (5-0), pour clôturer une saison qui voit Paris remporter son dixième championnat de France, égalant ainsi le record de l'AS Saint-Étienne.

Au-delà des aspects financiers, la star parisienne a obtenu de nombreux avantages au club, comme ce rôle de « directeur sportif officieux » moqué par certains. Depuis le temps qu'il réclame des responsabilités, Mbappé les a obtenues. Plus que jamais, il est le pion central du nouveau projet parisien. Exit Leonardo, avec qui il ne s'entendait plus. Bienvenue, Luis Campos, avec qui la famille Mbappé s'entendait si bien à Monaco. Un nouvel entraîneur – le quatrième en cinq ans – va remplacer Pochettino et le nom de Zinédine Zidane est évoqué avec insistance. Des promesses ont été formulées à Mbappé au sujet du recrutement : un attaquant de pointe, un vrai numéro 9 comme Robert Lewandowski (Bayern Munich) ou Romelu Lukaku (Chelsea) pour lui offrir un point de fixation, et Bernardo Silva, stratège de Man City et ancien coéquipier du Français à Monaco.

Lors de sa conférence de presse de « prolongation », Mbappé, toujours impeccable dans son costume-cravate noir et blanc, explique les raisons qui l'ont poussé à rester au PSG et évoque son nouveau contrat. « Pour être honnête, on a parlé des mois de sportif, des heures d'image et des minutes d'argent. » Le prodige, qualifié de « meilleur joueur du monde » par son président, ce qui n'est pas rien quand on sait que Messi joue toujours au PSG, précise qu'il est « avant tout un joueur de football », pour couper court aux rumeurs qui bruissent qu'il participe au choix du futur entraîneur. Enfin, Mbappé promet de « ne pas couper la tête à Marquinhos », expliquant qu'il n'a pas besoin du brassard de capitaine pour être influent sur le terrain et dans les vestiaires. La star évoque aussi le projet sportif « qui a changé ».

Plus dure sera la chute.

Finalement, pas de Zidane à l'horizon. Aucun avant-centre de renom n'a signé au soir de la clôture du mercato. Enfin, Bernardo Silva vit toujours dans le nord de l'Angleterre.

Porté par son titre de champion de France à Lille et son passage réussi à Nice, Christophe Galtier est le choix surprise de Luis Campos pour succéder à Pochettino. Le trio infernal Mbappé-Neymar-Messi rempile pour une saison supplémentaire… sauf que le prodige français est absent pour le premier match de la saison. Suspendu pour le trophée des champions à Tel-Aviv (4-0 avec un but de Messi et un doublé de Neymar), il est forfait pour la première journée à Clermont. Devant sa télévision, il assiste au récital latino de Messi (2 buts, 1 passe décisive) et Neymar (1 but, 3 passes décisives). Depuis plusieurs jours, Kylian Mbappé enrage, las, mal dans sa peau, regrettant son choix d'avoir paraphé un nouveau contrat au Paris-Saint-Germain. Le buteur se sent trahi et floué par sa direction, car aucune promesse de recrutement n'a été tenue. Pis, certaines démarches, comme celle de recruter Lewandowski, n'auraient même pas dépassé le stade de projet. Par la voix de sa famille, Kylian Mbappé demande ainsi au PSG de le transférer séance tenante ! C'est le retour de la télénovela « Je pars/Je reste » qui se joue, exceptionnellement, dans le secret le plus total. Rien ne filtre. Officiellement, la star est blessée aux adducteurs. Le PSG indique même dans son bulletin médical « qu'un nouveau point sera effectué dans 72 heures » sur l'état de santé du champion du monde. En coulisses, les négociations reprennent. Selon le journal L'Équipe, le PSG aurait acté sa volonté de départ, mais aurait demandé au joueur de produire des offres fermes de transfert. Jamais vexé par Mbappé, le Real Madrid répond présent avec une offre refusée par Paris. Les relations entre les deux clubs, et plus généralement entre le PSG et la Ligue espagnole de Javier Tebas, sont orageuses. Plus surprenant, le Liverpool FC entre à son tour dans la danse, avec une offre – écrite ou orale, selon les sources – de 200 millions d'euros. Pendant que Kylian Mbappé s'accorde avec le club anglais sur le principe d'un contrat de courte durée (pour lui permettre de filer ensuite à Madrid ?), Antero Henrique savonne la planche du Bondynois en réclamant 400 millions d'euros[1]… une façon sournoise de déclarer Mbappé intransférable.

Mbappé doit digérer sa double déception, et se remettre en selle pour ne pas laisser briller Messi et Neymar, très en forme en ce début de saison. Le Français rejoue dès la deuxième journée, marquant un but contre Montpellier. Puis, pour reprendre l'une de ses expressions favorites, il se « réfugie dans son football » en participant grandement au festival parisien contre Lille : succès 7 à 1 au stade Pierre-Mauroy, avec un triplé de Mbappé, un but et une passe décisive de Messi ; un but et trois passes décisives de Neymar. Le Bondynois inscrit aussi un doublé contre la Juventus Turin (2-0), lors de la première journée de la Ligue des champions. Quelques jours auparavant, il affichait une véritable complicité avec Christophe Galtier, riant aux éclats lorsque son entraîneur répondait à une

1. Information *L'Équipe*.

question polémique sur les déplacements en jet privé des footballeurs (« On a parlé avec la société qui organise nos déplacements. On est en train de voir si on ne peut pas se déplacer en char à voile. »).

À l'écoute d'un entretien du champion du monde avec CNN, réalisé en 2024, on comprend cependant que Kylian a mal vécu sa longue hésitation entre ses « obligations » parisiennes et son rêve madrilène. « C'était plus que simplement rester au PSG. C'était la Coupe du monde au Qatar aussi. Il y avait beaucoup de choses autour de ça. C'était une décision importante, une décision difficile… Mais je ne regrette rien. Bien sûr, dans une carrière, il faut prendre des décisions difficiles et c'est ce que j'ai fait, mais je suis devenu le meilleur buteur de tous les temps avec le PSG. Je veux juste me souvenir des meilleures choses… Ce n'était pas une situation facile et je ne souhaite à personne de vivre ça. »

Figure de proue du « nouveau PSG », Kylian Mbappé n'affiche pas publiquement ses ambitions, comme s'il était conscient de la faiblesse de son équipe sur le plan continental. Le 5 septembre 2022, le journaliste de RTL Philippe Sanfourche le questionne en conférence de presse :

— Est-ce que vous affirmez vouloir gagner la Ligue des champions dès cette saison ou est-ce que c'est piégeux, est-ce qu'il y a un problème par rapport à ça ?

— *[faisant la moue]* Moi, je veux toujours gagner. Maintenant, il y a une vérité aussi. La Ligue des champions est une compétition très difficile. Les grandes équipes se sont renforcées en achetant de grands joueurs de classe mondiale. Beaucoup d'équipes sont prêtes et armées. On va se battre avec nos armes.

Quelques semaines plus tard, il critique publiquement l'animation offensive de son équipe et son nouveau rôle de pivot, qui ne lui sied guère. S'il est parfois qualifié d'enfant gâté, on peut malgré tout reconnaître qu'on avait promis à Mbappé de jouer avec un avant-centre de classe mondiale pour lui faciliter la vie et lui ouvrir des espaces, et que, dans la réalité, c'est à lui de jouer ce rôle de « pivot » pour Messi et Neymar.

Au mois de novembre, il inscrit à Turin son quarantième but en Ligue des champions. 40 buts… Mais comment le temps est-il passé si vite ? Il est évidemment le plus jeune joueur à atteindre ce total. Même si c'est anecdotique – à la lecture de l'adversaire –, Kylian devient aussi le premier joueur du Paris SG à signer un quintuplé (face à l'US Pays de Cassel, club amateur, en Coupe de France). Ce jour-là, il porte pour la première fois le brassard de capitaine au coup d'envoi.

Hélas, l'aventure européenne du PSG prend fin, comme chaque année ou presque, en huitièmes de finale. Cette fois, il n'est pas question de rebondissements. Le scénario n'est pas rocambolesque, il est limpide : Le Bayern gagne 1-0 à l'aller et 2-0 au retour. Mbappé et Paris n'ont pas marqué. Au match aller, l'attaquant de retour de blessure a joué seulement la dernière demi-heure, ce qui ne l'a pas empêché d'être le meilleur joueur de son équipe.

Paris est éliminé. Encore. « Notre maximum, c'est ça », lâche Mbappé, lassé, résigné, dégoûté.

Et comme si cela ne suffisait pas, le PSG est chassé de la Coupe de France par l'OM, rival honni, dès les huitièmes de finale. Ce soir-là, Mbappé ne joue pas, blessé.

Malgré la joie de devenir le meilleur buteur de l'Histoire du Paris SG, Mbappé réfléchit sérieusement à ne pas lever l'option ajoutée à son contrat.

L'interminable feuilleton se poursuit sur la base d'une équation à trois inconnues.

Mbappé va-t-il lever l'option qui lui permet de rester au PSG jusqu'en 2025 ?

Mbappé sera-t-il transféré à l'été 2023 s'il refuse de lever son option ?

Mbappé va-t-il quitter le PSG « libre » en juin 2024 ?

L'été 2023 sera le plus brûlant et le plus conflictuel de tous.

Le 28 mai, à l'occasion des Trophées UNFP, les fans de foot sont suspendus aux lèvres de Kylian Mbappé, car notre petit doigt nous disait à tous qu'il allait profiter de cette opportunité pour envoyer un message. Et cela n'a pas raté. « J'ai dit que l'année prochaine, je jouerai au PSG. J'ai encore un an de contrat, donc je vais honorer mon contrat. » Sans parler de l'option pour 2025…

Le 12 juin 2023, le Paris-Saint-Germain reçoit une lettre signée de la main de Kylian Mbappé, antidatée au 12 juillet 2022. Le joueur indique sa volonté de respecter son contrat jusqu'au dernier jour, et de ne pas activer la clause de prolongation d'une année.

Un courrier qui provoque la colère du président du PSG.

« Je ne pensais pas qu'une lettre pouvait tuer ou offenser quelqu'un, réagit Mbappé, trois jours plus tard, lors d'une conférence de presse de l'équipe de France. On ne peut jamais contrôler les réactions, mais ça m'importe peu. »

Devant l'incompréhension du club, le clan Mbappé rédige une nouvelle lettre explicative, le 23 juin.

Dans cette version footballistique et moderne des « Liaisons dangereuses », le Paris-Saint-Germain rétorque par une missive de trois pages, le 3 juillet. Très offensif, ce courrier précise au joueur qu'il n'est pas question d'accéder à ses volontés.

Nasser Al-Khelaifi répète une fois de plus son mantra : « On ne peut pas laisser un des meilleurs joueurs du monde partir gratuit. C'est très clair. » L'ultimatum est fixé au 31 juillet 2023. Pour la première fois, il semblerait que Mbappé ait perdu le contrôle, car la fermeté du président qatarien est sans précédent. L'attaquant est écarté du groupe professionnel. Le seul « Mbappé » présent en Asie pour la tournée de présaison est Ethan, le petit frère de Kylian. Comme plusieurs dizaines de joueurs « lambda » partout en Europe, Kylian Mbappé est placé dans une sorte de « loft » virtuel. La pression est de plus en plus intense : la star doit prolonger ou partir. L'UNFP évoque du « harcèlement moral ». Wilfrid Mbappé envisage d'organiser des matchs hebdomadaires pour que son fils conserve une condition physique adéquate à ses ambitions. Didier Deschamps, lui, est rassurant : il téléphone à Kylian pour l'assurer qu'il sera sélectionné lors du rassemblement de rentrée, quoi qu'il arrive.

Fin juillet, au cours d'un été marqué par l'offensive saoudienne sur le monde du football, le club d'Al-Hilal envoie une offre de 300 millions d'euros pour racheter le contrat de la star. Le PSG accepte… mais Mbappé refuse. Inconcevable de jouer, à 24 ans, quelques mois après une Coupe du monde lumineuse, dans un championnat mineur, qui ne dispute pas la Ligue des champions.

Plusieurs clubs viennent aux nouvelles, en Angleterre (Manchester United, Chelsea), en Italie (Inter Milan) et en Espagne (FC Barcelone). Évidemment, il n'est pas question pour le Real Madrid de régler une indemnité de transfert astronomique alors que le joueur sera libre en janvier.

Mbappé se trouve dans une impasse. C'est pourquoi la surprise est grande de le voir tout sourire dans une loge du Parc des Princes, le 12 août 2023, pour la reprise du championnat. À ses côtés, la nouvelle recrue du PSG son ami Ousmane Dembélé, à qui il souhaite d'ailleurs la bienvenue sur Instagram : « Bienvenue chez toi mon frère, trop heureux de te voir ici, l'aventure commence. » À l'inverse, Neymar et Verratti, attendus dans le Golfe pour une retraite dorée, ne sont pas présents. Le lendemain, Mbappé est de retour à l'entraînement, et le PSG communique de façon laconique : « Après des discussions très constructives et positives entre le Paris Saint-Germain et Kylian Mbappé avant le match PSG-Lorient, le joueur a été réintégré dans l'équipe première d'entraînement ce dimanche matin. »

Que s'est-il passé en coulisses pour justifier ce revirement ?

Kylian Mbappé aime trop le football pour risquer de perdre une saison entière de sa carrière en raison d'un tel conflit. Conscient que le président irait jusqu'au bout de sa démarche punitive, le champion du monde 2018 a mandaté son avocate, Maître Delphine Verheyden, pour négocier son retour dans le groupe avec le PSG. Le seul point sur lequel il refuse de céder est la non-levée de l'option. Mbappé veut quitter le PSG libre en juin 2024, mais il est prêt à plusieurs sacrifices financiers pour permettre au club de s'y retrouver dans ses comptes. Voici la proposition du clan Mbappé[1], expédiée le 11 août.

- *Réduire de 55 millions brut les primes devant lui être versées lors de la saison 2023-2024 (correspondant aux 30 millions de prime de fidélité liée aux deux premières années de contrat et 25 millions de prime de signature), ceci représentant une économie de plus de 68 millions dans les comptes du club.*

- *Transposer le règlement de ce même montant à la saison 2024-2025 s'il devait être encore présent dans les effectifs à cette date.*

Cette proposition est conditionnée aux éléments cumulatifs suivants :

- *Qu'il soit réintégré dans le groupe pour le match du 12 août 2023 et n'en soit plus sorti de toute la saison sportive.*

- *Que cet avenant soit signé au plus tard lundi 14 août à 12 heures. Passé cette date l'offre sera caduque.*

- *Rédaction d'un communiqué de presse commun indiquant la fin du différend, la réintégration sans condition dans le groupe et le pas fait par mon client pour résoudre ce différend.*

Cependant, cette proposition n'a jamais été signée par les dirigeants du PSG, qui estimaient que les efforts consentis par le joueur n'étaient pas suffisants. Ils auraient alors rédigé un nouvel avenant au contrat précisant les sommes auxquelles devaient renoncer Mbappé

1. Révélée par *L'Équipe*.

s'il ne levait pas l'option. Mais la famille n'a pas signé ce document. Et il semblerait que les deux parties se soient contenté d'un *gentleman's agreement* entre Al-Khelaifi et Kylian Mbappé. La suite se jouera devant les tribunaux…

En effet, la saison 2023-2024 est la plus éprouvante de la jeune et riche carrière du buteur français. Celui-ci doit s'adapter à un cinquième entraîneur en six ans. Luis Enrique, artisan de la Remontada de 2017, a remplacé Christophe Galtier, lequel n'aura pas fait long feu.

Sur le terrain, tout avait pourtant bien commencé, avec la bagatelle de 8 buts en 5 matchs. En novembre, il signe un triplé face à Reims et en janvier, marque lors du Trophée des champions remporté face à Toulouse.

Le 1er janvier 2024, Kylian Mbappé est libre de s'engager avec le club de son choix. Sa première prise de parole, très attendue, intervient trois jours plus tard, après le succès parisien lors du Trophée des Champions.

Conférence de presse – 4 janvier 2024 – après la victoire au Trophée des champions. Depuis le 1er janvier, Mbappé est libre de s'engager avec n'importe quel club pour la saison suivante

Ce premier trophée, remporté contre Toulouse, vous ouvre-t-il l'appétit pour l'année qui démarre tout juste ?

Nous sommes très contents. Nous voulions démarrer l'année avec ce trophée. C'est important de garder cette spirale positive concernant les finales. C'est un match qui n'était pas simple, mais que nous avons rapidement réussi à nous rendre moins compliqué on va dire. Nous avons su globalement maîtriser le match malgré quelques trous d'air. Ça reste satisfaisant pour un match de reprise. Nous sommes heureux de repartir avec la coupe.

Vous êtes libre de vous engager avec le club de votre choix depuis le 1er janvier. Avez-vous pris votre décision et possédez-vous un accord avec un club ?

Non. Déjà, je suis très motivé pour cette année. C'est très important, nous avons des titres à aller chercher. Nous en avons déjà récupéré un. Mais, non, je n'ai pas encore pris ma décision. Je n'ai pas encore fait de choix. Je pense qu'avec l'accord passé avec le président cet été, peu importe ma décision, nous avons réussi à protéger l'ensemble des parties et à préserver la sérénité du club pour les défis à venir. C'est le plus important. Le reste est secondaire.

Lors de votre première prolongation, on avait connu fin mai 2022 votre décision. Le timing sera-t-il différent cette fois-ci ?

Je n'en sais rien. Je n'en sais rien. Ça a été fin mai en 2022 parce que je ne savais pas avant. Si je sais ce que je veux faire, je ne vais pas traîner. Ça n'aurait aucun sens. Comme je l'ai dit, le plus important est les titres. Nous en avons gagné un et nous avons un groupe jeune qui veut gagner des trophées. L'équipe et le groupe se tournent vers ça. Aujourd'hui, personne ne parle de ma situation à l'intérieur du club. Ça n'intéresse pas grand monde. Ce qui intéresse les gens, c'est que je puisse aider l'équipe à gagner des trophées comme ça a été le cas aujourd'hui.

L'équipe doit encore s'améliorer, selon Luis Enrique. Sur quels aspects selon vous ?

C'est normal. Il faut toujours s'améliorer. Le coach est arrivé avec des idées claires, mais nombreuses. Le temps d'assimiler tout ça, ça prend du temps aux joueurs. Je pense que l'on commence à voir des choses intéressantes. Je ne sais pas ce que ça donne de l'extérieur...

C'est mieux...

C'est clair, c'est mieux structuré. On le voit au niveau de la structure offensive et des schémas. Quelque chose se dessine.

Premier élément de réponse le 14 février, avec le huitième de finale aller de Ligue des champions face à la Real Sociedad, non ?

Donc, pour vous, si ça ne passe pas le 14 février, ça veut dire qu'il n'y a pas d'idée ? Je demande, je demande. (Sourire)

Comment vous positionnez-vous par rapport à votre placement fluctuant entre l'axe et l'aile gauche par Luis Enrique ?

Quand je parle avec lui, il me dit qu'un bon joueur peut jouer à plusieurs postes. Je pense être un bon joueur, pas mal (rires). *Donc, je joue à plusieurs postes cette année et dans l'axe aujourd'hui. Ce qui est bien, c'est que, peu importe le poste où je joue, il s'adapte en fonction des qualités du joueur. Ça fait que nous ne sommes pas dépaysés. Qu'il veuille que je joue à gauche, à droite ou dans l'axe, j'y jouerai et je pense que je n'aurai pas de problèmes à être performant.*

La liberté dont vous jouissez au PSG peut-elle vous faire rester un peu plus au club ?

Quel est le rapport ? Je ne comprends pas. Je n'étais pas important avant ? J'ai toujours été important. Je suis dans la continuité de ce que j'ai eu depuis mon arrivée au PSG.

Dans les arcanes du club, malgré l'accord oral qui protège le PSG, on souhaite toujours voir le joyau prolonger son contrat. L'attaquant n'en serait pas à son premier revirement. Pourtant, Mbappé n'imagine plus du tout rester au Paris-Saint-Germain. Afin d'éviter un faux suspense, il annonce à son président, le 13 février 2024 au Campus PSG de Poissy, sa décision inéluctable de quitter le club en fin de saison. Sans préciser sa future destination, il demande à son président de ne pas faire de surenchère. L'annonce n'est pas officielle, mais l'état-major du PSG laisse filtrer l'information. Le lendemain, le PSG bat la Real Sociedad (2-0) en huitièmes de finale de la Ligue des champions, avec un but de Mbappé. Mais, en faisant cette annonce au président parisien, de façon très respectueuse, sans l'avoir dit à personne d'autre avant lui, le buteur de Bondy n'imaginait pas à quel point il venait de faire basculer sa saison. Conséquence immédiate : dès le match du week-end, en Ligue 1 contre Nantes, il est placé sur le banc des remplaçants. Ou comment être déclassé en moins d'une semaine… Entré en jeu la 62e minute, il marque le second but parisien sur penalty (2-0). Interrogé sur son choix, Luis Enrique botte en touche : « C'est à la fois simple et difficile à expliquer. On a joué un match de Ligue des champions il y a deux jours, on avait besoin d'énergie pour performer. C'était important de donner des minutes à ceux qui n'avaient pas participé. Vous savez, on a des objectifs ambitieux. On aura besoin de tous nos joueurs. » En Ligue 1, le PSG compte désormais quatorze points d'avance sur la concurrence, un matelas qui pourrait permettre à la direction parisienne de jouer avec les nerfs de son « meilleur joueur du monde ». La semaine suivante, Mbappé est titulaire et capitaine contre Rennes. Muet, il est remplacé par Gonçalo Ramos à l'heure de jeu. Un changement tout sauf anodin, car depuis le début de la saison, le technicien espagnol n'avait quasiment jamais sorti sa star du terrain. Contre Monaco, c'est pire : Mbappé sort à la mi-temps. Un petit « jeu » qui n'avantage pas le PSG, qui enchaîne deux matchs nuls. Cette fois-ci, Luis Enrique ne se cache plus derrière un prétendu turnover et joue franc-jeu avec la presse : s'il fait si peu jouer Mbappé, c'est pour préparer l'avenir, quand il ne sera plus là. « C'est à 100 % une décision de l'entraîneur. Tôt ou tard, on va devoir s'habituer à jouer sans Kylian. C'est une décision que je prends dans l'objectif d'avoir le meilleur pour l'équipe. » Et quand on lui demande s'il y a un problème avec Mbappé : « Je ne vais pas entrer dans ce jeu. Je suis un professionnel. Il n'y a aucun problème. Il s'agit juste de gérer une situation de la manière que je pense être la meilleure, pour l'équipe. » Mais, à la troisième question sur sa gestion de l'international français, il refuse de répondre. Si le sujet de préparer l'avenir sans Mbappé peut éventuellement se poser, est-il raisonnable de le faire au mois de mars, à quelques jours d'un match décisif de Ligue des champions, une compétition que le club veut absolument gagner ? Face à la Real Sociedad, Mbappé marque les deux buts parisiens, qualificatifs pour les quarts de finale.

Un doublé qui ne lui offre aucun passe-droit : contre Reims, il n'entre que pour le dernier quart d'heure. Un déclassement rude à encaisser pour ce compétiteur né, car il ne repose sur aucune réalité physique ou footballistique.

Si personne ne le dit ou ne l'écrit, n'ayons pas peur ici de l'avancer : Kylian Mbappé a été puni par la direction, qui a voulu lui faire payer ses récentes décisions.

D'ailleurs, Ethan Mbappé a été lui aussi écarté du groupe après l'annonce de son grand-frère.

En conférence de presse, Luis Enrique est peu disert.

Question :

— Mbappé était remplaçant aujourd'hui, est-ce que c'est son nouveau rôle ?

— C'est un joueur incroyable, et je lui souhaite seulement le meilleur du meilleur.

Une réponse qui sous-entend qu'on lui a peut-être soufflé à l'oreille de laisser Mbappé sur le banc dès que la situation sportive l'y autorise.

Heureusement, le meilleur buteur parisien peut souffler lors des fenêtres internationales. Même si, en tant que capitaine de l'équipe de France, il est encore assailli de questions.

Conférence de presse – 22 mars 2024 – avant France-Allemagne

Tu n'as pas officiellement annoncé ce que tu faisais à la fin de la saison, si tu quittais le Paris Saint-Germain, et si tu allais ailleurs, par exemple au Real Madrid. Est-ce que tu peux nous en dire plus aujourd'hui ?

Je n'ai rien annoncé parce que je n'avais rien à annoncer. J'ai toujours dit que le jour où j'aurai quelque chose à dire, je viendrai me présenter comme un homme et je parlerai. Donc tant que je ne l'ai pas fait, c'est que je n'ai rien à annoncer.

Tu as été un petit peu ménagé en club ces derniers temps. Est-ce que pour toi, c'est la première fois que tu

arrives aussi frais à un rassemblement de l'équipe de France ? Et est-ce que dans la perspective de l'Euro, ta gestion au PSG par Luis Enrique peut être un mal pour un bien ?

Ouais, c'est vrai que je me sens bien en ce moment. Pas très fatigué. J'ai du temps. Mais l'Euro, c'est loin, c'est dans trois mois. Il y a beaucoup de choses qui peuvent se passer en trois mois. Je ne vois pas aussi loin. J'essaie d'avoir une vision à court terme. Et je suis prêt à m'adapter à n'importe quelle situation. J'ai commencé la saison en me disant que tout pouvait se passer donc je suis prêt à n'importe quelle situation.

Est-ce qu'aujourd'hui, tu en sais plus sur les Jeux olympiques ? Est-ce que tu es toujours dans l'état d'esprit de vouloir doubler les deux compétitions ? Ou est-ce que tu t'es fait une raison et si oui, pourquoi ?

J'ai toujours eu la même ambition. J'ai toujours dit que les JO à Paris, c'était spécial, que ça allait être un événement spécial et que je voulais y être. Et j'ai toujours dit aussi que c'était un événement qui ne dépendait pas de moi. Maintenant, est-ce que vous voulez savoir si mon ambition, elle a changé ? Non. Est-ce que la décision finale, elle appartient toujours à la même personne ? Oui. Maintenant, je ne peux pas me prononcer parce qu'aujourd'hui, on ne m'a pas dit oui, on ne m'a pas dit non, on ne m'a rien dit. Maintenant, comme j'ai dit, je suis arrivé à un moment de ma carrière et de ma vie où je prends beaucoup plus de recul sur ce qui m'arrive et sur les situations auxquelles je suis confronté. Donc si j'y vais, je vais vivre un rêve éveillé. Si je n'y vais pas, j'accepterai et je ferai ce qu'on me dit de faire.

Sur l'enchaînement Euro-JO, certains pensent qu'il y a un risque physique, athlétique de faire ça et de menacer la saison suivante. Est-ce que ça rentre dans votre réflexion ?

Je ne fais pas trop attention à ce que les gens pensent, mais c'est quelque chose que je n'ai jamais fait. Donc je n'ai aucune expérience pour vous dire si ça aura des séquelles ou non. C'est quelque chose que je ne connais pas et que beaucoup de gens ne connaissent pas. Donc si je fais les JO, je pourrai vous faire part de mon expérience. Si je ne les fais pas, je serai comme vous et je me mettrai à penser. Je ne sais pas.

Deux joueurs avec qui vous évoluez en club, Kolo Muani et Dembélé, on a l'impression qu'il y en a un qui manque d'un match référence en bleu (Kolo Muani) et un manque de régularité dans les performances (Dembélé). C'est votre avis ?

Déjà, pour Randal, c'est quelqu'un qui n'a pas une grande carrière en bleu. Il n'est pas arrivé il y a très longtemps. Il commence à s'installer durablement dans le groupe. C'est déjà quelque chose de bien. Il commence à vraiment prendre ses marques. Après, à voir dès qu'il aura des opportunités, quand le coach va lui donner des opportunités. Mais je pense qu'il a la confiance de l'ensemble du groupe. On est tous derrière lui. Ousmane, on le connaît, c'est un talent qui est spécial, c'est un joueur qui est spécial. Maintenant, je pense que cette année, il a déjà trouvé un certain rythme. Et je pense que s'il continue de surfer sur ses dernières performances en club, je pense qu'il arrivera à être bon en sélection, même si ce sont deux contextes différents. Mais je pense qu'il a le talent et la personnalité pour s'épanouir et réussir en bleu.

Quand vous dites à l'instant « on ne m'a pas dit non, on ne m'a pas dit oui », vous parlez de qui, précisément ?

Eh bien, le Paris Saint-Germain. C'est le club avec qui je suis sous contrat.

Et vous n'avez pas dit non sur le fait de faire les Jeux olympiques ?

Non, on n'en a pas discuté.

On parle de vous au Real Madrid, au Paris Saint-Germain, aux JO, avec Emmanuel Macron, avec Florentino Pérez. Rester focus sur le terrain, c'est compliqué ou non ? Au contraire, pour vous, ça glisse ? En toute sincérité et franchise.

Et moi, j'ai une question. Quand tu vois mes dernières performances, tu vois un gars perturbé ?

Non, mais en dehors du terrain ?

Voilà, ce qui se passe en dehors, on s'en fout. Normalement, je suis concentré sur le prochain match. Voilà, je pense qu'on a vu tout ce qui s'est passé ces dernières semaines. J'ai gardé mon objectif, qui était d'être performant et j'ai été performant dans les matchs qui comptent. Et mon objectif, là, c'est d'être performant dans les matchs qui comptent. Ce qui se passe en dehors, c'est en dehors. Et je suis pas responsable des dires ou des pensées des gens.

Est-ce que cette question de votre avenir doit être réglée avant l'Euro ?

Non, je serai concentré sur l'équipe de France. L'euro, ce sera ma priorité. Après, je pense que ça sera réglé d'ici là. Mais le plus important à mes yeux, à ce moment-là, sera la sélection. Je pense que j'ai toujours montré par le passé que lorsque je suis en sélection, il n'y a rien qui passe au-dessus de l'équipe nationale. Et donc, je vais continuer dans cette logique-là.

Le champion du monde 2018 semble déjà déconnecté du reste de l'équipe. Au Vélodrome, sorti par Luis Enrique à l'heure de jeu lors d'un Classique qui lui a toujours bien réussi, Mbappé affiche publiquement sa tristesse. Alors que le PSG s'est imposé 2 à 0, à dix contre onze, le capitaine parisien poste sur son compte Instagram une photo de lui, de dos, quittant le terrain, tête baissée, brassard à la main. Le tout, sans légende. Pour un tel monstre de communication, l'image n'est pas accessoire. Mbappé cherche à exprimer son mal-être. Harcelé par les journalistes sur son management déroutant, Luis Enrique s'agace : « Vous posez la même question chaque semaine, c'est fatigant. Si vous ne comprenez pas mes décisions, je m'en fiche. »

Titulaire en demi-finale de Coupe de France contre Rennes, Mbappé manque un penalty avant d'inscrire le but de la qualification trois minutes plus tard. Contre Clermont, il entre à l'heure de jeu et délivre la passe décisive de l'égalisation à Gonçalo Ramos. Face à l'OL, il ne joue pas.

S'il a perdu son statut en championnat, Mbappé reste indéboulonnable en Ligue des champions. Il est titulaire lors des deux affiches du quart de finale remporté contre le Barça. À l'aller, les Catalans s'imposent 3-2 au Parc, sans but du Bondynois. Ce dernier réalise un match très moyen. Est-ce un manque de confiance à cause du coaching punitif de Luis Enrique ? Est-ce le manque de rythme qui pèse dans ses jambes ? Il est vrai qu'à

25 ans, il n'a jamais été habitué à jouer si peu. Depuis le huitième de finale contre la Real Sociedad, il a joué en moyenne 50 minutes par match. Un temps de jeu insuffisant pour avoir l'intensité habituelle. « Je l'ai trouvé éteint et malheureux », constate tristement Habib Beye au micro de Canal+. « Il joue dans son coin, déconnecté de ses partenaires, comme s'il n'était pas intéressé », abonde Samir Nasri.

Au retour, au stade olympique de Montjuic, Paris gagne 4-1, avec un doublé décisif de Mbappé dans la dernière demi-heure. Après l'avoir fait tant de fois depuis qu'il évolue au PSG, c'est la dernière fois que Kylian Mbappé joue le rôle du sauveur sous le maillot rouge et bleu. Il permet en outre aux supporters parisiens de prendre leur revanche sur la Remontada de 2017.

Assuré du titre de champion de France, le PSG affronte le Borussia Dortmund en demi-finale. La question brûle les lèvres des commentateurs : Mbappé réussira-t-il à remporter la Ligue des champions avant de quitter la France ?

Face à Dortmund – qui n'est pas favori – l'occasion est belle d'aller disputer une finale face au Real Madrid, le probable futur club de la star française.

Le 1er mai 2024, Paris ne fait pas le travail en perdant le match aller dans la Ruhr (1-0). Mbappé passe totalement à côté de son match, butant sur les poteaux allemands. À la sortie du stade, les observateurs les plus tatillons s'inquiètent de ne pas voir Kylian Mbappé monter dans le bus parisien, alors que celui-ci rejoint l'aéroport. Tout prend des proportions extraordinaires quand il s'agit du capitaine de l'équipe de France. Celui-ci était simplement retenu au contrôle antidopage et a rejoint ses coéquipiers en voiture. Comme au tour précédent, Mbappé est critiqué dans les médias. « Il dessert son équipe, il ne rend pas meilleur les autres et il n'est pas efficace. Il fait même déjouer quelques coéquipiers. Quand tu es numéro 9, tu dois te créer des occasions[1]. »

« La pression, on en est conscients, mais le groupe est extrêmement serein. On est confiants et on est sûrs qu'on va remonter ce score et qu'on va se qualifier pour la finale. » Kylian a raison : avec un seul but de retard, le PSG a une belle marge de manœuvre pour renverser la situation. À l'inverse, c'est une déception de plus pour le peuple rouge et bleu. Sur son côté gauche préférentiel, Mbappé est maladroit, perd onze ballons en première période, et ne tire qu'une seule fois. Son langage non-verbal est anormalement négatif, quand on le voit boitiller ou immobile, mains sur les genoux. En fin de match, repositionné en pointe après l'entrée de Barcola, il heurte la barre transversale. Paris s'incline 1-0.

2-0 sur l'ensemble des deux matchs. Rien à dire. « On n'a pas mis tous les ingrédients qu'il faut pour aller en finale de Ligue des champions », constate amèrement le buteur muet, qui ne cherche pas d'excuses : « Je n'aime pas trop parler de malchance. Quand on est bon, ça ne tape pas le poteau et ça va dedans. [...] Quand on parle d'efficacité dans les surfaces, je pense que je suis le premier visé. Je suis le gars qui doit marquer des buts, qui doit être décisif. Quand ça se passe, je prends toute la lumière. Quand ça ne marche pas, il faut prendre toute l'ombre aussi. Il n'y a pas de problème avec ça, je pense que le premier qui devait marquer ce soir, c'était moi. »

1. Jérôme Rothen, RMC, *Rothen s'enflamme*, 2 mai 2024.

La quête restera inachevée. Kylian Mbappé ne remportera pas la Ligue des champions avec le PSG.

Une page se tourne. Trois jours après l'élimination, le 10 mai 2024, le joueur annonce son départ du club dans une vidéo postée sur ses réseaux sociaux.

« Bonjour à tous. Je voulais m'adresser à vous. Depuis le temps que j'avais prévenu que je voulais m'adresser à vous quand le moment serait venu. Voilà, c'est ma dernière année au Paris Saint-Germain. Je ne vais pas prolonger et je vais terminer mon aventure dans quelques semaines. Je vais jouer mon dernier match au Parc des Princes. C'est beaucoup d'émotions, beaucoup d'années où j'ai eu la chance et l'immense honneur de faire partie du plus grand club de France, l'un des meilleurs clubs du monde, qui m'a permis d'arriver ici et de connaître ma première expérience dans un club avec beaucoup de pression, de grandir comme joueur en côtoyant certains qui étaient les meilleurs de l'histoire, de grands champions. De grandir en tant qu'homme aussi avec toute la gloire et les erreurs que j'ai pu faire. Je voudrais remercier mes coéquipiers, l'ensemble des entraîneurs, Unai Emery, Thomas Tuchel, Mauricio Pochettino, Christophe Galtier et Luis Enrique. Les directeurs sportifs, Leonardo et Luis Campos de m'avoir toujours accompagné. L'ensemble des gens du club, ce que les gens ne voient pas, les gens de l'ombre, les kinés, les intendants, les gens de la performance, ceux dans les bureaux et au campus. Il y a des personnes qui sont formidables, donnent tout pour le club, et qui méritent d'avoir cette reconnaissance. Malgré tout ce qui peut se passer en dehors, tout ce nuage médiatique, il y a vraiment des amoureux du club qui veulent le faire briller et le défendre. Et ça fait plaisir. Je sais qu'avec toutes ces

personnes, le club est entre de bonnes mains. C'est difficile, je ne pensais que ça serait aussi dur d'annoncer ma décision de quitter mon pays, la France, la Ligue 1, un championnat que j'ai toujours connu. Mais je pense que j'avais besoin de ça, d'un nouveau challenge après sept années. C'est difficile, mais je voudrais aussi remercier les supporters par-dessus tout. Je sais que je ne suis pas le plus démonstratif, je n'ai pas toujours été à la hauteur de l'amour que vous m'avez donné pendant 7 ans. Mais je n'ai jamais voulu tricher et j'ai toujours voulu être performant. Le PSG est un club qui ne laisse personne indifférent. On peut l'aimer et le détester. J'ai choisi de l'aimer. Je l'ai fait pendant 7 ans avec des hauts et des bas. Mais à aucun moment je ne regrette d'avoir signé dans ce club prestigieux. C'est un club que je vais garder dans ma mémoire toute ma vie. Je dirais à tout le monde que j'ai eu la chance de jouer ici et maintenant, je ne serai plus un joueur, mais je vais continuer à regarder les matchs, car c'est un club qui va toujours m'intéresser. Et je continuerai à m'intéresser de près à l'actualité du club. C'était moi avec mes qualités et mes défauts, mais j'ai essayé de donner la meilleure version de moi-même pendant ces 7 ans. Mais avant tout, je veux vous dire merci, car sans vous, je n'aurais pas pu vivre la moitié de toutes les émotions que j'ai vécues. Je suis reconnaissant à vie. Donc merci à tous, j'espère que l'on va terminer cette année avec un trophée, qu'on va passer de bons moments, mais sachez que vous resterez dans mon cœur pour toute la vie. Ici, c'est Paris et au revoir. »

Vous pouvez lire et relire ce message. N'y voyez pas une erreur de retranscription de notre part. Kylian

Mbappé a « oublié » de mentionner Nasser Al-Khelaifi, son président, dans son message d'adieu.

Quelques heures après la publication du message, Kylian s'invite à un barbecue du Collectif Ultras Paris (CUP), en présence de 300 supporters. Le dimanche soir, le CUP rend hommage au meilleur buteur du PSG, en déployant une première banderole (« Enfant de la banlieue parisienne, tu es devenu une légende du PSG ») puis un immense tifo représentant Mbappé et sa célébration de but, portant le maillot traditionnel du PSG, et des lauriers le consacrant comme un roi éternel du Parc des Princes. Un hommage qui n'arrache pas de larmes comme lors des adieux de Raï en 1998. Quelques sifflets ont même accompagné le nom Mbappé au moment de l'annonce de Michel Montana, la voix du Parc. *A minima*, cela signifie l'absence d'unanimité. Sur le terrain, le cœur n'y est pas non plus. Kylian Mbappé célèbre son ultime but sous le maillot rouge et bleu, mais Paris s'incline (1-3).

Non retenu pour les deux derniers matchs de Ligue 1 à Nice et à Metz, le futur ex-Parisien brille sous les feux du Festival de Cannes, en compagnie d'Ousmane Dembélé. Puis, il dispute son dernier match au Stade Pierre-Mauroy, pour la finale de la Coupe de France, face à l'OL. Discret, Mbappé ne marque pas, mais le PSG s'impose (2-1).

Mbappé quitte le PSG les poches remplies de trophées : 6 titres de champion de France, 4 coupes de France, 2 coupes de la Ligue, 3 trophées des champions, une finale de Ligue des champions, pour un total de 308 matchs, 256 buts et 96 passes décisives.

Mais aussi, beaucoup de ressentiment.

En cause, notamment, la « guerre numérique » que le Paris-Saint-Germain aurait livré à son propre joueur, lorsque celui-ci hésitait à prolonger. En 2022, Mediapart révèle l'existence d'une « armée de trolls virtuels » potentiellement mise en place par le service communication du PSG afin de nuire à l'image de plusieurs personnes qui dénigreraient le club, à commencer par son meilleur buteur. Cela passerait par la création de faux comptes Twitter, mais le club nie fermement cette troublante initiative. Mbappé, lui, a publiquement botté en touche : « Je suis joueur de foot, le plus important pour moi est de jouer et de donner le meilleur de moi-même sur le terrain. Si je commence à trop m'éparpiller, je vais me fatiguer très vite. Quand tu joues au PSG, tu sais dans quoi tu t'embarques, ce que ça va impliquer dans le bien et dans le pas bien. »

Et désormais, il ne reste plus que le négatif.

Kylian Mbappé réclame au PSG le règlement de 55 millions d'euros d'arriérés de primes et de salaires. Cette somme correspond à ses salaires d'avril, mai et juin 2024, la prime de fidélité datant de septembre 2023, et le dernier tiers de la prime de signature dû en février 2024. Le club se défend en rappelant l'accord oral passé avec la famille à l'été 2023. Mais le clan Mbappé rétorque que les engagements du PSG n'ont pas été tenus puisque le joueur a souvent été écarté du groupe en deuxième partie de saison (11 matchs joués dans leur intégralité sur les 21 derniers, sans suspension ou blessure à signaler). Mbappé a sollicité la commission juridique de la LFP. Dans un premier temps, celle-ci a proposé une médiation, acceptée par le PSG, mais refusée par la famille, qui a souvent prouvé sa détermination. Après analyse des éléments du dossier, la commission juridique a donc enjoint le Paris-Saint-Germain à payer les 55 millions sous huitaine… ce qui n'a pas été effectué. Le club refuse de payer et l'assume dans un communiqué : « Compte tenu des limites du champ juridique de la commission pour prendre une décision complète sur ce dossier, l'affaire doit désormais être contestée devant une autre juridiction. Le PSG se réjouira de présenter l'ensemble des faits au cours des mois et de l'année à venir. » Une longue bataille juridique s'annonce. Si l'affaire est portée devant le tribunal des Prud'hommes, elle pourrait prendre fin dans plusieurs années. Outre de lourdes pénalités financières, le PSG risque une interdiction de recrutement et des sanctions de la part de l'UEFA.

Juste avant le début de l'Euro, le 4 juin 2024, le capitaine de l'équipe de France s'exprime pour la première fois sans langue de bois sur l'épreuve morale qu'il a vécu lors de ses derniers mois au PSG. Si, en introduction de la conférence de presse, il précise qu'il ne répondra « à aucune autre question que sur le sujet de l'équipe de France », il semble en avoir lourd sur le cœur et glisse quelques révélations, de façon crescendo.

Verbatim.

« En début de saison, je pensais ne pas jouer. À partir du moment où j'ai foulé la pelouse, je pense que c'est une saison réussie. Je suis plus fier de cette saison-là quand je sais tout ce que j'ai dû traverser pour jouer. Et même si en termes de performances, elle est un peu moins dans mes standards, je pense que c'est la meilleure saison de ma carrière. »

« On m'a dit en pleine face que je n'allais pas jouer, on m'a parlé violemment, donc j'étais persuadé que je n'allais pas jouer. Luis Enrique et Luis Campos m'ont sauvé. Sans eux, je n'aurais jamais remis un pied sur le terrain. C'est pour ça que mon ambition cette année-là était différente. C'était moins haut dans mes standards, mais juste jouer, répéter les matchs et gagner des trophées a été ma plus grande fierté. »

« Je n'étais pas malheureux au PSG. Ce serait cracher dans la soupe. Il y a des choses et des gens qui m'ont rendu malheureux, mais il y a des choses que je ne pouvais pas montrer parce que j'étais un leader et qu'on ne suit pas quelqu'un qui traîne son spleen. Ce serait un peu bâtard de venir et cracher, dire que j'étais malheureux au PSG, mais il y a des choses là-bas qui m'ont rendu malheureux. »

« Je suis très grassement payé pour jouer au football. Il y a des gens qui sont payés beaucoup moins pour aller à l'usine. C'est assez déplacé que moi, Kylian Mbappé, je me plaigne devant le monde alors qu'il se passe des choses horribles dans le monde. C'est mon éducation. »

Et l'attaquant français de préciser qu'en temps voulu, il racontera plus longuement ce qu'il a vécu lors de la saison 2023/24. On comprend en tout cas que ses griefs sont tournés vers le président Al-Khelaifi, et que « l'ordre » de ne pas faire jouer Mbappé en deuxième partie de saison venait d'en haut.

Depuis le triste épilogue du feuilleton, le président Macron n'a plus fait de commentaires. En revanche, l'ex-président Sarkozy a regretté le meilleur buteur de l'histoire de son club : « Kylian a donné 7 ans au club, on ne doit pas l'oublier. Il nous a donné des émotions extraordinaires. Il illustre ce que nous avons tous comme tentation : on pense toujours que l'herbe est plus verte ailleurs. Je peux comprendre qu'il ait eu envie de partir, je peux comprendre son rêve, mais je comprends plus difficilement la manière dont il l'a mis en œuvre[1]. » Avec du recul, dans une interview accordée à *Clique*[2], l'attaquant a d'ailleurs reconnu qu'il aurait dû se montrer plus « expressif » envers les supporters parisiens qui n'avaient pas conscience de l'enfer qu'il vivait à l'intérieur du club : « J'ai tout confondu, car les supporters, les autres joueurs et les salariés du Campus PSG n'étaient pas concernés par le conflit. » Malgré les assiettes brisées, Mbappé assure qu'il regarde chaque match du PSG en intégralité et qu'il reste viscéralement attaché au club de sa ville et à son stade, le Parc des Princes, dont il connaît « chaque brin d'herbe ».

1. *Le Parisien*, 21 septembre 2024.

2. Le 8 décembre 2024.

12

Les deux fois où il a manqué de claquer la porte des Bleus

Après la gloire des débuts, tout n'a pas été rose, en bleu, pour Kylian Mbappé.

Au lendemain du titre mondial en Russie, le groupe s'est légèrement délité dans une lutte d'ego entre Antoine Griezmann et Kylian Mbappé. En jeu ? Le Ballon d'or, distinction individuelle ultime des footballeurs. Le Bondynois n'a jamais caché, depuis le début de sa carrière, qu'il ambitionne de le remporter. C'est d'ailleurs pour cela que ses conseillers tentent parfois d'ajouter des « clauses Ballon d'or » pour faire gonfler son salaire. Griezmann, troisième de l'édition 2016 derrière les intouchables Ronaldo et Messi, en rêve aussi.

À l'issue du Mondial, les favoris pour succéder à Lionel Messi, et devenir ainsi le premier lauréat « normal » (ni Messi, ni Ronaldo) depuis Kakà en 2007, sont annoncés en France et en Croatie, les deux finalistes du Mondial. Du côté de la nation au drapeau à damiers, l'identité du candidat ne fait aucun doute, car le maître à jouer Luka Modric a aussi remporté la Ligue des champions avec le Real Madrid. En revanche, la FFF ne présente aucun consensus. Trois noms s'étalent à parts égales comme les couleurs bleu, blanc et rouge du drapeau français. Raphaël Varane, défenseur central exemplaire, buteur en quarts contre l'Uruguay et lauréat de la Ligue des champions avec le Real ; et les deux co-meilleurs buteurs de la compétition, Antoine Griezmann et Kylian Mbappé. Les « pro-Kiki » arguent du nombre de penalties (3 sur les 4 buts) inscrits par le joueur de l'Atlético, mais les « pro-Grizou » soulignent les deux passes décisives du Mâconnais. Dans France Football, Mbappé met le feu aux poudres en répondant à une question sur la récompense : « Dans mes favoris pour le Ballon d'or, je mettrais Ronaldo, Modric, Varane, Neymar…et moi. »

Revers gagnant de Griezmann dans L'Équipe Mag :

— Mbappé, c'est un extraterrestre ?

— Il est bon.

Ambiance. D'une génération différente, les deux attaquants n'ont jamais été les meilleurs amis du monde. La star de l'Atlético a peut-être pris ombrage de l'arrivée fulgurante d'un prodige dans « son » équipe. Après sa première grande compétition en 2014, Griezmann est devenu le leader d'attaque des Bleus depuis l'Euro 2016. Il est le premier nom couché par Deschamps, l'homme de base de l'animation offensive. Un statut appelé à évoluer progressivement avec le leadership naturel de Mbappé.

Finalement, Luka Modric remporte le Ballon d'or, avec 26,14 % des suffrages, devant l'éternel Cristiano Ronaldo (16,52 %), Antoine Griezmann (14,37 %) et Kylian

Mbappé (12,04 %). Raphaël Varane est 7e (4,20 %). En réalité, il se produit le même phénomène que celui qui a provoqué la traumatisante défaite de Lionel Jospin à l'élection présidentielle de 2002, offrant un second tour surprise à Jean-Marie Le Pen. Quand il y a trop de candidats du même camp, les voix s'éparpillent. *A contrario*, le deuxième croate du classement, Ivan Rakitic, est seulement 19e avec 0,14 %. Si l'on ajoute les points de Griezmann et Varane au total de Mbappé, ce dernier aurait remporté le Ballon d'or. Une équation valable dans les deux autres sens. Au Grand Palais, Antoine Griezmann a la tête des mauvais jours, alors que Mbappé affiche son sourire de jeune premier pour recevoir, des mains de David Ginola, le trophée Kopa du meilleur jeune.

Avant l'Euro 2021, les deux leaders des Bleus s'opposent publiquement sur la hiérarchie des tireurs de penalties. Dans Téléfoot, Griezmann confirme qu'il est toujours le tireur désigné (« Je pense que pour le coach et pour moi-même, je suis le tireur N° 1 »), mais quelques jours plus tard, Mbappé rétorque, sourire malicieux aux lèvres : « J'ai entendu "'Grizi" parler de ça, mais le coach n'a rien dit. Peut-être que j'ai loupé ça ? Ou que je n'étais pas là ? Mais pour l'instant, il n'y a pas de hiérarchie. Peut-être que le coach en fera une. Mais pour l'instant, il n'y en a pas. »

Ces bisbilles n'empêchent pas le Bondynois d'empiler les buts en sélection. À chaque match, ou presque, il atteint un nouveau record : premier joueur à atteindre la barre des 10 buts avant son vingtième anniversaire ; premier joueur de 20 ans à marquer 12 buts en bleu (en 30 sélections) ; centième but de sa carrière professionnelle, à

20 ans, contre Andorre ; trois buts et trois passes décisives lors des éliminatoires de l'Euro 2020.

L'année 2021 est la plus rude de Kylian Mbappé en équipe de France. Lors de la préparation, Karim Benzema effectue son retour. La complicité technique entre l'attaquant du Real et celui du PSG est aussitôt évidente. Le perdant de l'histoire s'appelle Olivier Giroud. Le champion du monde 2018, qui vise le record de buts en sélection de Thierry Henry, s'en émeut sur la Chaîne L'Équipe. Après France-Bulgarie, Bertrand Latour lui fait remarquer qu'en dehors de ses deux buts, il l'a trouvé très discret sur le terrain. Et Giroud allume la mèche :

— Discret, parce que parfois, on fait des courses et les ballons n'arrivent pas. Je ne prétends pas faire toujours les bons appels, mais je me suis évertué à donner des solutions dans la surface et pour le coup, j'ai eu de bons ballons de Ben (Pavard) et de Wissam (Ben Yedder), j'ai pu bien finir.

— C'est marrant, je te sens amer et frustré, tu aurais aimé en marquer davantage ?

— Pas du tout, mais vous dites qu'on ne m'a pas beaucoup vu au début. Peut-être qu'on aurait pu mieux se trouver…

Sans prononcer son nom, Kylian Mbappé est évidemment visé. Et cette déclaration va passablement agacer le jeune Parisien. Ce dernier regrette ces reproches jetés sur la place publique, alors que Giroud ne lui a strictement rien dit dans le secret du vestiaire. Furieux, Kylian veut s'exprimer dès le lendemain en conférence de presse, mais essuie le refus de Didier Deschamps, car Emmanuel Macron rend visite aux Bleus à Clairefontaine. Pendant trois jours,

Mbappé ronge son frein, quitte à bouder dans sa chambre, seul pendant presque toute une journée, sans partager le moindre temps avec ses coéquipiers. Vexé, « enragé », il laisse même entendre que s'il dérange, il peut rejoindre sa catégorie d'âge pour disputer les Jeux olympiques de Tokyo, un tournoi auquel il voulait d'ailleurs participer en plus de l'Euro. Durant ce conflit, Didier Deschamps et Paul Pogba jouent le rôle de médiateurs. Olivier Giroud reconnaît son erreur de communication et Mbappé est finalement autorisé à s'exprimer, deux jours avant le début de la compétition : « Moi, quand j'ai quelque chose à dire à quelqu'un, je lui dis et ça reste dans le vestiaire. J'ai été affecté, mais on ne va pas en faire toute une histoire, car on est ici pour représenter l'équipe de France et cela reste le plus important. On a une grande compétition et ce sont pas de petites broutilles qui vont perturber notre préparation. Lui et moi, on a un objectif commun. » À son tour face à une nouvelle question piège de Bertrand Latour, Mbappé répond de façon intelligente, avec le sourire, en remettant le football au centre du jeu. Le sniper de L'Équipe lui fait remarquer qu'il effectue toujours plus de passes à Benzema et Neymar qu'à Giroud : « Ce sont des joueurs complètement différents ! *[rires]* On parle de Neymar qui touche 150 ballons par match, de Benzema qui en touche 80, et d'Olivier qui en touche beaucoup moins de par son profil. C'est sûr que si vous comptez le nombre de passes, j'en ferai toujours beaucoup moins à Olivier. Mais ça ne veut pas dire que je ne regarde pas Olivier. C'est juste que son profil est différent. Karim vient décrocher à 40 mètres du but pour toucher des ballons quand Olivier préfère rester présent dans la surface pour les derniers ballons. C'est un peu malsain de dire les choses sans les dire. En gros, tu sous-entends que je veux pas faire de passes à Giroud ? »

La France traverse l'Euro dans cette atmosphère maussade, obtenant une seule victoire contre l'Allemagne, grâce à un but contre son camp de Mats Hummels (1-0). Les Bleus sont tenus en échec par la Hongrie (1-1, but de Griezmann) et le Portugal de Ronaldo (2-2, doublé de Benzema). En huitièmes de finale, alors que la France mène 3-1 grâce à un doublé de Benzema et un but de Pogba, la Suisse égalise dans les dix dernières minutes dans un scénario catastrophe qui rappelle ceux si souvent subis par le PSG en Ligue des champions depuis cinq ans. Après une prolongation stérile, la séance de tirs au but doit départager les deux voisins d'Europe de l'Ouest. Pogba, Giroud, Thuram et Kimpembe transforment leur tentative, au même titre que les cinq Suisses. Mbappé, dans un rôle de cinquième tireur (se rêvait-il en héros de la séance ?), manque son penalty. Jan Sommer repousse le ballon de sa main opposée. La France est éliminée. Le triomphe extatique de Moscou semble déjà si loin. Le Parisien rentre au vestiaire tête basse, seul, sans être chaudement réconforté par ses coéquipiers. Alors qu'on l'imaginait tutoyer le record de Michel Platini (9 buts à l'Euro 84), Mbappé est resté muet tout au long du tournoi (mais avec une passe décisive, et en étant impliqué sur cinq des sept buts tricolores).

Dans les heures qui suivent l'élimination, Kylian est la cible d'insultes racistes sur les réseaux sociaux. Au cours d'un bref rendez-vous dans le bureau du président de la FFF, rue de Grenelle, il reproche à Noël Le Graët le manque de soutien et émet son souhait de quitter l'équipe de France. « Je me suis dit : "Je ne peux pas jouer pour des gens qui pensent que je suis un singe. Je ne jouerai plus". Mais après, j'ai pris le temps de la réflexion avec toutes les personnes qui jouent avec moi et m'encouragent. Et je pense que ce n'est pas un bon message d'abandonner. Parce que je pense que je suis un exemple pour beaucoup de monde. Je n'ai pas lâché l'équipe nationale parce que c'est un message à la jeune génération de dire : "On est plus fort que ça"[1]. »

À la rentrée, Kylian Mbappé sort blessé face à la Bosnie, et quitte le rassemblement national. Il laisse ainsi la lumière à Griezmann, qui marque trois buts en trois matchs. En octobre, il tire le bilan dans un entretien fleuve au Mag de L'Équipe, et une fois de plus, on devine les émotions négatives qui l'ont traversé durant toute cette période : « Je n'ai jamais touché un euro pour jouer en équipe de France et je jouerai toujours gratuitement pour mon pays. Surtout, je n'ai jamais voulu être un problème. Mais à partir du moment où j'ai ressenti que je commençais soi-disant à devenir un problème et que les gens me ressentaient comme un problème… Le plus important, c'est l'équipe de France, et si l'équipe de France est plus heureuse sans moi, c'est comme ça. » Mbappé, un problème, vraiment ? « C'est ce qu'on m'a fait ressentir et c'est ce que j'ai ressenti. Le message que j'ai reçu, c'est que mon ego nous faisait perdre, que je voulais prendre trop de place, et que sans moi, donc, on aurait peut-être gagné[2] ».

1. *Sports Illustrated*, décembre 2022.

2. *L'Équipe Mag*, 4 octobre 2021.

13

Président Mbappé VS Président Le Graët : victoire par K.-O. !

Le 28 février 2023, Noël Le Graët démissionne officiellement de son poste de président de la Fédération française de football (FFF). Sa tête était mise à prix depuis plusieurs mois, mais c'est Kylian Mbappé, grâce à son influence « présidentielle », qui a appuyé sur la détente, quand il l'a décidé. Retour sur les différents conflits qui ont opposé le président de la « 3F » au jeune champion du monde.

Jamais avare de compliments au sujet de l'attaquant parisien, le dirigeant breton s'est cependant rapidement aperçu que Mbappé n'entrait pas dans la catégorie des joueurs qui marquent des buts, empochent les primes et se taisent. Mbappé, comme on le verra plus tard, a un avis sur tout, reverse à des associations toutes ses primes de match, et entend peser sur les décisions qui concernent son image.

En mars 2022, lors d'un rassemblement à Clairefontaine, le champion du monde refuse de participer à une séance photo organisée pour des sponsors de l'équipe de France. « Le football, il a changé, et ça me paraît juste de donner un droit de regard sur notre nom, à quoi il est associé. Je ne demande pas grand-chose, j'ai le droit de gérer ma carrière comme je l'entends, avec les valeurs que je veux prôner. » Conscient de son influence auprès de la jeunesse, Mbappé refuse de promouvoir de l'alcool, des sodas, de la malbouffe ou des sites de paris en ligne. Qui pourra le lui reprocher ?

Lorsqu'ils entrent en sélection, les joueurs signent une convention (rédigée en 2010) qui régit les droits à l'image, permettant aux marques qui sont sous contrat avec la FFF de bénéficier de l'image des joueurs. Mbappé, qui avait signé ce texte en 2017, entend l'amender, car il refuse de participer à des campagnes publicitaires pour des marques dont il ne partage pas les valeurs. S'entame alors un bras de fer entre le dirigeant autoritaire et l'attaquant obstiné. Le 1er juin, le président rencontre Fayza Lamari et Me Delphine Verheyden. Un médiateur est nommé… en vain.

« Rien ne changera avant la Coupe du monde », assure NLG le 19 septembre. Le lendemain, en représailles, Mbappé refuse de participer aux opérations publicitaires. Une réunion est organisée en urgence, en présence du service marketing, de Didier Deschamps et de joueurs-cadres comme Hugo Lloris et Raphaël Varane. Dans la soirée du 20 septembre, l'ex-président de Guingamp est contraint de se plier aux ordres du « Président Mbappé », et annonce que la FFF s'engage à réviser la convention. Juste avant le Mondial au Qatar, avec l'aide du capitaine Hugo Lloris, un nouveau texte est accepté par Kylian Mbappé et ses coéquipiers. Cet épisode est le premier désaveu de Le Graët : dirigeant expérimenté qui a tout connu dans le foot, il a cédé aux exigences d'un joueur de 23 ans.

L'été précédent, après l'Euro raté, il avait déjà passablement agacé Mbappé en révélant publiquement la teneur de leur entretien privé, lorsque le joueur avait exprimé ses doutes quant à son avenir en bleu. Surtout, le Bondynois avait mal vécu la légèreté du président breton, qui avait comparé les insultes racistes humiliantes subies par Mbappé à de simples critiques pour un penalty manqué.

En janvier 2023, Noël Le Graët est dans la tourmente : accusations de harcèlement sexuel et moral, polémiques après des propos inconséquents sur les conditions de travail des ouvriers au Qatar, pression mise par la ministre des Sports, Amélie Oudéa-Castera…

Le 9 janvier, invité de l'émission Bartoli Time sur RMC, Le Graët manque de respect à Zinédine Zidane, donnant l'impression de ne plus contrôler ses propos. Interrogé sur la possibilité de recruter l'ancien numéro 10 des Bleus à la place de Deschamps, et sur la rumeur de Zidane à la tête du Brésil, le Breton fait bondir tous les auditeurs : « Je ne l'aurais même pas pris au téléphone. Pour lui dire quoi ? Bonjour monsieur, ne vous inquiétez pas, cherchez un autre club, je viens de me mettre d'accord avec Didier ? […] Il fait ce qu'il veut, cela ne me regarde pas. Je ne l'ai jamais rencontré et on n'a jamais envisagé de se séparer de Didier Deschamps. J'en ai rien à secouer, il peut aller où il veut, dans un club, il en aurait autant qu'il veut en Europe, un grand club. Une sélection, j'y crois à peine en ce qui me concerne. »

Mis au courant des propos de son président, Kylian Mbappé lance l'attaque fatale, quelques heures après l'interview : « Zidane, c'est la France, on manque pas de respect à la légende comme ça... » Avec un smiley qui en dit long sur l'état d'accablement du joueur après avoir écouté cet entretien lunaire.

En deux jours, le tweet de Mbappé est vu plus de 100 millions de fois. Parmi ses abonnés, les membres du comité exécutif de la FFF, qui actent la mise en retrait de Noël Le Graët le 11 janvier, avant son inéluctable démission. « Je sais que mes paroles font grand bruit, c'est aussi pour ça que je me suis exprimé. Il faut remercier le président pour ce qu'il a fait, car il n'a pas fait que des choses négatives. » Après la victoire par K.-O., la paix des braves.

14

Un triplé en finale

Kylian Mbappé, comme Just Fontaine ? « Les records sont faits pour être battus », sourit régulièrement le numéro 10 des Bleus. Forcément, la marque dite « intouchable » de 13 buts du Rémois lors du Mondial 1958 titille le Bondynois, qui est probablement le seul joueur du monde à pouvoir accomplir cet exploit d'un autre siècle, puisque Erling Haaland n'a pas l'entourage nécessaire en Norvège.

Un an avant de s'y attaquer, le 13 novembre 2021, Kylian Mbappé rappelle les statisticiens à leur bon souvenir en marquant un quadruplé contre le Kazakhstan (8-0), dans son jardin du Parc des Princes, en match de qualification pour le Mondial 2022. Il devient ainsi le premier international français à valider un quadruplé depuis Fontaine, justement lors du Mondial suédois en 58 (face à la RFA, 6-3). « Je veux marquer l'Histoire de mon pays, j'essaie de le faire petit à petit[1]. »

La France se qualifie aisément et défendra son titre lors du Mondial au Qatar, exceptionnellement organisé en

1. La Chaîne L'Équipe, 13 novembre 2021.

hiver, du 20 novembre au 18 décembre 2022. Si Mbappé n'a pas marqué lors des six premiers matchs des éliminatoires, il termine bien avec son quadruplé, puis un but contre la Finlande, lors du dernier match (2-0).

« Jouer une nouvelle Coupe du monde, c'est un rêve qui se réalise encore. On va essayer de faire le back-to-back[1]. »

En coulisses, les mois précédant le Mondial qatari ont été agités. Outre le bras de fer autour de la convention des droits à l'image et une campagne de Ligue des nations ratée, le groupe tricolore a essuyé une rude polémique avec les étranges accusations de « maraboutage ». L'affaire concerne Paul Pogba au premier chef. Le milieu de terrain est impliqué dans un imbroglio familial mêlant son frère Mathias et un certain nombre de proches ou ex-proches qui auraient tenté de lui extorquer de l'argent. Et, décidément, comme si une prophétie disait que le nom « Mbappé » devait être cité dans n'importe quelle situation, Didier Deschamps a la désagréable surprise de découvrir une déclaration de Mathias Pogba, accusant son frère d'avoir payé un marabout pour jeter un sort à Kylian Mbappé ! C'est grotesque, mais cela pollue l'atmosphère autour de l'équipe de France. Quoi qu'il en soit, Pogba est blessé, ce qui évite peut-être quelques querelles. Encore plus embêtant, la blessure de N'Golo Kanté, forfait pour le Mondial. Deschamps doit recomposer son milieu de terrain. Chez les Bleus, c'est l'hécatombe. Blessé aussi, Karim Benzema quitte le rassemblement à la veille du match d'ouverture.

Comme en 2018 – joli présage, non ? – la France joue son premier match contre l'Australie. Tchouaméni et

1. La Chaîne L'Équipe, 13 novembre 2021.

Rabiot composent le milieu de terrain *new look*, avec Griezmann en numéro 10, Mbappé à gauche, Dembélé à droite et l'inusable Giroud en pointe. La compétition commence mal. Le bien nommé Goodwin[1] ouvre le score pendant que Lucas Hernandez s'écroule. Son genou droit a vacillé. Tournoi terminé pour le latéral champion du monde. La France s'impose finalement 4 à 1, avec un doublé de Giroud et des réalisations de Rabiot et Mbappé. Avec cette tête décroisée poteau rentrant, le Parisien rejoint déjà Zidane et Platini avec un total de 5 buts en Coupe du monde. Mbappé est également l'auteur de la passe décisive qui permet à Olivier Giroud d'égaler Thierry Henry en tête du classement des buteurs de l'histoire des bleus (51).

Face au Danemark (2-1), le doublé de Kylian Mbappé permet à la France de se qualifier dès le deuxième match. À l'heure du jeu, il marque après un une-deux avec Théo Hernandez. Puis, à la 86e, après l'égalisation danoise, reprenant du pied au second poteau un centre d'Antoine Griezmann, il assure le succès tricolore. C'est son 31e but en bleu, autant que Zidane et mieux que Fontaine et Papin. Devant ce gamin de 23 ans, les légendes tombent les unes après les autres de leur piédestal. En Coupe du monde, cela fait 7 buts, mieux que Thierry Henry… alors qu'il n'en est qu'au deuxième match de sa seconde Coupe du monde ! À l'horizon, personne devant lui, si ce n'est le record de 13 buts de Just Fontaine.

Afin de ménager les organismes, Deschamps bouleverse le onze contre la Tunisie. En France, le débat est ardent : Mbappé doit-il jouer ce match « inutile » sauf pour ses

1. En français : bonne victoire.

statistiques ? Certains observateurs font remarquer à Didier Deschamps que le joueur, bien qu'il soit gêné à une cheville (en témoigne un strap à l'entraînement), ne veut jamais se reposer pour soigner ses statistiques et son ego. Le sélectionneur sort de ses gonds : « Apparemment, son problème serait son ego parce que son ego voudrait qu'il joue. Qu'est-ce que vous en savez ? Est-ce qu'il veut jouer ? Vous ne le savez pas, moi je le sais. Kylian n'a pas d'ego. Évidemment, il est important et décisif, mais je peux vous assurer qu'il s'est toujours inscrit dans un cadre collectif avec cette capacité, par ce qu'il fait, d'être mis en lumière parce qu'il est décisif. Il n'a plus 18 ans, il a de l'expérience. Il a envie de jouer, les 24 joueurs ont envie de jouer le match de demain, mais ils ne le commenceront pas tous. Vous pouvez penser, imaginer, mais avant de prendre mes décisions, j'ai des données que vous ne pouvez pas avoir. »

Mbappé entre finalement en jeu à la 63e minute, mais n'empêche pas la défaite tricolore (1-0). Tous ceux qui ont éteint leur télévision après le coup de sifflet final ont été surpris en se réveillant le lendemain matin, car Antoine Griezmann avait égalisé. Un but validé par l'arbitre puis refusé après l'intervention du VAR, après le coup de sifflet final. Une chronologie normalement interdite par le règlement, mais la réclamation posée par la FFF n'aboutira pas. Cela ne change rien au déroulement de la compétition, la France terminant quand même première de son groupe. Antoine Griezmann est le seul impacté, car il perd un but en Coupe du monde. Ce n'est pas Kylian Mbappé qui va s'en plaindre…

À l'issue du match, le Bondynois s'avance vers Anis Ben Slimane, milieu de terrain de la Tunisie, et lui propose d'échanger son maillot avec lui dans les vestiaires. Un merveilleux cadeau pour le joueur de Brondby, dans le championnat danois. Une fois le troc effectué, Mbappé a cette phrase sympathique et énigmatique : « On se voit en Champions League ! »

En huitièmes de finale, au stade Al-Thumama de Doha, Kylian Mbappé réalise un show devant la planète entière. Face à la Pologne, il offre à Olivier Giroud son 52e but en bleu, juste avant la pause. Pour célébrer ce but historique, Mbappé saute dans les bras de son partenaire. Une manière de lui faire un cadeau, avant, dans quelques années, très probablement, de lui ravir ce record. D'autant que le Bondynois va encore gonfler ses statistiques personnelles, en seconde période, pour étouffer la Pologne. À la 74e minute, Giroud décale Dembélé, lequel sert Mbappé. Frappe surpuissante. Supersonique. Imparable. 2-0. « Le génie vient de frapper », s'enthousiasme Grégoire Margotton au commentaire.

Dans le temps additionnel, il récidive, de force, de qualité de frappe et de facilité d'exécution, visant cette fois-ci la lucarne opposée. « Il est le héros de ce début de Coupe du monde et le visage du football français pour le monde entier. » Le buteur parisien s'offre un premier doublé dans cette Coupe du monde, que, pour l'instant, il survole. Pour la deuxième fois depuis le début du tournoi, il est élu homme du match. La France s'impose (3-1) après un penalty de Lewandowski, ce fameux avant-centre que Mbappé réclamait au PSG en début de saison avant qu'il ne file à Barcelone. Au stade Al-Thumama, le DJ lance *Ramenez la coupe à la maison*, le tube de 2018. Dans le secret et la folie du vestiaire, Kylian et ses partenaires sautent, dansent et chantent au son de *Freed from desire*, l'hymne des stades composé par Gala.

En quarts de finale, la France retrouve le vice-champion d'Europe en titre : l'Angleterre. Durant cette partie, un joueur semble être en mission « anti-Mbappé ». Kyle Walker, défenseur latéral de Manchester City, est peut-être le premier défenseur au monde, depuis quatre ans, à courir plus vite que l'attaquant français et à le mettre en échec aussi souvent. « Il est comme un tank une fois qu'il atteint sa vitesse », reconnaît le Parisien. Si l'on ne peut pas dire qu'il a raté son match, tant son activité a contribué à épuiser la défense des Three Lions, le Parisien n'a pas été décisif. Tchouaméni et Giroud se sont chargés de l'être, avec Griezmann à la passe, pour éliminer l'Angleterre (2-1). Déjà buteur sur penalty, Harry Kane a obtenu un second penalty, synonyme de ballon d'égalisation à douze minutes de la fin. Lorsque l'avant-centre anglais vise au-dessus de la cage d'Hugo Lloris, Mbappé exulte rageusement. Pour sa deuxième Coupe du monde, le voici encore en demi-finale.

Dans le dernier carré, les Bleus retrouvent un adversaire surprise : le Maroc. Les Lions de l'Atlas ont réalisé l'exploit d'éliminer le Portugal de Cristiano Ronaldo (1-0). Ce dernier a quitté la pelouse en larmes, comme s'il disait adieu à son rêve de devenir champion du monde. En réponse à un message de tristesse posté par le Portugais sur Instagram, Kylian a envoyé un émoji de couronne, signifiant qu'à ses yeux, son idole était toujours tout en haut, même sans ce titre suprême. Le respect de ses modèles, toujours. Même si son palmarès défie celui des plus grands joueurs, Mbappé a conservé la classe de ses débuts.

Pour Kylian, cette demi-finale France-Maroc a des accents d'amitié, puisqu'il va affronter Achraf Hakimi, qu'il considère comme un « frère ». Les deux coéquipiers du PSG avaient d'ailleurs passé quelques heures ensemble à Doha lors d'un jour de repos commun, à la fin du premier tour. Pendant l'échauffement, au stade Al-Bayt d'Al-Khor, Mbappé manque le cadre et son ballon heurte de plein fouet le visage d'un supporter tricolore. Sonné, ce spectateur a eu la récompense de passer quelques instants avec la star, venue aussitôt présenter ses excuses et prendre de ses nouvelles.

Cette bévue était-elle un mauvais présage ?

Mbappé rate son match. Souvent la cible de fautes marocaines, il manque des contrôles, des passes. Son déchet technique l'empêche de s'ouvrir le chemin du but. Surtout, son repli défensif est encore plus faible que d'habitude. À l'heure de jeu, Deschamps intervient et recentre Mbappé dans l'axe, pour placer Thuram à gauche, dans un rôle d'ailier à qui on va surtout demander de défendre. « L'entrée de Marcus Thuram a fait du bien, car il y avait plus de monde pour aider Théo à défendre à gauche », réagit Griezmann, qui vise directement Mbappé. Pourquoi Deschamps n'a-t-il pas fait sortir le Parisien pour le punir de son manque de rendement ? Parce que le sélectionneur champion du monde sait que son meilleur joueur peut faire la différence à tout moment. Même sans marquer, Mbappé est à l'origine des deux buts français. En début de partie, c'est grâce à sa frappe contrée que Théo Hernandez a ouvert le score. Puis, dans le dernier quart d'heure, il s'organise un petit festival dans la surface, qui aboutira au but de Kolo Muani (2-0). Quatre ans plus tard, la France est en finale de la Coupe du monde.

Un back-to-back jamais réalisé depuis le Brésil (1994 et 1998). Mais attention, les Sud-Américains s'étaient inclinés la deuxième fois. Seul le Brésil de Pelé (1958 et 1962) et l'Italie d'avant-guerre (1934 et 1938) ont réussi l'exploit de conserver leur titre.

En finale, la France affronte l'Argentine. Mbappé retrouve son coéquipier du PSG Lionel Messi, l'homme aux sept Ballons d'or, mais qui n'a jamais soulevé la Coupe du monde.

France-Argentine. Stade Lusail. La plus belle finale de Coupe du monde de l'Histoire de ce jeu.

La France rêve d'une troisième étoile mondiale. Ce serait la deuxième pour Kylian, à 23 ans.

Mbappé est titulaire à gauche de l'attaque française, avec Dembélé à droite et Griezmann derrière Giroud, mais on ne voit guère les joueurs offensifs français, transparents pendant la première heure du match. Sur penalty, Messi inscrit son sixième but du tournoi, puis l'ex-Parisien Angel di Maria marque en contre. 2–0 à la mi-temps. Excédé, Deschamps a sorti Giroud et Dembélé avant même la pause, pour faire entrer Thuram et Kolo Muani. Ce dernier va sonner la révolte bleue, obtenant un penalty à la 78e minute. Quelques instants auparavant, Antoine Griezmann, épuisé, avait été remplacé par Camavinga. Kylian Mbappé tire à ras de terre, à droite du gardien (2-1, 80e). Le Parisien ramasse aussitôt le ballon dans la cage argentine et le pose dans le rond central, pour signifier à ses coéquipiers que la finale n'est pas terminée. Il reste dix minutes pour obtenir une prolongation. Mbappé en aura seulement besoin d'une, ou plus précisément, de 97 secondes. Coman gratte un ballon dans les pieds de Messi, Rabiot renverse côté gauche sur Mbappé qui s'appuie en une touche sur Thuram. Ce dernier tente une louche, qui permet à Mbappé de reprendre de volée de façon spectaculaire… et tellement importante ! Seuls les grands champions peuvent réaliser un tel geste lors d'un instant aussi crucial. Tel Zizou en finale de la Ligue des champions, Mbappé signe l'un des plus beaux buts de sa carrière et celui-ci permet à la France de renaître au cœur de cette finale complètement ratée. Les compteurs sont remis à zéro, pour une demi-heure de prolongation.

À la 107e minute, et après une première parade réflexe exceptionnelle de Lloris sur un tir puissant de Lautaro Martinez, Leo Messi redonne l'avantage à l'Argentine, inscrivant son septième but du tournoi. Le duel à distance avec Mbappé est savoureux.

À quatre minutes de la fin du match, un tir de Mbappé est contré par le coude de Montiel. Penalty. Encore ! Pour la deuxième fois du match, le Bondynois pose son ballon à onze mètres de la cage et fixe Emiliano Martinez. Toujours à droite du gardien, légèrement à mi-hauteur. Pris à contre-pied, le portier argentin avait anticipé l'autre côté.

Un triplé en finale. À lui tout seul, Mbappé porte la nation française. Dans toute l'histoire de la Coupe du monde, il n'est que le second joueur à valider un coup du chapeau dans une finale, après Geoff Hurst, pour l'Angleterre, en 1966. Mais il est aussi le seul joueur au monde à avoir marqué 4 buts en finale de Coupe du monde. Vertigineux. Au passage, c'est son huitième but du tournoi, devançant ainsi Leo Messi. Dans les tribunes avec ses parents, Ethan Mbappé exulte, fou de joie pour son grand frère autant que pour son pays.

3-3. Randal Kolo Muani a la balle de match, mais bute sur Martinez.

Séance de tirs au but.

Une pensée invraisemblable traverse nos esprits, et probablement aussi celui de Kylian : pour la troisième fois en une heure, il va tirer un penalty face au gardien argentin. Il a réussi les deux premiers. Toujours à droite du gardien. De quel côté tirer cette fois-ci ? On songe aussi au traumatisme de l'Euro 2021, et ce cinquième tir au but manqué par la star. Cette fois-ci, Mbappé tire en premier, comme Messi. Le duel se poursuit. Quoi qu'il arrive, le Français restera le meilleur buteur de la Coupe du monde 2022, mais les deux veulent par-dessus tout être champions du monde.

Mbappé s'élance… et tire à droite… encore ! Cette fois-ci, Emiliano Martinez a anticipé du bon côté et touche le ballon. Heureusement, le Français a frappé fort… et ça rentre ! L'attaquant du PSG vient d'inscrire trois penalties dans une finale de Coupe du monde. Croyez-vous qu'un scénariste de Netflix aurait pu imaginer un tel scénario ?

Sauf séance incroyablement longue, la finale de Mbappé est désormais terminée. Après avoir marqué tous les buts tricolores, il doit s'en remettre à ses coéquipiers. Mais Hugo Lloris, qui n'est pas un spécialiste de l'exercice, laisse passer les cinq tentatives argentines. Emiliano Martinez repousse le tir de Coman. Tchouaméni vise le mauvais côté du poteau. C'est encore déchirant de l'écrire deux ans plus tard : la France s'incline aux tirs au but, comme en 2006 contre l'Italie, et abandonne sa couronne mondiale à l'Argentine.

La position de Kylian Mbappé est douloureusement délicate : il vient de réussir l'une des plus grandes performances de l'histoire de notre jeu favori, mais cela n'aura servi à rien. Il n'est plus champion du monde.

« Nous reviendrons », écrit seulement le joueur sur ses réseaux sociaux. « Tête haute grand frère, tu es un modèle pour moi », lui répond gentiment Ethan. « Tu as montré au monde entier que tu étais un phénomène », poste pour sa part Marco Verratti, en légende d'un cliché représentant Mbappé effondré, sur le banc.

En effet, le Parisien est en larmes, inconsolable, à tel point que le président de la République en personne descend pour le réconforter. Ou quand le Président Macron murmure à l'oreille du Président Mbappé.

15

Comme un chef d'État

Nous l'avons déjà remarqué plusieurs fois au cours de ce livre qui conte la vie hors du commun de Kylian Mbappé. Comme un aimant, le footballeur attire le président de la République, Emmanuel Macron, et inversement. Et chacun y trouve son intérêt, sa gloriole personnelle. Ce phénomène n'est pas nouveau. Les hommes et les femmes de pouvoir aiment être entourés de celles et ceux qui attirent la lumière. Et vice-versa. Ce fut le cas pendant cinquante ans de Johnny Hallyday, systématiquement dragué par les chefs d'état, que ce soit Giscard, Chirac, Sarkozy, Hollande, et déjà Macron.

Sur la pelouse du stade de Lusail, au cœur du désespoir des joueurs de l'équipe de France, Emmanuel Macron est descendu afin de recueillir les larmes bleues de Kylian Mbappé. Le Président d'un des pays les plus puissants de la planète qui console un footballeur quelques secondes après la fin d'un match ? Du jamais-vu. Pendant la rencontre, Emmanuel Macron avait serré son poing de joie et de rage, lors du penalty du Parisien, puis tombé la veste et célébré à tout-va 97 secondes plus tard, après la volée fantasmagorique du meilleur buteur du tournoi.

Non sans avoir pris soin de réajuster son costume bleu nuit, le Président Macron descend donc sur la pelouse et, devant un milliard et demi de téléspectateurs et les photographes du monde entier, s'agenouille auprès de Kylian Mbappé. Sonné, ce dernier est comme étranger à la scène. Le Président lui tapote amicalement la tête, lui glisse des mots de réconfort à l'oreille, mais le footballeur ne répond pas. Cette scène dit beaucoup de la personnalité insubmersible de Kylian Mbappé. Beaucoup de joueurs à sa place auraient fait un « effort » pour se contenir et répondre quelques mots polis au chef de l'État. Pas lui. Kylian Mbappé est au-dessus de tout cela. Il vient de perdre la finale de la Coupe du monde alors qu'il a réalisé une performance inédite dans l'histoire du foot. Il est dépité. Désenchanté. Il laisse Emmanuel Macron le prendre dans ses bras, mais ne réagit pas. Il n'a pas envie de parler, alors il ne répond pas. Il n'a même pas un regard pour celui qu'il tient pourtant en haute estime. Le dirigeant français lui rappelle qu'il n'a encore que 24 ans, qu'il a déjà gagné une Coupe du monde et qu'il est encore assez jeune pour en gagner une autre.

« Ce qu'a fait Kylian Mbappé est extraordinaire », dira-t-il aux journalistes qui l'attendent à la sortie du vestiaire des Bleus, après la cérémonie protocolaire. Dans son discours aux joueurs, le Président s'est adressé aux plus jeunes et leur a cité Mbappé en exemple, rappelant qu'il avait manqué son tir au but en 2021, et qu'un an plus tard, il était un héros qui avait accompli des prouesses. « Vive la République et vive la France », conclut le dirigeant.

Cette « surprésence » d'Emmanuel Macron a été vivement critiquée. Certains rappelant qu'en 2016, après la défaite en finale de l'Euro, François Hollande n'était descendu ni dans les vestiaires ni sur la pelouse. « J'ai cru qu'il était sélectionneur », s'amuse Emmanuel Petit, le champion du monde 1998[1]. « J'étais au moins aussi triste que Kylian », a justifié le président.

Depuis une demi-douzaine d'années, Mbappé et Macron partagent plus que la première lettre de leur nom de famille. « C'est vraiment quelqu'un de respectueux et d'adorable avec nous. Il a été vraiment un grand homme. En 2018, il nous a accompagnés et fait la promesse de venir à la Coupe du monde. Il est venu, il nous a soutenus de toutes ses forces. On l'a vu célébrer les buts. C'est vraiment important que le président de votre pays vous soutienne à ce point. Tous les joueurs étaient fiers et ça nous a donné une raison supplémentaire pour tout donner au pays[2]. » Et alors qu'un journaliste suisse lui demande s'il est pas intimidé en présence du premier personnage de l'État, sa réponse, à dix-neuf ans, est désarmante de confiance en soi : « Jamais ! J'ai une vie de rêve, donc je n'ai pas peur. »

Le 4 juin 2019, le Président remet officiellement l'insigne de la Légion d'honneur à Kylian Mbappé et ses partenaires champions du monde. Évidemment, l'ancien ministre de l'Économie consacre une partie de son discours au prodige de Bondy. Ses mots et ses références sont soigneusement choisis, particulièrement adaptés au caractère de Mbappé. « Je me souviens de cette phrase que Cocteau avait pour Radiguet[3]. Il disait : on dit de Radiguet ou de Rimbaud que ce sont de jeunes auteurs. Ce n'est pas vrai : quand on est un génie, on n'est pas jeune. »

1. BFM TV, 18 décembre 2022.

2. RTS, 13 novembre 2018.

3. Raymond Radiguet était un poète, né en 1903 et décédé en 1923.

Néanmoins, Kylian Mbappé n'hésite pas à poser quelques limites quand il ressent le besoin. Le 14 juin 2023, Emmanuel Macron répond à un supporter du PSG dans la rue, qui lui demande si Mbappé va rester dans la capitale. « Je n'ai pas de scoop mais je vais essayer de pousser pour », répond le président. Le lendemain, le capitaine de l'équipe de France donne une conférence de presse. Le journaliste Jean-François Pérès l'interroge :

— Quelle influence peuvent avoir les propos du président de la République sur la carrière du capitaine de l'équipe de France ?

— Aucune.

De même, Kylian Mbappé a refusé d'apporter son soutien public au candidat Macron, lors de l'élection présidentielle de 2022. Pendant plusieurs mois, l'équipe du centriste a tenté de trouver un moyen d'impliquer le footballeur, mais celui-ci a finalement refusé.

En revanche, le 23 février 2024, il accepte de participer à un dîner présidentiel, au Palais de l'Élysée, en présence de l'émir du Qatar, Tamim ben Hamad Al Thani. Ce dernier est aussi le propriétaire du Paris-Saint-Germain. Vêtu d'une chemise blanche, d'une cravate rouge bordeaux aux couleurs du Qatar et d'un costume sombre caché sous un long manteau noir, Kylian Mbappé monte une nouvelle voix les marches du Palais, afin de rejoindre le Président Macron et les autres invités : Nasser Al-Khelaifi, président du PSG, Vincent Labrune, patron de la LFP, Philippe Diallo, président de la FFF, Tony Estanguet, organisateur des JO, François-Henri Pinault, directeur d'Artémis, Bernard Arnault, président de LVMH ou encore Nicolas Sarkozy, Jack Lang et Jean-Yves Le Drian. Du haut de ses 25 ans, le footballeur est installé à la table principale, plus près du couple présidentiel qu'Estanguet, Labrune et Diallo. Plus vous êtes près, plus vous êtes important… Assis juste à côté de Mbappé, le chef Alain Ducasse. Alors qu'il est en conflit avec le PSG, Mbappé sert vigoureusement la main de l'émir du Qatar. Macron s'amuse de la situation : « Vous allez encore nous attirer des ennuis ! » Tamim ben Hamad Al Thani se penche alors vers Kylian Mbappé et lui glisse à l'oreille : « Ils pensent tous que je vais te faire une offre qui ne se refuse pas, mais tu as décidé de partir et je le respecte, merci pour tout ce que tu as fait pour nous. » Plus tard, à table, « son Altesse l'émir » – c'est ainsi que Kylian Mbappé le nomme dès qu'il évoque son ancien patron – remercie le buteur parisien devant tous les convives : « Merci d'avoir prolongé jusqu'à la coupe du monde au Qatar, nous ne te remercierons jamais assez. Tu vas réaliser ton rêve au Real Madrid. Si tu as besoin de moi, je serai là. »

Au menu de ce « dîner d'État » ?

Entrée : Premières asperges blanches légèrement grillées, caviar, bouillon rafraîchi.

Plat : Homard bleu de Bretagne en habit vert, beurre baratté truffé.

Accompagnement : Pommes ratte du Touquet.

Fromage : Saint-Félicien à la truffe et Beaufort d'alpage.

Dessert : Autour de la fève de cacao « Criollo ».

Servi en l'honneur de l'émir du Qatar, ce dîner a été officiellement organisé pour évoquer la situation dramatique à Gaza, et la possibilité d'une trêve. Le football n'était qu'un enjeu secondaire, même si le Président a félicité Son Altesse l'émir pour la réussite de l'organisation du

Mondial. Et a promis qu'il ne s'était pas immiscé, cette fois-ci, dans les négociations entre Mbappé et le PSG. « Si c'était un dîner pour tenter de le retenir ? Non, pas du tout. Il n'y a pas eu de discussion là-dessus et je laisse aux dirigeants du club le soin de faire ça. C'était normal qu'il soit là, un grand champion qui a contribué à animer la finale de l'équipe de France qui s'est tenue au Qatar. Et le PSG compte tenu de son actionnariat… Cela fait quand même sept saisons au PSG ! Je pense que tous les Français admirent ce très grand joueur, mais il n'y a pas eu de discussion. » À l'issue du dîner, Kylian s'est longuement entretenu avec Brigitte Macron, la Première dame.

Puisqu'on sait déjà qu'Emmanuel Macron ne pourra pas se représenter en 2027, quelle relation Mbappé entretiendra-t-il avec le prochain président de la République ? Il dépendra peut-être de son orientation politique… ou de l'évolution de la cote de popularité du footballeur.

16

Le Président Mbappé, une marque médiatique

Lors de l'élection présidentielle de 2022, Kylian Mbappé n'avait pas pris position pour un candidat… mais avait récolé des votes !

Aux Ulis (la ville de naissance de Thierry Henry), un électeur a barré le nom de Marine Le Pen pour inscrire, au stylo, celui de Kylian Mbappé.

Dans la minuscule commune de Tallenay, dans le Doubs, Mbappé a obtenu… dix voix ! Sur 298 électeurs inscrits, cela fait un joli pourcentage. D'autant que les bulletins de vote avaient été soigneusement préparés, imprimés au bon format. Le Parisien n'a pourtant jamais joué au FC Sochaux-Montbéliard. Le maire du village, Ludovic Barbarossa, en a profité pour inviter le footballeur : « Je lance une invitation à Kylian Mbappé pour qu'il vienne ! Nous sommes à deux heures de TGV de Paris. » Les Tallenaysiens l'attendent toujours, tout comme un électeur de l'Ariège, qui a, lui aussi, voté Mbappé.

Des plaisanteries qui en disent long sur l'influence de Kylian Mbappé. D'inconnu du grand public en 2017, son nom est devenu une marque médiatique à part entière, valorisée à plusieurs millions d'euros et impactante sur le plan social, politique et économique.

Chez les Mbappé, tout est réfléchi. Imaginez-vous le nombre d'entreprises dans le monde qui seraient prêtes à signer leur plus gros chèque pour utiliser l'image du footballeur français ? Pourtant, « KM » a peu de sponsors. Ceux-ci sont soigneusement choisis, afin de répondre à des critères de haut de gamme et de correspondre aux valeurs de Kylian. Ses partenaires principaux : un équipementier sportif (Nike), un horloger (Hublot), des lunettes de soleil (Oakley), une marque de bagages (Rimowa). Le buteur est par ailleurs « ambassadeur global » de la marque Dior.

Par le passé, Kylian a aussi accolé son image à la marque d'aliments pour enfants Good Goût, « pour sensibiliser les gens à bien manger ». Lors de cette campagne, le Parisien n'hésite pas à donner de sa personne en participant à des « ateliers du goût » durant lesquels il aide des enfants à confectionner des gâteaux avec une teneur en sucre inférieure à celle des biscuits trouvés dans le commerce. « Depuis sa création, Good Goût s'engage pour mieux faire grandir les enfants en leur apprenant le plaisir de bien manger. Leur approche est très cohérente avec le projet que je mets en place pour la génération future. » Une dernière phrase très forte, quand on sait qu'elle n'est pas prononcée par un dirigeant politique, mais par un footballeur de vingt ans !

Une tonalité que l'on retrouve dans le communiqué du footballeur fraîchement arrivé au Real Madrid, qui annonce un partenariat avec le groupe hôtelier Accor, « pour faire une vraie différence pour les générations futures ». Un partenariat « de long terme » qui vise à « promouvoir la responsabilité sociale des entreprises et à soutenir les initiatives portées par Kylian Mbappé à travers le monde ». Comme pour n'importe quel autre contrat publicitaire, le footballeur fait en sorte que son association « Inspired by KM » soit citée. En effet, outre son enrichissement personnel, toutes les actions de sponsoring de la star bénéficient à son association dirigée par sa maman et ses diverses opérations caritatives. « Les enfants que je rencontre sont bluffants, ils me donnent de l'énergie pour m'investir toujours plus. Je veux faire autre chose que du foot, car le foot a une fin. Un jour, je ne jouerai plus. Et l'association doit durer, même après moi. Je veux laisser un héritage. Le football m'appartient, mais l'homme que je suis veux transmettre[1]. »

Kylian Mbappé a également tissé des partenariats dans d'autres pays, d'autres continents. Très populaire au Japon, le footballeur a représenté la marque de cosmétiques pour hommes Bulk. En Chine, il est associé au producteur laitier Mengniu. Aux États-Unis, qu'il visite régulièrement, il est le visage principal de Panini America. Plus étonnant, Mbappé monnaye désormais son image auprès de Sorare, un jeu de football en ligne qui peut impliquer des transactions financières avec des NFT. Généralement, la ligne du capitaine de l'équipe de France est claire : dans ses partenariats, pas de sites de paris en ligne, ni marques de soda, ni malbouffe. L'alcool, aussi, est proscrit par le footballeur. On se souvient de la Coupe du monde 2022, quand le trophée d'homme du match était sponsorisé par la marque de bières Budweiser. Comme il se refuse à promouvoir des boissons alcoolisées,

1. *Envoyé spécial*, France 3, 18 janvier 2024.

Mbappé ne s'est pas présenté lors de l'interview obligatoire post-match, précisant d'ailleurs qu'il réglerait lui-même l'amende – et pas la FFF – s'il devait y en avoir une. Mais, à force d'être élu homme du match, le meilleur joueur français a trouvé une solution, qui avait été initialement pensée par les organisateurs pour les joueurs musulmans, sobres en raison de leur religion. Il existait en effet une seconde version du trophée, sans la mention de la marque de bières. Une fois encore, Mbappé reste fidèle à ses convictions, jusqu'au bout, même en pleine Coupe du monde.

En dehors du football, Kylian Mbappé est aussi un redoutable entrepreneur. Dès le printemps 2017, il a ouvert avec sa famille une société d'image, intitulée KEWJF. Cinq lettres qui signifient Kylian, Ethan, Wilfrid, Jirès et Fayza. Cette dernière est la présidente, Kylian étant l'actionnaire. Les missions premières de cette entreprise ? La gestion, l'exploitation et la commercialisation des attributs de Kylian Mbappé et de sportifs de haut niveau. Par exemple, KEWJF s'occupe de la mise en vente des fameuses casquettes « KM » que le footballeur porte souvent lors de ses interviews. Une entreprise qui ne connaît pas la crise : dès son premier bilan, en 2018, elle affichait un résultat net positif de 1,196 million d'euros. Des montants qui ont régulièrement augmenté. En 2021, KEWJF produisait un chiffre d'affaires de 12 millions d'euros, avec un bénéfice net de 4,38 millions. En 2022, le CA grimpe à 17,8 millions d'euros (3,1 millions de bénéfice net). En 2023, le chiffre d'affaires est encore de 11,4 millions d'euros (2,21 en résultat net).

Le 7 décembre 2023, KEWJF change de dénomination. L'entreprise de Kylian Mbappé s'appelle désormais

Interconnected Ventures. Un nom « international » qui permet d'être actif à l'étranger, notamment aux États-Unis. Fayza Lamari n'en est plus la présidente. Elle cède sa place à Ziad Hammoud, un ancien cadre de BeIN Sports. Au sein de la chaîne franco-qatarie, le diplômé de l'ESCP Business School était responsable de la stratégie et des investissements.

Sur le plan des affaires, Mbappé n'est jamais avare de surprises. Au milieu de l'été 2024, alors qu'il vient à peine de conclure une période à la fois trouble et chargée (départ mouvementé du PSG, Euro raté avec fracture du nez, présentation au Real Madrid), le footballeur de 25 ans procède au rachat du Stade Malherbe Caen ! Via le fonds d'investissement Coalition Capital de sa société Interconnected Ventures, qui a racheté 80 % des parts du club de Ligue 2 (pour une somme comprise entre 15 et 20 millions d'euros), Mbappé devient l'un des plus jeunes propriétaires de clubs en Europe, et surtout, le premier footballeur d'envergure en activité à se lancer dans ce business. Si David Beckham, Zlatan Ibrahimovic ou le Brésilien Ronaldo l'ont fait avant lui, c'était bien après leur âge de gloire sur les terrains. Quels ont été les éléments qui ont poussé Mbappé à investir dans le SMC ? À l'heure du bouclage de ce livre, le footballeur ne s'était toujours pas exprimé. On repense évidemment aux premiers chapitres de sa vie, lorsqu'il était passé tout près de s'engager en Normandie. Dans le chef-lieu du Calvados, on a été surpris et ravis de cette annonce, à l'image du maire, Aristide Olivier : « Il faut croire que ces quelques temps passés à Caen dans sa jeunesse l'ont marqué ! Quelle fierté de voir un champion comme Mbappé investir dans le SM Caen. »

Le 25 septembre, la DNCG[1] valide le rachat du nouvel actionnaire majoritaire. L'ancien président, Pierre-Antoine Capton, conserve 20 % des parts du club. Alors que le club est dans le rouge financièrement, la nouvelle présidence promet des investissements « assez massifs ».

Forcément, les supporters normands s'interrogent : quelles sont les ambitions du capitaine de l'équipe de France à Caen ? Investira-t-il suffisamment pour ramener le SMC dans l'élite du foot français ? Voire, encore plus pour permettre aux Caennais de jouer un jour les premiers rôles ? Terminera-t-il un jour sa carrière sous le maillot rayé rouge et bleu ?

Pour sa première prise de parole, fin septembre, le président Hammoud a dévoilé les raisons de la présence à Caen du champion du monde 2018, expliquant qu'il souhaitait stratégiquement investir dans le football, et qu'aux yeux de Kylian, il était impossible de le faire ailleurs qu'en France. « On a un actionnaire qui est très soudé dans le fait que le football français et la Ligue l'ont mis là où il est actuellement. C'est son devoir s'il le peut, de redonner un peu de cette expérience[2]. » Ziad Hammoud confirme aussi « le petit côté romantique avec le rendez-vous manqué il y a dix ans entre Kylian Mbappé et le Stade Malherbe ». Selon le PDG d'Interconnected Ventures, le capitaine des Bleus aurait toujours gardé un lien affectif avec le club qu'il avait choisi, avec sa famille, pour débuter sa carrière de footballeur. Cependant, le premier choix de Mbappé était l'AS Monaco, mais le montant pour racheter tout ou partie du club de la Principauté était trop élevé.

1. Direction nationale de contrôle et gestion.

2. *Ouest-France*, 25 septembre 2024.

Même s'il vit à Madrid et que son activité de footballeur international lui laisse peu de temps pour se rendre au stade Michel d'Ornano, Mbappé suivrait de très près l'actualité de Malherbe, en tant qu'actionnaire et passionné de football, et visionnerait en direct ou en différé tous les matchs de l'équipe première. Après la première victoire de la saison, le 20 septembre contre Ajaccio, l'attaquant du Real a publié sur son compte Instagram une photo de la joie du vestiaire rouge et bleu. En coulisses, il s'est déjà activé pour favoriser le recrutement, téléphonant directement à Yann M'Vila, l'ancien milieu de terrain de l'équipe de France : « Quand c'est Kylian Mbappé qui t'appelle et qui te parle d'un projet, t'écoutes un peu plus. Il est dans le meilleur club du monde, il sait de quoi il parle. Quand je parle foot avec lui, en gros ça me parle. Son projet m'a tout de suite emballé, ça s'est fait très rapidement. » Après ce coup de fil, c'est Fayza Lamari qui a elle-même rencontré l'international pour lui définir les contours du projet. À ses débuts, M'Vila jouait à Rennes en même temps que Jirès Kembo, et voyait à l'époque le petit Kylian dans les tribunes du centre d'entraînement de la Piverdière. M'Vila indique avoir été choisi par Kylian « pour le terrain » et par Fayza « pour le cœur ». La mère de Kylian a également recruté un ancien proche de la famille au poste de directeur technique : Gérard Prêcheur, vainqueur de trois ligues des champions avec l'Olympique lyonnais féminin, et responsable de l'INF Clairefontaine quand Kylian était enfant, a ainsi quitté sa retraite ardéchoise pour professionnaliser le SMC. Pour l'heure, on ne peut pas dire que l'arrivée de la galaxie Mbappé a bouleversé la morosité caennaise, puisque les Normands naviguent toujours dans les eaux troubles de la Ligue 2.

Très active à Caen, Fayza Lamari l'est aussi à Lyon, puisqu'elle représente les intérêts de Rayan Cherki (OL), et à Lille, pour Ethan, le cadet de la famille.

Mbappé est également l'heureux propriétaire d'une société de production, intitulée Zebra Valley. En s'associant aux États-Unis à l'agence WME Sports, il entend produire du contenu autour du sport, des jeux vidéo, de la musique, de la culture et de la technologie. En 2022, le footballeur est présent à New York avec quinze enfants de sa Fondation pour annoncer un partenariat pluriannuel avec la NBA. « Le partenariat stratégique entre Zebra Valley et la NBA représente une étape importante pour rassembler les fans de football et de basket autour de contenus premium en racontant des histoires qui comptent. Nous sommes impatients de travailler avec l'équipe de la NBA pour favoriser le dialogue entre les communautés mondiales et rendre les conversations culturelles plus pertinentes. » La société a notamment débauché Antoine Le Roy, ancien réalisateur de Canal+ et co-rédacteur en chef de la grande émission de reportage *Intérieur sport*. Un film sur le joueur, produit par Zebra Valley, est attendu.

La suite logique après la bande dessinée autobiographique publiée en 2021. Vendue à plus de 200 000 exemplaires, la BD de 220 pages écrite en collaboration avec le dessinateur Faro raconte l'ascension inspirante d'un enfant de banlieue passionné de football et devenu champion du monde à dix-neuf ans. Plutôt qu'un livre classique comme le font la plupart des sportifs, Mbappé s'est encore démarqué « car c'est plus ludique, les enfants aiment quand c'est illustré ». Et comme le footballeur aime tout maîtriser, il n'a pas choisi une maison d'édition traditionnelle. Le livre est imprimé par « KM éditions ».

Chez les Mbappé, on pense à tout. Absolument tout. En 2022, Kylian a déposé à l'office européen de la propriété intellectuelle ses marques, logos, célébrations, initiales et même… ses déclarations iconiques ! « Le football, il a changé » et « Moi, tu ne me parles pas d'âge ». Avec Messi et Cristiano Ronaldo, il est le joueur dont la propriété intellectuelle est le mieux protégée.

Sa parole, aussi, est toujours écoutée.

Au cours de ce livre, nous en avons déjà eu l'expérience. En un tweet, il a contribué à faire tomber le président de la FFF. Invité à l'Élysée lors des réceptions officielles du président du Libéria ou de l'émir du Qatar, il a l'oreille d'Emmanuel Macron. Kylian Mbappé en a conscience et choisit, régulièrement, de se livrer à des prises de position sociétales, toujours très commentées. « Je suis un citoyen du monde. Mon rôle de citoyen est le même que tout le monde. Ce n'est pas parce que dans mon métier, je suis dans une bulle, que l'homme est dans une bulle. L'homme est sur Terre, il suit l'actualité, s'informe, s'inquiète. Le footballeur doit être dans sa bulle pour performer. L'homme n'en a pas besoin. C'est important de montrer aux gens qu'on n'est pas sur une autre planète. On est avec vous. On voit ce qui se passe, on est d'accord, pas d'accord, on se révolte ou pas, on commente ou pas. "Cours et tais-toi", ç'a n'a jamais été moi. Je suis libre de dire et faire ce qui me semble juste, comme n'importe quel être humain. »

Parmi ses nombreuses prises de paroles dans les médias ou sur les réseaux sociaux, trois méritent ici d'être commentées.

Le 25 mai 2021, un an après le début de la pandémie de Covid, alors que la France est scindée en deux entre pro-vaccins et antivax, Kylian Mbappé poste une photo sur ses réseaux sociaux. Montre de luxe, masque noir sur le visage et bob noir sur la tête, le footballeur est assis sur un lit d'examen. La manche droite de son t-shirt Dior est relevée : sur son bras droit, un pansement. Fraîchement vacciné contre la Covid, le champion du monde participe ainsi gracieusement à la campagne de vaccination de l'État français, répondant à l'appel du pied d'Alain Fischer, le « monsieur vaccin » du gouvernement, qui avait glissé : « Pour persuader les jeunes de se vacciner, l'objectif est de faire parler des acteurs, des rappeurs, des sportifs… Mbappé serait l'idéal. »

Le 27 juin 2023, un adolescent de 17 ans est arrêté à Nanterre au volant d'un véhicule. Alors qu'il refuse d'obtempérer, le jeune Naël est tué par un policier. Ce drame met le feu à la ville des Hauts-de-Seine, révoltée. Le lendemain matin, dès son réveil, Kylian Mbappé prend sa plume et pianote les mots suivants sur son smartphone, via son compte Twitter : « J'ai mal à ma France. Une situation inacceptable. Toutes mes pensées vont pour la famille et les proches de Naël, ce petit ange parti beaucoup trop tôt. » Un message impactant, lu plus de 30 millions de fois sur la toile. Alors que là aussi, la France se divise entre le camp de la victime et celui du policier, Mbappé assume son avis tranché. « Je suis toujours critiqué sur le terrain et en dehors. C'est ma vie qui est comme ça. Ce n'est pas grave, pas une fin en soi. Mon rêve n'est pas d'être aimé de tout le monde. Les critiques, c'est ce qui me fait le plus progresser en tant que joueur de foot. Et en tant qu'homme, ça ne me fait ni chaud ni froid. Ce sont des cris du cœur, sur les violences policières, sur le racisme. Je l'ai subi personnellement. Pas récemment, mais il m'est déjà arrivé d'être insulté de singe, d'entendre des mimiques de singes. »

Le 9 juin 2024, Emmanuel Macron annonce la dissolution de l'Assemblée nationale. L'extrême droite, représentée par le Rassemblement national de Marine Le Pen et Jordan Bardella, est favorite pour remporter ces élections, pour la première fois dans l'histoire de la Vème république. À quelques jours de l'Euro, les joueurs de l'équipe de France sont mitraillés de question à chacun de leurs passages en conférence de presse. Pour une fois, Mbappé n'est pas à la manœuvre, car c'est Marcus Thuram, digne fils de Lilian, qui s'exprime en premier sur ce sujet. « Il faut se battre pour que le RN ne passe pas », réclame l'attaquant de l'Inter Milan. Ce dernier raconte aussi que tout le vestiaire bleu était choqué en apprenant les résultats des élections européennes remportées, en France, par l'extrême droite, quelques jours plus tôt. Le lendemain, quand Mbappé prend son tour de conférence de presse, les journalistes en salivent d'avance. On lui demande si Marcus Thuram est allé trop loin dans sa déclaration. Il répond « non ». Sans jamais citer le nom du parti nationaliste, il met tous les extrêmes dans le même sac, car il « n'aime pas la division » et lance un appel à la jeunesse : « Je pense qu'on est dans un moment crucial de l'histoire de notre pays. La situation est inédite, c'est pour ça que j'ai envie de m'adresser à tout le peuple français et à la jeune génération qui peut faire la différence. J'appelle les jeunes à aller voter, on voit que les extrêmes sont aux portes du pouvoir, on a l'opportunité de choisir l'avenir de notre pays. On a besoin de s'identifier aux valeurs de tolérance, de mixité et de respect. J'espère qu'on sera encore fiers de porter ce maillot le 7 juillet. La situation est plus importante que le match de demain. Je n'ai pas envie de représenter un pays qui ne correspond pas à nos valeurs. »

Ses mots sont forts. Capitaine de l'équipe de France, il assure donc que les élections législatives sont « plus importantes » que le match d'ouverture de l'Euro. Gênée par ces déclarations partisanes, la FFF a tenu à rappeler qu'elle conservait sa « neutralité » dans le processus républicain.

« Kylian Mbappé est un excellent footballeur, mais les Français en ont marre de recevoir des leçons de morale », s'est agacée Marine Le Pen[1].

Le footballeur a-t-il été écouté ? À l'issue du premier tour, le RN recueille 33,4 % des voix. En revanche, à Bondy, le fief de la famille Mbappé, l'extrême droite a été lourdement battue par la candidate du Nouveau Front populaire – l'union des gauches. Avant le quart de finale de l'Euro face au Portugal, Mbappé réitère son appel au vote, en étant encore plus précis :

« Plus que jamais, il faut aller voter. Il y a vraiment urgence. On ne peut pas laisser notre pays entre les mains de ces gens-là. Les résultats sont catastrophiques. J'espère que tout le monde va se mobiliser et aller voter… et voter pour le bon côté. »

Un peu plus tard, Sébastien Tarrago l'interroge sur sa forme physique. Comme cela se produit régulièrement durant une conférence de presse, Mbappé cherche des

1. CNN, juillet 2024.

yeux son interlocuteur, et le journaliste de L'Équipe lui donne des précisions :

— Je suis sur ta gauche… vraiment à l'extrême gauche.

— Ah ! Heureusement que vous n'étiez pas de l'autre côté !

Fou rire général.

Kylian a décidément le pouvoir de mettre un auditoire dans sa poche.

S'il est un domaine, en revanche, où l'on ne sait pas grand-chose de Kylian Mbappé, c'est la vie privée. À 25 ans, il ne s'est encore jamais affiché publiquement avec une conquête et n'a jamais rien révélé de sa vie amoureuse. Quand on connaît la surmédiatisation de son quotidien, et même si son escapade en Suède vient noircir ce tableau[1], sa discrétion est presque un exploit supérieur à celui d'inscrire des doublés sur le terrain ! En janvier 2024, lors d'un entretien à *Envoyé Spécial*, Kylian s'était laissé aller à quelques confidences particulièrement intéressantes sur sa manière de vivre la célébrité. « Apprendre la notoriété, c'est la seule chose qui n'a pas été vite dans ma vie. J'ai perdu la spontanéité de l'être humain. Cela a été pesant. » Le capitaine des Bleus avoue qu'il paierait cher pour revivre des moments du quotidien, « les choses simples de la vie », comme faire des courses, déjeuner à la terrasse d'une brasserie, sortir incognito ou profiter d'un bon brunch au soleil. Enfin, quand Elise Lucet l'interroge sur son désir de paternité, il n'élude pas : « ça fait partie des objectifs d'un homme. J'ai toujours dit que j'aimais les enfants. » D'ailleurs, lorsqu'il dévoile les moments qu'il a passés en toute

1. cf. chapitre 23.

discrétion dans la chambre d'hôpital de Pelé, son mentor, il glisse : « Je pourrai dire à mes enfants et petits-enfants qu'une fois dans ma vie, j'ai eu la chance d'être à côté d'un monsieur comme Pelé. »

En 2023, Kylian Mbappé faisait partie du « Top 100 » des personnalités les plus influentes de la planète, réalisé par le *Time Magazine*. En 2018, le prestigieux journal américain avait d'ailleurs publié la photo du footballeur français à la une de son édition internationale, consacrée aux « leaders de demain ».

17

Capitaine des Bleus

Le 9 janvier 2024, Hugo Lloris confirme au journal télévisé de TF1 qu'il prend sa retraite internationale. Du scandale de Knysna à la séance de tirs au but de Doha, en passant par le titre mondial en 2018, le joueur le plus capé de l'histoire (145 sélections) laisse vacant le brassard de capitaine, que lui avait confié Laurent Blanc, et qu'il a porté 121 fois – un record, là aussi. Si, dans les buts, son successeur semble tout désigné en la personne de Mike Maignan, l'agile gardien de l'AC Milan, la question du capitanat obsède les observateurs… et certains joueurs. Avec le départ conjoint de Raphaël Varane, la situation compliquée (blessure) de N'Golo Kanté et l'âge avancé du clivant Olivier Giroud (37 ans et demi à l'Euro), Didier Deschamps a perdu une partie de son ossature pour repartir sur un nouveau cycle, dont la première échéance arrive vite – l'Euro 2024 en Allemagne débute un an et demi après le Mondial 2022. Dans le même temps, Didier Deschamps peut viser loin, car il a prolongé son contrat, sans conditions, jusqu'à la Coupe du monde 2026. Est-ce pour cette raison qu'il choisit Kylian Mbappé plutôt qu'Antoine Griezmann ?

Avec les deux joueurs offensifs, ce sont deux profils complètement différents qui postulent au titre de capitaine. Avec 117 sélections et 42 buts depuis 2014, la star de l'Atlético de Madrid a l'image d'un « homme de Deschamps ». Alors qu'il va disputer face aux Pays-Bas son soixante-quinzième match consécutif avec les Bleus – un record – il part logiquement favori. Sauf qu'avec Mbappé, tout est toujours différent. Le Parisien, qui a revendiqué toujours plus de responsabilités en club, s'est aussi engagé en équipe de France dans la négociation des droits à l'image. Seul, et à 24 ans, il a fait plier Noël Le Graët. Il est un leader naturel, par ses buts, son côté décisif sur le terrain, et son triplé en finale de la Coupe du monde a marqué les esprits. Comment ne pas le nommer capitaine ? Certains n'ont pas manqué de soulever son jeune âge, en ajoutant qu'il aurait pu être nommé capitaine une fois qu'Antoine Griezmann aurait quitté la maison bleue. Mais pourquoi attendre ? Michel Platini avait aussi 24 ans quand il a hérité du brassard. Hugo Lloris, 23. Deschamps, lui, en avait 25. De Henri Michel à Kylian Mbappé en passant par Papin, Desailly et Zidane, l'âge moyen du capitanat en bleu est de 27,5 ans. Une moyenne sacrément relevée par Lilian Thuram, qui avait 36 ans lorsqu'il a enfin revêtu le brassard, après les ères successives de Deschamps, Desailly et Zidane.

« Ça n'a pas été un casse-tête, explique le sélectionneur[1]. J'ai eu une réflexion en amont, des discussions avec Kylian et Antoine. Je suis dans une logique par rapport au groupe, ça va dans le sens du collectif et du fonctionnement mis en place. Kylian remplissait les cases pour l'être à un moment ou à un autre. C'est logique que

1. France 3, *TLS*, mars 2023.

Kylian le soit et il le veut aussi. Il est prêt, sinon je ne l'aurais pas choisi. »

Antoine Griezmann, isolé dans sa chambre de Clairefontaine, digère difficilement l'annonce du coach. Il lui faudra deux ou trois jours pour accepter la situation : il ne sera jamais capitaine des Bleus.

Le 23 mars, une étonnante effervescence anime les abords du Stade de France, alors qu'aucun match n'est programmé ce jour. Pour la première fois, Kylian Mbappé va s'adresser aux médias dans le rôle du capitaine de l'équipe de France. Nous vous proposons de vous plonger dans les coulisses de cet événement, retranscrit ici en intégralité.

Première conférence de presse de Kylian Mbappé en tant que capitaine de l'équipe de France, jeudi 23 mars 2023 – avant France/Pays-Bas

Alors qu'il s'installe dans l'auditorium du Stade de France, Kylian interroge du regard Raphaël Raymond, chef de presse des Bleus. Pourquoi un casque est-il posé sur la table devant lui ? « C'est pour les traductions, tu dois le mettre s'il y a des questions en anglais », répond l'ancien journaliste de L'Équipe. « Ah ouais », sourit le nouveau capitaine de Didier Deschamps, vêtu du survêtement bleu de l'équipe de France, qui jure avec la montre de luxe qu'il arbore ostensiblement au poignet.

Dominique Séverac, *Le Parisien* : C'est quoi, un bon capitaine, selon vous ?

Kylian Mbappé : Un bon capitaine, c'est quelqu'un qui est avant tout tourné vers l'équipe. Capable d'être rassembleur, fédérateur, d'emmener les autres dans son sillage.

Nicolas Paillard, Infosport+ et Canal : Comment s'est passée cette première semaine à Clairefontaine en tant que capitaine de l'équipe de France ? Et quel type de capitaine voulez-vous être ?

Kylian Mbappé : Plutôt bien. J'ai été félicité par beaucoup de personnes. Beaucoup de gens en ont parlé. Ma semaine a été sympathique. Il y a un nouveau groupe avec de nouveaux arrivants qu'on essaie de bien intégrer, pour qu'ils se sentent chez eux rapidement. Le groupe fonctionne bien. Le type de capitaine que je veux être ? Il y a des fondamentaux qu'il n'est pas possible de changer. Mais c'est en fonction de la personnalité de chacun. Chacun est le capitaine qu'il pense être. Je pense être un capitaine tourné vers les autres. Je n'ai pas une grande expérience dans le capitanat. Je sais qu'on a des joueurs importants dans l'équipe. Je n'ai pas envie de décider, d'imposer. J'ai envie d'ouvrir la possibilité aux autres de s'exprimer. On est un groupe uni. On a prouvé que lorsque chacun avait sa place, on était capables de faire de grandes choses. Ce serait une erreur pour moi de bouleverser tout ça.

Hugo Delom, *L'Équipe* : Qu'est-ce qui vous fait dire que vous pouvez être un capitaine fédérateur, rassembleur ? Vous avez une personnalité singulière, plutôt tournée vers vous-même. Comment se transforme-t-on pour devenir un capitaine fédérateur ? Et est-ce que ça va vous obliger à plus défendre pour montrer l'exemple ?

Kylian Mbappé : [large sourire, suivi d'un court silence] Déjà, je pense que je ne vais pas me transformer. J'ai une parole qui est écoutée dans le vestiaire. Il suffit juste de la prendre à bon escient. Il faut penser au collectif, emmener les autres dans son sillage, être tous tournés vers le même objectif pour qu'il n'y ait pas un décalage entre mes coéquipiers et moi, que l'on forme un seul groupe, uni. Ensuite, plus défendre [sourire]... *C'est une question d'organisation. C'est en fonction de ce que me demande l'entraîneur. Je ferai toujours ce que me demande l'entraîneur. S'il me demande d'aller au but, je vais au but. S'il me demande de sortir, je sors. Si je dois défendre, je défends.*

Fabrice Hawkins, RMC Sport : Vous êtes capitaine. Le vice-capitaine est Antoine Griezmann *(Kylian hoche la tête)*. Il était assez déçu. Avez-vous échangé avec lui ? Si oui, que lui avez-vous dit ? Et, question subsidiaire, quels sont les autres joueurs qui peuvent vous accompagner dans cette mission, Antoine et toi ?

Kylian Mbappé : Oui, j'ai parlé avec Antoine, parce qu'il était déçu, et franchement, honnêtement, c'est compréhensible et normal. C'est une réaction qui s'entend. Je lui ai dit : à sa place, j'aurais peut-être la même réaction. Il a 32 ans, il a passé 10 ans en équipe de France, il a été l'un des joueurs, voire le joueur le plus important de l'ère Didier Deschamps, donc c'est normal. C'est normal qu'il ait cette déception. Ce que je lui ai dit ? C'est que si je suis capitaine et lui vice-capitaine, je ne suis pas son supérieur hiérarchique. Il a une expérience en équipe de France que je n'ai pas. Quand je suis entré en centre de formation, il était déjà en équipe de France. Il est estimé et aimé de tout le groupe. Ce serait vraiment dommage qu'on ne puisse pas bénéficier de son expérience et de sa joie de vivre. C'est quelqu'un de joyeux. Lui et moi, on va être main dans la main pour essayer de faire régner cette équipe de France au niveau européen et au niveau mondial. Il n'y aura pas de « moi devant, lui derrière », on sera côte à côte et s'il a quelque chose à dire devant le groupe, même moi, je m'assois et j'écoute. Pour m'accompagner dans le leadership avec Antoine ? Il ne faut fermer cette porte à personne. Il y a des leaders naturels. Parfois, un joueur dans un bon jour voudra prendre la parole pour un discours cohérent et constructif pour le groupe. Il ne faut fermer la porte à personne. Chacun est libre de s'exprimer dans ce groupe. C'est ça, l'équipe de France. Elle n'appartient à personne.

Xavier Montferrand, Radio France : On parle beaucoup de vos valeurs. À titre personnel, qu'est-ce que ça vous a fait quand Didier Deschamps vous a dit que vous alliez être le capitaine des Bleus ? Est-ce que ça a fait quelque chose au gamin que vous étiez il n'y a encore pas si longtemps ?

Kylian Mbappé : Oui, oui. En mettant de côté tout ce qui est responsabilité, joueur et tout le tralala, avant tout, c'est un kif ! Je suis capitaine de mon pays, c'est quelque chose qu'on ne peut pas éluder. J'étais très content quand il me l'a annoncé. Maintenant, quand on laisse passer cette joie et cette émotion, c'est une nouvelle responsabilité. C'est quelque chose que je vais assumer naturellement et avec lequel je ne vais pas me mettre de pression. Ça ne va pas changer ma manière de jouer, mais ça va peut-être changer ma manière de me comporter, parce qu'il faut encore plus être tournés vers les autres. Je vais affronter cette épreuve avec beaucoup de bienveillance et de positivité.

Philippe Sanfourche, RTL : Depuis le début de cette conférence de presse, vous avez très souvent prononcé les mots « équipe », « collectif », j'imagine que ce n'est pas un hasard. Ces derniers jours, il y a beaucoup de commentaires d'anciens joueurs de la sélection *[Kylian hausse les sourcils]* ou de capitaines qui ont eu le brassard, qui disent : « Kylian Mbappé va forcément changer, va évoluer, se tourner vers le collectif » – ça sous-entend quand même que vous véhiculez toujours l'image d'un joueur qui, accompagné de son talent, a une forme d'égoïsme, un peu autocentré. Est-ce que ce sont des remarques que vous entendez ? Est-ce que vous comprenez qu'on puisse avoir cette image de vous de l'extérieur ? Ou est-ce qu'il y a un malentendu ?

Kylian Mbappé : Je ne comprends pas, mais j'accepte. Aujourd'hui, c'est la vie d'un joueur de haut niveau qui est ultramédiatisée. Les gens jugent sans parfois être de l'intérieur. Je n'ai pas de problème avec ça. Les joueurs qui ont toujours joué avec moi savent que ma première obsession est de gagner, et je ne gagne pas tout seul, je gagne avec une équipe. Après, un attaquant qui marque des buts, tant qu'il marque des buts, ça va. Après, il est vite taxé d'égoïsme, car on trouvera toujours une autre manière de… « il pouvait jouer avec les autres, faire autre chose… ». Ça, c'est normal. Je n'ai jamais eu de problème avec ça. Comme j'ai dit, j'accepte, mais je ne comprends pas forcément parce que ce sont des gens qui ne m'ont pas côtoyé et qui ne savent pas le comportement que j'ai à l'intérieur d'un groupe et d'un vestiaire. Il faut laisser couler, être sûr de ce qu'on sait faire et le faire bien.

Jean-François Pérès, Europe 1 : Vos prises de position sur les réseaux sociaux ou autre, sur le racisme, sur la convention du droit à l'image, sur les propos de Noël le Graët sur Zidane, cela a une énorme influence. Je voulais vous demander si maintenant que vous êtes capitaine de l'équipe de France, vous aurez la même liberté de parole que celle qui a été la vôtre jusqu'à présent ?

Kylian Mbappé : Et moi, je peux vous poser une question ? Pourquoi voulez-vous que ça change ?

Jean-François Pérès, Europe 1 : Parce que le rôle de capitaine est un peu celui de diplomate, en équipe de France.

Kylian Mbappé : Qui l'a dit ?

Jean-François Pérès, Europe 1 : La tradition, depuis que l'équipe de France existe... Hugo Lloris était un capitaine qui mettait beaucoup les formes...

Kylian Mbappé : Oui. Comme j'ai dit avant, chacun est un capitaine en fonction de sa personnalité. Je ne suis pas comme Hugo, Hugo n'est pas comme moi, je ne suis pas comme les anciens capitaines. Chacun a été un capitaine différent. Je serai encore un capitaine différent.

Jean-François Pérès, Europe 1 : Ce qui veut dire que vous allez la garder, cette liberté de parole ?

Kylian Mbappé : Je ne pense pas que le coach m'a mis capitaine parce qu'il s'est dit que j'allais faire exactement la même chose qu'Hugo. Ou peut-être que je me trompe...

Raphaël Raymond, chef de presse des Bleus, chuchotant : Tu ne te trompes pas...

Kylian Mbappé : Merci !

Baptiste Desprez, Le Figaro : Pour rebondir sur la question de Jean-François, votre tweet sur Noël Le Graët en janvier dernier sur ses propos sur Zidane a fait du bruit. Êtes-vous conscient du bruit qu'engendrent vos prises de parole ? Et en tant que capitaine de l'équipe de France, que vous inspire sa démission du poste de président de la fédé ?

Kylian Mbappé : Que mes paroles font grand bruit, oui, je le sais. C'est aussi pour ça que je me suis exprimé. En tant que capitaine, je ne pense rien, il a démissionné, il faut le remercier pour ce qu'il a fait parce qu'il n'a pas fait que des choses négatives. Maintenant, il ne fait plus partie de l'actualité de l'équipe de France et de la fédération française de football.

Julien Thomas, DNA (*Dernières Nouvelles d'Alsace*) : On n'a pas l'habitude de vous avoir devant nous pour vous exprimer. Est-ce quelque chose que vous allez faire plus régulièrement, maintenant que vous êtes capitaine ? On vous sent quand même très à l'aise. C'est un exercice qui vous plaît ou qui vous embête ?

Kylian Mbappé : Qui me plaît ? Ça dépend des jours. Oui, on va me voir un peu plus souvent. Après, comme j'ai dit, je vais être le type de capitaine qui laisse la place à toute l'équipe donc il ne faut pas non plus que je monopolise tout l'espace médiatique de l'équipe de France. Il va falloir que je laisse de la place aux autres. C'est comme ça que l'équipe de France a toujours réussi à régner, c'est quand tout le monde a trouvé sa place. Je ne pense pas venir ici vous parler à chaque match, car je sais l'importance et la résonance que ça va avoir. Je pense que c'est important que l'ensemble des joueurs de l'équipe de France aient une place.

Arnaud Mattéoli, France Télévisions : Qu'est-ce que ça fait d'être le leader de cette nouvelle génération, de ces jeunes pleins de talents : Randal Kolo Muani, Dayot Upamecano, Konaté… et j'en oublie…

Kylian Mbappé : Si vous listez, vous pouvez lister les vingt-trois [rires]. *C'est un plaisir. Avant même d'être capitaine, en tant que joueur, c'est un réel plaisir de jouer avec des joueurs de qualité. La vie est beaucoup plus facile quand vous jouez dans une équipe qui est bonne. En tant que leader, c'est facile, car ce sont des gens qui comprennent vite. Ils comprennent rapidement. Je n'ai pas besoin de répéter soixante-dix fois des choses. Avant même que je parle, ils savent. Ce sont des gens qui sont doués. Ils jouent dans les meilleurs clubs du monde. Pour moi, c'est avant tout un plaisir de faire partie de cette équipe et d'être considéré comme une leader de cette équipe.*

Loïc Tanzi, *L'Équipe* : Est-ce qu'il y a eu une réflexion de votre part pour savoir si vous alliez accepter le poste ? Et dans les mois qui ont précédé, aviez-vous cette envie d'être capitaine ?

Kylian Mbappé : La réflexion est difficile à avoir. Quand le sélectionneur national vient vous voir et vous dit « est-ce que tu veux être capitaine ? », même si tu veux avoir une réflexion, ta bouche dit toute seule oui ! [rires] *Sérieusement, les mois qui ont précédé, je ne pensais pas que j'allais être capitaine. Je vous dis la vérité. C'est vraiment lundi, quand le sélectionneur m'a parlé, on a échangé et il m'a demandé si ça me tentait, si je voulais devenir le capitaine, et j'ai dit oui. Franchement, trois mois avant, quand je vais au Qatar, je ne me dis pas que mon objectif est d'être capitaine après le Mondial. Maintenant, je suis capitaine, je suis très content et il va falloir que je m'adapte à ce nouveau rôle.*

Bertrand Latour, La Chaîne L'Équipe : Il y a quelques jours de cela, certaines joueuses de l'équipe de France de foot féminin se sont retirées de la sélection à cause de Corinne Diacre – ça lui a coûté sa place. Vous savez le poids que vous avez au Paris-Saint-Germain, ou avec la sélection. Vous le savez, vous le dites aussi. Qu'est-ce que ça vous inspire ?

Kylian Mbappé : J'ai échangé brièvement avec Wendie Renard sur ça, lors des Awards The Best. Je ne savais pas grand-chose. J'ai lu comme tout le monde, je n'étais pas au courant. Elles avaient leurs raisons. Peut-être que certaines personnes vont penser que la forme était un peu déplacée, mais il faut les comprendre aussi. Je pense qu'elles avaient leurs raisons. Elles ont eu ce qu'elles demandaient. À elles maintenant de revenir en équipe de France, car ce sont des joueuses importantes. Elles ont une Coupe du monde. On va les soutenir, être derrière elles. On va espérer que tout rentre dans l'ordre, car c'est important d'avoir une équipe féminine qui est au niveau qu'elle mérite, car ce sont de grandes joueuses qui jouent dans les meilleurs clubs. C'est important qu'elles puissent rayonner autant que nous.

Raphaël Raymond : On va prendre une dernière question avec Marc Méchénoua, de Goal.com

Marc Méchénoua, goal.com : Puisque l'idée n'est pas d'être le même capitaine qu'Hugo Lloris, quel capitaine vous a demandé d'être Didier Deschamps et pour quelle raison vous a-t-il confié cette mission ?

Kylian Mbappé : Il veut que je sois fédérateur, que j'essaie d'emmener cette équipe dans mon sillage. J'ai une certaine expérience de l'équipe de France. Je suis le lien entre la nouvelle génération et l'ancienne. Je connais les deux parties. Essayer de contribuer à ce qu'on soit un groupe uni. Que ça nous emmène vers les sommets. Les sommets, c'est-à-dire les titres.

Raphaël Raymond : Merci Kylian.

Kylian Mbappé [se levant et s'adressant aux journalistes] *: Merci beaucoup, au revoir !*

Après un peu moins de quinze minutes de conversation entre Mbappé et les journalistes, c'est désormais au tour de Didier Deschamps de s'installer devant le micro. Les deux hommes se tapent dans la main en se croisant dans l'escalier. « Je fais le baisser de rideau », amuse DD après le premier exercice, réussi haut la main, de son nouveau capitaine. Forcément, le sélectionneur est assailli de questions au sujet de son choix. La même question est sur toutes les lèvres : pourquoi Mbappé et pas Griezmann ? Verbatim.

« Avec Kylian, on se connaît depuis un bon moment. On n'a plus besoin de s'apprivoiser. Je ne vais pas rentrer dans les détails. Vous savez comment ça s'est passé chronologiquement. J'ai pris la décision lundi soir. Ce n'est pas un choix pour lui faire plaisir, mais parce que je suis convaincu qu'il a toutes les qualités pour le faire. Kylian est habitué à être dans ce groupe depuis un moment. Il ne sera pas seul. Ça se met en place naturellement. Le plus important est que ce ne soit pas un poids de plus pour Kylian. Il n'a pas à changer. Il n'y a pas de conseils à lui donner, Kylian sait. Être capitaine de l'équipe de France est une responsabilité, mais Kylian, quand il est sur le terrain, il pense à ce qu'il doit faire sur le terrain. J'ai eu des discussions [avec Antoine Griezmann], je ne vais pas rentrer dans les détails. Je peux vous assurer qu'Antoine, depuis lundi, est très souriant. Qu'il ait eu de la déception sur le moment, elle est légitime. Mais ça s'est arrêté là. Antoine est vice-capitaine, il a un rôle important comme il l'a toujours eu. Il est rayonnant, resplendissant, que ce soit dans les séances ou dans la vie de groupe. »

Cette première semaine de capitanat sourit à Kylian Mbappé au-delà des espérances. Pour le lancement des éliminatoires de l'Euro 2024, la France humilie les Pays-Bas : le score (4-0) paraît presque léger quand on sait qu'après 21 minutes, la France menait déjà 3-0. Après une semaine lourde en questions sur l'entente entre Mbappé et Griezmann, les deux champions répondent sur le terrain. Après 1'55 de jeu, Le Parisien remise en retrait pour le Madrilène aux cheveux roses. Et voilà déjà Griezmann sur le dos de Mbappé pour célébrer son 43e but… et l'avenir de l'équipe de France ! Le nouveau capitaine des Bleus inscrit un doublé, portant son total de réalisations en bleu à 38 (et 20 lors des 17 derniers matchs !).

Trois jours plus tard, la France s'impose en Irlande du Nord (1-0), grâce à un but du revenant Benjamin Pavard, et aux parades déterminantes de Mike Maignan, impressionnant sur sa ligne. La nouvelle campagne des Bleus est bien lancée. Kylian Mbappé est un capitaine heureux.

18

Euro 2024 : nez cassé

Trois ans après son Euro raté (aucun but inscrit, tir au but manqué en huitièmes de finale), Kylian Mbappé veut goûter au succès dans un championnat d'Europe des nations. Pourtant, la compétition débute dans une atmosphère étonnante. Au cours des conférences de presse et dans les médias, on parle plus du départ troublé du PSG de la star ou de la dissolution de l'Assemblée nationale, que du match d'ouverture contre l'Autriche.

De blanc vêtu, les Bleus démarrent fort, avec une accélération de Kylian Mbappé, dès la 8e minute de jeu. Le tir du futur madrilène trouve le petit filet. Alors que Mbappé est aligné, sur le papier, au poste d'avant-centre, avec Thuram à gauche, c'est bien sûr son côté préférentiel qu'il apporte du danger. Ces quelques pas agiles avec le ballon sont une promesse d'un jeu débridé, d'une forme olympique retrouvée pour celui qui a peu joué en deuxième partie de saison.

Excentré à droite, Dembélé reçoit le soutien de Mbappé, décidément partout sauf dans l'axe. Il est vrai que l'ancien ailier du Barça aimante les ballons. Le capitaine français dribble, provoque et centre en retrait pour Griezmann.

Ce dernier n'aura pas l'occasion de toucher le ballon, celui-ci étant propulsé directement au fond des filets par Wöber, contre son camp (1-0, 37e). C'est le premier but français dans cet Euro. Mbappé est logiquement crédité d'une passe décisive.

Juste avant la mi-temps, Antoine Griezmann expédie un long ballon en profondeur, un peu à la manière de ce que faisait Paul Pogba dans ses heures de gloire, pour Kylian Mbappé. Le Bondynois manque son contrôle puis sa conduite de balle et se fait pourchasser par Pentz, le gardien autrichien.

En seconde période, l'équipe de France joue en contre. Après un premier ballon mal négocié par Marcus Thuram, timide (53e), Kylian Mbappé plonge dans l'axe et se retrouve en face-à-face avec Pentz. Le genre d'action que Kylian Mbappé ne rate jamais. Sauf ces temps-ci… Le Parisien ouvre trop son pied et manque le cadre (55e). Mais qu'arrive-t-il à Mbappé ?

La 85e minute constitue le tournant de l'Euro des Bleus. Coup franc pour la France, de la gauche vers la droite. Antoine Griezmann place son ballon sur la tête de Kylian Mbappé, habituellement peu volontaire dans l'exercice aérien. Il aurait dû s'abstenir… Au niveau du point de penalty, Kylian impressionne par sa détente et saute plus haut que Danso. La tête de Mbappé est contrée par le défenseur autrichien, et, surtout, en retombant, le nez du Français heurte violemment la solide épaule du défenseur du Racing Club de Lens. Le nez de Mbappé est en sang, totalement déformé. Un vent d'inquiétude souffle sur le banc français. Et si le meilleur joueur français devait déclarer forfait pour la suite de la compétition ? Soigné sur le bord du terrain, Mbappé s'aperçoit que ses coéquipiers jouent à dix contre onze, car Olivier Giroud n'a pas encore eu le temps d'entrer en jeu. Pour stopper l'action autrichienne – qui tente d'égaliser à quelques secondes de la fin du match – le capitaine des Bleus entre sur le terrain sans l'autorisation de l'arbitre et s'écroule au sol, les deux mains sur son nez. Pour cet acte d'anti-jeu, Mbappé est sanctionné d'un carton jaune. Il regagne les vestiaires, où le médecin de l'équipe de France lui remet le nez en place, un geste très douloureux. Dans la foulée, il est transporté à l'hôpital de Düsseldorf. La fracture du nez est confirmée, mais les premiers examens sont rassurants : pas d'intervention chirurgicale dans l'immédiat. Didier Deschamps est soulagé : le corps médical lui promet que Mbappé pourra jouer dès le prochain match, face aux Pays-Bas, avec un masque confectionné sur mesure. Le soir même, précisément à 1 h 26 du matin, la star s'en amuse sur ses réseaux sociaux, en ironisant : « des idées de masque ? » La situation rappelle celle de l'équipe de France de rugby, quand le capitaine Antoine Dupont avait subi un choc à la tête en pleine Coupe du monde, provoquant une fracture maxillo-zygomatique.

Sur les réseaux, aussi, Danso présente ses excuses. « Aux supporters français : je suis désolé que Kylian Mbappé se soit blessé lors de notre duel. Je lui souhaite un bon rétablissement et j'espère qu'il pourra rapidement retrouver sa place sur le terrain. »

Finalement, Kylian Mbappé ne peut pas tenir sa place contre les Pays-Bas. Après deux nuits sans sommeil réparateur, le Bondynois a repris l'entraînement, mais doit apprendre à jouer avec un masque. « Je ne l'imaginais pas, mais c'est une horreur absolue de jouer avec un masque. J'ai changé plusieurs fois, car il y avait toujours quelque chose qui n'allait pas. C'est vraiment difficile. Ça limite la vision. La sueur reste bloquée, alors il faut sans cesse l'enlever pour que ça coule. Lors des premiers entraînements, j'avais l'impression d'être en 3D, invité à l'Euro en VIP. Je voyais les joueurs, comme si ce n'était pas moi qui jouais. Le soir, dans ma chambre, j'essaie différents masques, c'est pénible, mais je n'ai pas le choix. Je l'enlèverai dès que je pourrai. Je n'ai pas joué un seul ballon de la tête depuis le choc avec Danso. Mais si je dois aller mettre une tête pour gagner un match, j'irai. Mon nez est déjà cassé, on ne peut pas faire pire. »

En toute sincérité, Mbappé demande aussi aux journalistes de ne pas expliquer une éventuelle mauvaise performance par le handicap du masque : « En aucun cas ce ne doit être une excuse. Sans lui, je ne pourrais pas jouer alors je dois dire merci au masque. »

Les petites souris qui l'ont vu sur le terrain d'entraînement de Paderborn ont remarqué ses grimaces et sa gêne, dès lors qu'il mettait un peu de force dans sa frappe, ce qui représente une part de sa marque de fabrique. « Tout va dans le bon sens », a laconiquement annoncé Deschamps. Dans l'entourage du joueur, on explique que le nez a dégonflé et que Mbappé suivra ses « sensations ». « Kylian, c'est Kylian, il ne faut pas le comparer aux autres », balaie le sélectionneur qui a souvent répété qu'il existait deux équipes de France fondamentalement différentes : une avec Mbappé, l'autre sans.

Sans lui, la France offre un spectacle très moyen : 0-0 contre les Pays-Bas.

Mbappé opère son retour contre la Pologne.

Avec la règle des « meilleurs troisièmes », c'est un euro assez particulier. Une équipe peut être qualifiée grâce au résultat d'une nation… d'un autre groupe. C'est précisément ce qui est arrivé à la France, embrouillant les cerveaux de nombreux supporters tricolores, qui se sont réveillés le jour du troisième match en lisant cette information : « La France est qualifiée en huitièmes de finale grâce à la victoire de l'Espagne contre l'Albanie. » À n'y rien comprendre… En fait, si l'Albanie avait battu l'Espagne, elle aurait pu devancer la France au rang des meilleurs troisièmes. Désormais, avec la défaite des joueurs de Tirana, la France est assurée d'être, au moins, l'une des quatre nations « meilleurs troisièmes » de cet Euro, à l'issue du premier tour. Une qualification sans gloire, qui offre malgré tout des certitudes à Didier Deschamps à vingt-quatre heures du coup d'envoi. De là à faire jouer les « coiffeurs », comme lors de tournois précédents ? Pas totalement.

« L'équipe de France sera plus forte avec Kylian Mbappé », annonce le sélectionneur. Le capitaine français rejoue donc huit jours après sa fracture du nez. Il porte un masque noir, conformément aux normes de l'UEFA, qui n'autorise pas la protection bleu-blanc-rouge siglée « KM » (on n'arrête jamais le marketing !) aperçue à l'entraînement. À l'échauffement, Mbappé enlève et remet son masque à plusieurs reprises, afin de trouver le meilleur ajustement, pour le déranger le moins possible pendant le match. La protection du futur Madrilène est un handicap, car elle l'empêche d'avoir une vue à 360° sur le terrain. De plus, le masque glisse avec la transpiration. Déveine, le soleil tape sur la ville de Dortmund, à l'heure du match, programmé en fin d'après-midi.

28 degrés, ressenti de 31. Régulièrement, au cours de la partie, Mbappé devra retirer son masque pour l'égoutter afin d'éviter que des perles de transpiration ne glissent dans ses yeux.

Si Deschamps a choisi d'aligner Mbappé d'entrée de jeu, malgré la qualification assurée, c'est parce que le Parisien l'a rassuré, à l'entraînement, lors d'une opposition amicale face à l'équipe de jeunes de Paderborn, la ville de Rhénanie-du-Nord-Westphalie où les Bleus ont bâti leur camp de base. Durant ce « match » de deux fois trente minutes, Kylian Mbappé a inscrit un doublé. Par précaution, il avait été expressément demandé aux jeunes Allemands de ne pas trop s'approcher du meilleur buteur de Ligue 1 et d'éviter les duels. Une mesure d'éloignement que Robert Lewandowski ne respectera pas lors de France-Pologne.

Juste avant la pause, Mbappé tente de faire la différence, à deux reprises, mais il y a toujours une partie du corps du portier polonais pour repousser le danger (42e, 45e). À la mi-temps, le score reste le même que lors du match précédent (0-0), ce qui laisse sur leur faim de nombreux supporters.

Mbappé revient sur le terrain avec les mêmes intentions : un tir bien enroulé détourné par Skorupski (48e), une frappe, dans la même zone, rasant le poteau (49e). Cela va-t-il finir par sourire au héros français, pour l'instant malmené dans cet Euro ? Son ami Dembélé va lui donner un coup de pouce. Grâce à une énième percussion côté droit, l'ancien joueur du Borussia Dortmund obtient un penalty… évidemment tiré par Mbappé (1-0, 56e).

Ce but est une délivrance pour Kylian Mbappé, qui n'avait encore jamais marqué dans un Euro. Ce simple but lui permet de rejoindre Just Fontaine au nombre de buts dans un tournoi majeur (13), à une unité de Michel Platini (14).

Dans les ultimes secondes, Kylian Mbappé réclame un penalty à la suite d'un contact un peu rude à l'entrée de la surface. Si l'arbitre laisse jouer, on s'inquiète surtout de la résistance du masque et du nez du capitaine tricolore… plus de peur que de mal.

En huitièmes de finale, les Bleus retrouvent la Belgique, déjà battus en Coupe du monde (2018) et en Ligue des nations (2021).

Toujours aussi mordu de football au fur et à mesure que les années passent, Mbappé est frustré d'être appelé en conférence de presse d'avant-match en plein Angleterre-Slovaquie. Dès l'instant où Philippe Tournon clôt la séance de questions/réponses, le capitaine des Bleus interroge l'assemblée à la volée : « Quelqu'un a le résultat de l'Angleterre ? Oh ? 1-0 pour la Slovaquie ? Et c'est la combientième ? »

Face à la Belgique, Mbappé est titulaire sur le côté gauche de l'attaque. À noter que le Bondynois, toujours masqué, est sous la menace d'une suspension en cas d'avertissement.

Ce France-Belgique 2024 est l'un des plus mauvais matchs de cet Euro, et l'un des plus mauvais matchs de la saison, en ce qui concerne le football de très haut niveau. Rythme, intensité, occasions de but, prise de risque… Ce n'est pas un cas isolé dans cet Euro, car d'autres nations ont proposé ce genre d'opposition soporifique, mais on est vraiment à mille lieues du jeu hyper spectaculaire des rencontres phares de la Ligue des champions.

Kylian Mbappé ne pèse pas sur la rencontre. Jamais décisif. Pour une fois, Koundé et Kolo Muani se chargent de le suppléer et qualifient la France, sans briller (1-0).

En quarts de finale, « Kyky » retrouve le Portugal de son idole, Cristiano Ronaldo, qui dispute son sixième Euro à 39 ans. Un record qui semble inatteignable… même pour Mbappé !

Dans cet Euro peu enthousiasmant en termes de jeu, le score est encore de 0-0. Décevant, Mbappé affiche des statistiques indignes de son statut : 5 tirs, 2 cadrés, 8 ballons perdus, en 105 minutes de jeu. Fait rare, le Parisien demande à sortir pendant la mi-temps de la prolongation. « Déjà, à la fin du temps réglementaire, j'ai échangé avec le coach, et on s'est dit qu'on allait essayer. À la mi-temps, je lui ai dit que je me sentais plus (capable de jouer), que j'étais trop fatigué. Il m'a dit OK et il a changé. »

Mbappé vit donc, de loin, la séance de tirs au but. « Sans tirer, c'est encore pire, car je suis loin de la cage. J'aurais préféré y aller ! Mais les gars ont super bien tiré. »

La France se qualifie grâce à un grand Mike Maignan et un carton plein des tireurs. Mais l'image de Mbappé épuisé, sur le banc avec une poche de glace sur le nez (il a pris un ballon « en pleine poire » en seconde période), inquiète. « Ce sont les aléas du footballeur, mais je suis capitaine, je dois passer au-dessus de ça et garder mon implication, être là pour mes coéquipiers. Avant chaque compétition, je répète toujours que l'essentiel est de gagner, peu importe que je marque ou non, et les gens ont toujours pris ça pour une boutade. Là, on y est : je n'ai mis qu'un but, on est en demi-finale, et je suis toujours très content ! »

En demi-finale, les Bleus défient les favoris espagnols.

Mbappé joue pour la première fois sans masque, car il en a « ras-le-bol ».

Malgré l'ouverture du score rapide de Kolo Muani qui avait laissé entrevoir une soirée magique, l'Espagne s'impose (2-1), avec notamment un but splendide de Lamine Yamal. Cet été, le Barcelonais de 16 ans a remplacé Mbappé dans le rôle de jeune talent précoce du football européen, et totalement éclipsé le Français. Ce dernier a traversé l'Euro comme un marcheur blessé dans la chaleur d'un désert. Cinq matchs, 24 tirs, neuf cadrés et un seul but marqué… sur penalty. Décidément, Mbappé n'est pas copain avec les Euros, lui qui a survolé les deux coupes du monde qu'il a disputées.

Après l'élimination, le futur madrilène n'élude pas la question sur son niveau. « Ma compétition est ratée. J'avais l'ambition d'être champion d'Europe. J'ai pas été bon, on rentre à la maison, c'est simple. C'est le football. Il faut passer à autre chose. L'année a été longue. Je vais partir en vacances, me reposer. Ça va faire beaucoup de bien, pour revenir très fort. »

Entre sa blessure au nez et sa méforme physique, Kylian Mbappé n'évoque plus les Jeux olympiques, qu'il a longtemps rêvé de jouer avec l'équipe de France de Thierry Henry. Mais comme les JO ne sont pas inscrits au calendrier mondial de la FIFA, les clubs n'ont pas l'obligation de libérer leurs joueurs afin qu'ils y participent. Avant même la signature du Parisien au Real, le club espagnol avait expédié un courrier rue de Grenelle, pour indiquer à la FFF que les joueurs français de la Maison-Blanche n'auraient pas l'autorisation de disputer les Jeux.

Si Mbappé a toujours martelé son envie de participer aux JO 2024, nous avons constaté une évolution de son discours au fil du temps. En mars 2024, il s'était montré plus pragmatique, plus philosophe. Pas forcément résigné, mais moins révolté et obstiné qu'il avait pu l'être par le passé. « J'ai toujours dit que les Jeux olympiques à Paris, c'était spécial et que je voulais y être. Mon ambition n'a pas changé. Je suis arrivé à un moment de ma carrière et de ma vie où je prends beaucoup plus de recul sur ce qui m'arrive. Si j'y vais, je vivrai un rêve éveillé. Si je n'y vais pas, je l'accepterai et je ferai ce qu'on me dit de faire. »

Encore une fois, Emmanuel Macron est intervenu dans la carrière de Kylian Mbappé. Désireux de voir le meilleur joueur tricolore fouler les pelouses olympiques sous le maillot bleu, le président de la République a organisé un déjeuner à l'Élysée avec Florentino Perez, profitant de la présence à Paris du président du Real Madrid, dans le cadre du 120e anniversaire de la FIFA. Comme par hasard, Thierry Henry était assis à la même table. Les arguments du Président ? En participant aux JO, Mbappé accomplirait un rêve et serait encore plus heureux en arrivant dans la capitale espagnole… Peine perdue. Et le « nez cassé » met fin à tous les fantasmes. Épuisé physiquement et moralement, Kylian Mbappé s'octroie quatre jours de vacances, qu'il passe enfermé dans sa villa du sud de la France, étendu au bord de la piscine ou une manette de PlayStation à la main.

La prochaine aventure de Kylian se jouera à Madrid. Enfin.

19

Le Real Madrid... enfin !

C'est l'histoire d'un collégien et d'une collégienne qui s'observent, de loin, dans la cour, pendant des années. Le romantisme de regards qui se croisent. Les frissons quand les corps s'effleurent dans la file d'attente de la cantine. Mais, toujours, la tête baissée. Jamais un baiser ? Pas même un mot n'est échangé entre les timides qui ont conscience de s'aimer, mais qui n'osent pas passer à l'acte. Sans cesse renouvelée dès que l'un sourit à l'autre, la magie ne s'évapore jamais. Elle est renforcée par une idée : au moins, l'amour ne disparaîtra jamais. Et puis, un jour, en grandissant, il faut bien s'y résoudre. Après tant d'années gâchées dans les bras d'inutiles soupirants de passage, on demande en mariage la fille de ses rêves. Et advienne que pourra !

C'est l'histoire de Kylian Mbappé et du Real Madrid.

Le buteur français aurait pu signer dans la capitale espagnole à 14 ans, à 17 ans, à 18 ans, à 19 ans, à 20 ans, etc. Pendant des années, celui qui n'aimait pas l'école a appris l'espagnol parce qu'il savait qu'il jouerait au Real Madrid. Il l'a toujours su. Quand il jouait au PSG, il s'exprimait dans la langue de Raùl dès qu'il croisait un joueur espagnol ou sud-américain.

Pas une seule fois le Real Madrid n'a dit non à Mbappé. Tout au plus, Zinédine Zidane ne lui a pas promis d'être titulaire de son équipe, quand il n'avait qu'une demi-saison dans les jambes à Monaco. Année après année, mercato après mercato, c'est la famille bondynoise qui a repoussé le moment. Peur d'envoyer l'adolescent dans un pays étranger. Peur de manquer la Coupe du monde 2018 en cirant le banc de la Maison-Blanche. Peur de ne pas arriver en « champion », mais en « talent d'avenir ». Envie de gagner une Ligue des champions dans un club qui ne l'a jamais remporté, plus que dans une institution qui dispose d'une carte de fidélité avec la coupe aux grandes oreilles. On repense à cette fameuse phrase, prononcée en mars 2018. « Je ne veux pas arriver à la fin d'un livre, mais au début d'un autre[1]. » À ce moment-là, le Real Madrid a douze Ligues des champions. Finalement, le Parisien a échoué dans sa quête européenne avec le PSG. Et le temps de signer au Real, les coupes d'Europe ont balayé le ciel madrilène à la vitesse d'étoiles filantes. Mbappé s'engage dans un club qui détient quinze Ligues des champions. À ceux qui l'accuseront de tomber dans la facilité, il pourra rétorquer qu'on ne passe pas la bague au doigt de son amour d'enfance parce qu'elle est devenue la femme la plus riche du monde, mais parce qu'on a la joie de s'être retrouvé libre au même moment qu'elle. De plus, a-t-on reproché à Zidane de rejoindre les Galactiques ? À son arrivée à Madrid, en 2001, les merengues de l'ère moderne avaient remporté deux Ligues des champions, en 1998 et en 2000.

1. *Intérieur sport*, saison 11, épisode 5, Canal+, mars 2018.

Le 3 juin 2024, à 19 h 28, après dix ans d'attente, et alors que tout le monde sait que cela va se produire, le Real Madrid annonce la bonne nouvelle à la famille des socios, via un communiqué de presse. Quelques heures plus tôt, Emmanuel Macron – encore lui ! – s'était rendu à Clairefontaine et avait interrogé le capitaine des Bleus sur la date de l'annonce de son transfert. Devant le Président, Mbappé avait vendu la mèche (« ce soir, ce soir »).

Kylian Mbappé s'est donc engagé pour cinq ans au Real, jusqu'en 2029. Le Parisien, quand il parle, précise toujours « pour cinq ans minimum », comme s'il actait déjà sa décision de jouer à Madrid jusqu'au terme de sa carrière. Il serait ainsi l'homme de trois clubs : Monaco, Paris, Real Madrid. Après une saison tourmentée sur le plan extra-sportif, Mbappé s'avoue « soulagé » et « libéré » de rejoindre enfin l'Espagne. « C'est un grand jour pour moi. Je suis tellement heureux et fier de rejoindre le club de mon rêve. Personne ne peut comprendre à quel point je suis excité en ce moment. J'ai hâte de vous voir, Madridistas, et merci pour votre incroyable soutien. ¡Hala Madrid ! »

En signant au Real, il concrétise le transfert « gratuit » le plus « cher » du monde. Le syllogisme s'explique ainsi : en fin de contrat à Paris, Mbappé était un joueur libre comme l'air. Le Real n'a pas reversé le moindre euro au PSG pour recruter le capitaine français. Cependant, ce dernier a négocié une prime à la signature considérable, laquelle est tombée directement sur son compte en banque. Le montant exact n'a pas été révélé. Selon les sources, elle est évaluée entre 100 et 150 millions d'euros, lissés sur les cinq années de son contrat. Son salaire, en revanche, est beaucoup moins mirobolant qu'à Paris. À Madrid, Mbappé toucherait, en salaire fixe, environ quinze millions d'euros nets par saison. Pourquoi moins qu'à Paris ? Car d'autres sources de revenus vont permettre à cette somme de gonfler considérablement. Contrairement aux autres joueurs qui partagent les revenus des droits à l'image à 50 %, les conseillers de Mbappé ont négocié 80 % des revenus pour le joueur. Ce qui, pour reprendre une jolie expression de la presse espagnole, correspond à une pluie de millions. Et s'ajouteront de nombreuses primes de résultats, correspondant aux buts marqués, aux victoires, aux trophées et… au fameux Ballon d'or. Pour éviter les tensions dans le vestiaire à l'arrivée du Français, l'état-major du Real aurait ratifié une hausse de salaire pour Bellingham et Vinicius Jr.

Dans les rues de la capitale espagnole, les aficionados rongent leur frein. Le maillot floqué « Mbappé – 9 » ne sera pas disponible avant le 1er juillet, car l'attaquant est encore officiellement sous contrat avec le PSG. La présentation officielle doit aussi attendre la fin de l'Euro… et les réparations du nez du Bondynois ! Un mot sur le choix de numéro du nouvel attaquant madrilène qui, justement, avait peu de choix. Dans sa carrière, Kylian a porté le 29, le 7 et le 10. À Madrid, le numéro 7 a été rendu mythique par Cristiano Ronaldo, mais il appartient désormais à Vinicius Jr, l'autre star de l'équipe. Le 10, lui, est sur les épaules d'un Ballon d'or – Luka Modric – qui a prolongé d'une saison. À 38 ans, ce devrait être sa dernière saison sous le maillot blanc. Avant, peut-être, de récupérer le 10 dans un an, Mbappé a choisi le numéro 9, celui des avants-centres, porté à Madrid par deux légendes, Karim Benzema et Alfredo di Stefano. « Il y a un numéro 10, c'est Modric. Il a tout gagné ici.

Mon numéro n'importe pas, je ne le vois pas, il est dans mon dos, je regarde devant. Je peux jouer avec le 29, le 48... ça m'est égal. »

Le 16 juillet 2024, deux jours après la victoire de l'Espagne à l'Euro, Kylian Mbappé est officiellement présenté à ses nouveaux supporters, dans l'antre de Santiago Bernabéu. Comment ne pas repenser au petit écolier qui, recevant en cadeau une réplique miniature du stade, promettait sur le ton du défi à sa famille de l'y emmener en VIP ? C'est une journée marathon pour le Bondynois. Son premier mot en tant que joueur officiel du Real Madrid ? « Seguro[1] », en réponse à un journaliste d'El Chiringuito qui lui demande s'il est en train de réaliser son rêve. Après avoir sacrifié à la traditionnelle et indispensable visite médicale à la Moraleja, où son nez cassé a été examiné sous toutes ses coutures, « KMB » se dirige vers la Ciudad Real de Valdebebas, en polo beige, pour signer son contrat avec Florentino Perez. Avant d'apposer son autographe sur le contrat en or, il découvre le vestiaire du centre d'entraînement et quitte le polo pour un costume-cravate. La signature est retransmise en direct sur les écrans géants du stade, qui accueille plus de 80 000 spectateurs, comme pour Cristiano Ronaldo en 2009. Disponibles gratuitement sur le site du club le vendredi précédent, les places ont été écoulées en moins de vingt-quatre heures, alors même que les Espagnols vivaient les heures décisives d'un euro triomphant. Dans la file d'attente virtuelle, plus de 100 000 personnes se sont connectées simultanément... Dans la boutique du club, le visage de la star française est déjà placardé dans tous ses profils, en taille XXL,

1. Bien sûr !

et chaque passage en caisse, ou presque, suit la même rengaine : un maillot floqué Mbappé. Depuis l'annonce de son transfert, c'est la folie : sur les réseaux sociaux, le Real Madrid a gagné plus de trois millions de suiveurs en 48 heures après l'annonce du transfert. Un scoop qui a aussi bénéficié au footballeur, qui a également remporté trois millions de followers en deux jours[1].

Au centre de Bernabéu, une immense scène a été installée avec un cérémonial imposant : les quinze coupes aux grandes oreilles remportées par le Real depuis 1956 trônent pour accueillir Mbappé et lui rappeler dans quelle institution il pose le pied. Plusieurs légendes n'ont pas voulu manquer l'instant : Raùl (323 buts sous le maillot merengue), Santiago Solari, Alvaro Arbeloa et... Zinédine Zidane. Comme un symbole, dix ans après leur première rencontre dans cette même capitale espagnole. Pendant que Kylian Mbappé revêt pour la première fois le maillot blanc dans le vestiaire, une rétrospective des quinze coupes d'Europe du Real est projetée sur les écrans. Au premier rang, Fayza Lamari (dont les larmes ont coulé) et Wilfrid Mbappé peuvent savourer. Leur fils est arrivé là où il a toujours voulu aller. Dans les tribunes, 3 000 enfants invités par Kylian badent le champion du monde 2018, qui leur explique que l'un d'entre eux pourrait bien se retrouver à sa place dans dix ans. Avec Mbappé, le conte de fées s'inscrit dans la réalité.

Après l'avoir foulé plusieurs fois comme un joueur de Monaco ou de Paris, le Bondynois marche pour la première fois sur le mythique gazon vert du Bernabéu dans la peau d'un joueur du Real. Remercié et félicité par Florentino Perez, il s'exprime alors dans un espagnol

1. Données chiffrées de Samba Digital.

d'une qualité déroutante pour un jeune homme de vingt-cinq ans ayant seulement vécu en France. « C'est un jour incroyable pour moi. Je réalise un rêve, mais j'en ai désormais un autre, celui d'être à la hauteur de l'histoire de ce club, le meilleur du monde. Je vais donner ma vie pour cet écusson. » L'opération séduction est lancée. Ému, il adresse un clin d'œil subliminal à son idole d'enfance Cristiano Ronaldo, en reproduisant le même cri du cœur que lors de la présentation du Portugais en 2009 : « Un… Dos… Tres… Hala Madrid ! »

Après avoir lancé des ballons dans les tribunes, Kylian rejoint pour la première fois la salle de conférence de presse, et rencontre tous ceux qui feront désormais partie de son quotidien, les « suiveurs » du Real. À l'aise, comme à son habitude, le joueur n'hésite pas à adresser un clin d'œil à un journaliste qui l'interroge. S'il répond à tous ses interlocuteurs en espagnol, il écoute quand même parfois la traduction des questions en français dans une oreillette, afin d'éviter toute erreur de compréhension. Comme au PSG et en équipe de France, il fait sourire l'assemblée.

— À quel moment précis as-tu décidé de rejoindre le Real Madrid ?

— Quand j'étais un petit garçon !

Pendant trois quarts d'heure, Kylian répond à toutes les questions sans sourciller, suscitant l'admiration des journalistes locaux qui le félicitent pour la qualité de son espagnol. « J'ai commencé l'espagnol au collège, parce que je voulais être un joueur de Madrid, et j'étais bon. Au PSG, j'ai eu beaucoup de coéquipiers hispanophones et entraîneurs hispanophones comme Luis Enrique et Pochettino. »

Concernant le jeu, Mbappé assure sa capacité à jouer tous les postes offensifs selon les besoins de Carlo Ancelotti. « Je jouerai où le coach me placera sur le terrain. C'est un détail pour moi. Je veux juste être sur le terrain. Je veux jouer et aider le Real à remporter des titres. Je regardais déjà tous les matchs de cette équipe l'année dernière. Mais je dois m'adapter tactiquement, même si je connais déjà tous les joueurs. Je ne veux pas simplement venir jouer, mettre mon but, et rentrer chez moi. Je n'aurai aucun problème pour jouer avec Vinicius, Rodrygo et tous les autres. Je ne veux pas me fixer d'objectif de buts, ce serait une erreur. Je ne veux pas mettre de limites. Si je dois faire plus de passes décisives que de buts, je le ferai. »

Dans son nouveau club, le Français sera particulièrement attendu sur un aspect : sa capacité à se mettre au service du club et son obéissance aux consignes tactiques du « Mister », alors qu'il a régné en maître lors de cinq de ses sept années au Paris-Saint-Germain. Dans la capitale de l'Hexagone, Mbappé s'est toujours positionné au-dessus de son club, comme Zlatan Ibrahimovic l'avait fait avant lui. Au Real, un tel comportement ne serait pas accepté par les influents socios. « Jude Bellingham a réussi parce qu'il a compris ce que signifiait le Real », avait glissé Ancelotti dans une interview[1], comme un avertissement pour le gamin de Bondy.

Sitôt la présentation terminée, Mbappé part en vacances aux États-Unis, pour une dizaine de jours de repos bien mérité. Le footballeur n'a pas le temps pour un road trip mais réalise tout de même un « fly trip », d'est en ouest, de la Floride (Miami) à la Californie (Los Angeles).

---

1. *La Repubblica*, 2024.

De retour à Madrid, il emménage dans son nouveau domicile. Pour onze millions d'euros, le Français a acheté l'ancienne villa de Gareth Bale, dans le quartier huppé et surprotégé de la Finca à Pozuelo de Alarcon, au Nord-Est de la capitale ibérique. Un petit bijou architectural de 1 100 m², dans une propriété de 3 000 m² : plusieurs salons, 8 suites avec salles de bain, salle de cinéma, piscine extérieure, piscine intérieure climatisée, une salle de sport, un garage d'une capacité de sept voitures, un sauna, un jacuzzi, un hammam, un terrain de foot, un terrain de basket, un green de golf. Avant lui, Cristiano Ronaldo, Karim Benzema et Sergio Ramos avaient déjà élu domicile à la Finca, le « Beverly Hills espagnol ». Parmi les nouveaux voisins de Kylian ? Pénélope Cruz et Javier Bardem.

Dans un premier temps, Mbappé suit une préparation physique individualisée, loin de ses nouveaux coéquipiers qui sont en stage en Amérique du Nord. Il les retrouve à l'entraînement, à partir du 6 août, à Valdebebas.

Le premier match de Mbappé sous le maillot blanc sera une finale : celle de la Supercoupe d'Europe, face à l'Atalanta Bergame, le 14 août à Varsovie.

À Madrid, la question brûle les lèvres de tous les supporters. À quel poste le Français va-t-il jouer ? « Je jouerai où le veut le *Mister*. J'ai joué aux trois postes de devant quand j'étais à Paris et à Monaco aussi. » Mais jamais sans réclamer des comptes à ses entraîneurs qui le positionnaient là où il ne le souhaitait pas, ou avec les coéquipiers qui ne le seyaient pas. Depuis son avènement, ses coachs ont toujours construit l'équipe pour qu'elle convienne le mieux au « kid » de Bondy. Pour preuve, encore, lors de l'Euro 2024, quand Deschamps a obligé Griezmann à jouer sur le côté droit, dans un rôle désormais inhabituel pour le Mâconnais. Carlo Ancelotti a l'habitude de faire jouer le Real en 4-4-2 losange. Dans ce système, si Mbappé est titulaire (personne ne croira le contraire), Rodrygo devrait en être la victime, Vinicius Jr étant intouchable. L'autre possibilité, pour aligner les trois stars offensives, serait de changer de système pour passer en 4-3-3. Jude Bellingham reculerait donc d'un cran pour occuper un poste de milieu relayeur. Et Mbappé serait en pointe, avec Vini sur sa gauche et Rodrygo sur sa droite. Si l'on analyse les compositions d'équipe d'Ancelotti dans sa carrière, c'est rarement son option phare, car à l'instar de Deschamps, le *Mister* privilégie les blocs solides. Et son palmarès lui donne raison…

20

Madrid, les Bleus, la Suède : un automne cauchemar

« Mbappé est un sceptre qui erre sur la pelouse du Bernabèu. » Tel est le genre de commentaire que l'on peut lire dans la presse espagnole, en décembre 2024, un peu plus de trois mois après les débuts du Français au Real Madrid. Comment en est-on arrivé à une telle inclémence ?

Retour sur l'automne 2024 du capitaine de l'équipe de France, raté à bien des égards : inefficace, voire dépassé au Real, indigeste ou absent chez les Bleus, sali par la rumeur après une escapade en Suède… Kylian Mbappé a beau s'en défendre avec le sourire au cours de la seule interview accordée dans l'année, sa vie ressemble, au crépuscule de 2024 et à l'aube de 2025, à un cauchemar.

Le 14 août 2024, Kylian Mbappé revêt pour la première fois, en match officiel, la tunique blanche de ses rêves. Au stade national de Varsovie, c'est l'option 4-3-3 qui est validée par le technicien italien. Trois Français sont titulaires, dans chaque ligne. Ferland Mendy au poste de latéral gauche, Tchouaméni en sentinelle, et Mbappé en pointe. Les consignes d'Ancelotti pour les quatre vedettes merengue ? Beaucoup de liberté, énormément de mouvement pour rester illisibles aux yeux de l'adversaire, et prendre du plaisir.

Le premier micro-frisson ? Une reprise contrée par un défenseur italien (15e). Après cela, le capitaine des Bleus a été muselé par l'arrière-garde bergamesque, disposant de peu de repères avec les deux Brésiliens qui l'accompagnent. Federico Valverde ouvre le score puis, à la 68e minute, à la conclusion d'un merveilleux storytelling, Kylian Mbappé réalise le coup parfait : premier match, premier but, premier trophée ! Les quatre stars du Real ont touché le ballon lors de cette action : Rodrygo, Vini, Bellingham, Mbappé. « Qui dit Real Madrid dit titre. Ici, il faut gagner. C'est incroyable. Je pensais que Jude allait me donner le ballon en retrait, mais il décale un peu, je fais appel, contre-appel, il me donne le ballon, je tire au deuxième poteau et c'est filoche[1] ! »

Après le match, Ancelotti débriefe : « Mbappé a d'énormes qualités. Il a bien combiné, travaillé comme tout le monde sur le plan défensif. »

Les « quatre fantastiques » sont encore alignés pour l'ouverture de la Liga à Majorque. En pointe, souvent aussi sur le côté gauche, Kylian combine beaucoup avec Bellingham. En début de match, il se lance dans une chevauchée rappelant celle du France-Argentine 2018, en moins tranchant. Alors qu'il aurait peut-être pu servir Vinicius sur la droite, il poursuit seul son action et s'écroule dans la surface, déséquilibré par un défenseur,

1. Canal+, 14 août 2024.

réclamant en vain un penalty. Pour sa première dans le championnat espagnol, Mbappé ne marque pas (4 tirs, 2 cadrés). Inoffensif, le Français n'aide pas le Real à gagner son premier match (1-1, but de Rodrygo). Le Parisien est toutefois impliqué dans l'ouverture du score du Brésilien… mais aussi dans l'égalisation des Majorquins. S'il n'est un secret pour personne que Mbappé n'est pas bon de la tête, il l'est probablement encore moins depuis sa fracture du nez à l'Euro. Alors, pourquoi diable s'est-il retrouvé au marquage de Vedat Muriqi, le géant kosovar d'1,94 m ? Dix-sept centimètres les séparent, et cela se voit : le Français est battu, Muriqi égalise.

Mbappé peut mieux faire. Les socios sont impatients de le voir à l'œuvre la semaine suivante, à Santiago-Bernabéu, contre le Real Valladolid. Maladroit, en difficulté et peu inspiré, Mbappé (sorti à la 88e minute à 1-0) ne contribue pas au succès de ses nouveaux partenaires (3-0), et voit même son jeune remplaçant, Noël Endrick, inscrire le troisième but du match, en contre-attaque. D'une reprise de volée arrêtée des deux mains par Karl Hein, Kylian avait tout de même eu le mérite de créer la seule véritable occasion merengue de la première période. Si Mbappé avait l'habitude d'être vivement critiqué par les médias français, il découvre l'amabilité de la presse espagnole, qui, déjà, ne l'épargne pas : « Endrick vole la vedette à Mbappé », titre le journal Marca, qui écrit dans ses pages intérieures : « Le Mbappé que l'on imaginait n'était pas tout à fait là. Le poste d'avant-centre n'est pas son truc. » AS est dans la même tonalité, expliquant que « Mbappé est un neuf forcé ». Chroniqueur de *El Chiringuito*, Tomas Roncero prévient : « Ici, personne n'est intouchable ! » Enfin, la presse catalane s'amuse de constater que le Real présente un Mbappé « déboussolé ».

Carlo Ancelotti lui maintient sa confiance : « C'est un attaquant spectaculaire, très rapide. Il est très bon sans ballon, il attaque les espaces. Il a eu trois ou quatre opportunités, qu'il s'est créées avec du mouvement. Je crois que dans cette position, il va marquer comme il a toujours marqué. Qu'il joue à gauche ou en pointe, il va marquer. »

Sur le terrain de Las Palmas, Mbappé reste muet, et le Real, encore en rodage, est tenu en échec pour la seconde fois d'affilée à l'extérieur (1-1, but sur penalty de Vinicius Jr). Malgré l'absence de Bellingham et Rodrygo, le *Mister* a maintenu son dispositif tactique en 4-3-3, probablement pour offrir un maximum de repères à son nouvel atout offensif. Ce dernier a beaucoup tenté, en vain. Après la rencontre, la légende Guti lui a reproché publiquement de ne pas avoir cherché à tirer le penalty. Une critique qui aura probablement agacé le Français, car, que n'aurait-il pas entendu s'il avait justement essayé de passer en force devant Vinicius, le taulier du Real ? La règle de la Maison Blanche est la suivante : trois tireurs (Vinicius Junior, Bellingham, Mbappé) sont désignés à niveau égal et doivent se répartir les tentatives en bonne intelligence.

Après trois journées de championnat, le Français n'a toujours pas ouvert son compteur. Une fois n'est pas coutume, c'est dans le négatif qu'il bat un record. Jamais, ni à Monaco, ni à Paris, depuis qu'il est un titulaire en club, il n'avait traversé avec chasteté un début de championnat. Pire : hormis en janvier 2023 (alors épuisé de son Mondial 2022), il n'a jamais enchaîné quatre rencontres sans inscrire le moindre but. Ancelotti rassure encore : « Le travail offensif pourrait être meilleur, plus rapide, mais on a marqué à chaque match. Plus ça va aller, meilleure sera la complicité entre Mbappé et Vinicius. » À quelques jours du rassemblement de septembre, Didier Deschamps a passé un coup de fil à son capitaine, et, alors qu'il annonce sa liste, donne son point de vue sur les débuts madrilène de Mbappé : « Il est avec des joueurs différents, dans une organisation différente. Même s'il y a de grands joueurs autour de lui, il y a des automatismes à trouver et ça ne se fait pas en un claquement de doigts. Lui se sent très bien et je l'ai trouvé en jambes, avec du jus. » Avant de rentrer en France, « Kyky » doit absolument marquer pour laisser les critiques derrière lui.

Dimanche 1er septembre. Deuxième apparition de Kylian Mbappé à l'estadio Santiago-Bernabéu. En difficulté dans la zone de vérité en première période, le Français trouve enfin l'ouverture après l'heure de jeu. Lors d'une action initiée par Rodrygo sur la droite, Valverde mystifie la défense andalouse d'une succulente talonnade qui trouve Mbappé dans la surface. BUT ! La libération pour le Parisien qui inscrit son premier but en Liga, et son premier but à Bernabéu. C'est le genre d'action qu'il concluait parfois à Paris, lors des grands matchs de Ligue 1, quand il combinait avec Neymar. Quelques minutes plus tard, Vinicius s'écroule dans les 16 m 50. Classe, le Brésilien tend le ballon au Français pour lui offrir la possibilité d'un doublé. Bingo ! Le Real s'impose 2-0. Le Kid de Bondy sort sous les applaudissements. La saison de Mbappé est-elle lancée ? « J'ai marqué dans le plus grand stade du monde pour le plus grand club du monde. Les fans m'ont soutenu même quand je ne marquais pas, je leur en suis reconnaissant. »

Cinq jours plus tard, Mbappé est de retour à Paris et cela ne l'enchante guère. La France doit affronter deux cadors du foot européen, dans le cadre de la Ligue des Nations. De Madrid, le capitaine tricolore a pris le soin de téléphoner à son sélectionneur afin de lui quémander un mot d'absence. À peine installé dans la capitale espagnole, Mbappé argue ne pas être à 100 % de son potentiel et ne veut pas « s'approprier l'équipe de France » en proposant une version alpha de son niveau. Il incite aussi Didier Deschamps à profiter de l'occasion pour donner du temps de jeu à de nouveaux joueurs. L'argumentaire n'aura servi à rien. Même en traînant des pieds, Mbappé est convoqué.

Face à l'Italie, Bradley Barcola inscrit le but le plus rapide de l'histoire de la sélection (13 secondes), mais la France s'incline (3-1). Titularisé en pointe, le capitaine Mbappé a traversé la partie de façon fantomatique. La veille, le nouveau Madrilène avait pourtant fait le show en assénant quelques vérités, dont une qui n'est pas très bien passée aux yeux de l'opinion publique, alors qu'on l'interrogeait sur la monotonie du jeu tricolore : « Je suis arrivé à un stade de ma vie et de ma carrière où je ne constate plus. Je viens, je joue. Ce que pensent les gens, c'est le cadet de mes soucis. » Et au Parc des Princes, les gens ont tous pensé que la star des Bleus affichait un niveau inquiétant, loin de ses standards. Visiblement, sans le dire, Didier Deschamps est du même avis, puisqu'il laisse son capitaine sur le banc contre la Belgique, trois jours plus tard. Mbappé entre à la 67e minute alors que la France mène déjà 2-0. Entre les deux matchs, une certaine tension est apparue à Clairefontaine. Juste après la défaite contre l'Italie, Mike Maignan a longuement pris la parole, tapant verbalement du poing sur la table, fustigeant le comportement de starlettes de certains membres du groupe. Fidèle à sa promesse de laisser la parole à n'importe quel joueur, le capitaine Mbappé est resté assis, écoutant son gardien sans dire un mot. Mais, quelques heures plus tard, au cours d'une réunion, Kylian se lance à son tour dans un long monologue, plus calme, et soigneusement préparé : il souhaite que le travail tactique soit plus poussé à l'entraînement, afin que les joueurs aient plus de repères sur le terrain. Une manière de reprendre le contrôle, avant de regagner l'Espagne.

Au Pays basque, face à la Real Sociedad, lors de la 5e journée de Liga, Vinicius et Mbappé partagent les honneurs, avec un penalty chacun (2-0). « Ça va mieux, je le sens plus frais, plus actif », apprécie Ancelotti. On note une vraie progression dans le jeu du Français. L'Espagne découvre aussi la bienveillance de Kylian Mbappé, qui, à sa sortie du terrain, offre son maillot à un ramasseur de balles.

Mi-septembre, il est temps pour Kylian Mbappé de débuter dans la compétition qui fait battre le cœur des Madrilènes : la Ligue des champions, nouvelle formule. Désormais, chaque club affronte huit adversaires dès le premier tour. Le tirage au sort est scruté, mais le hasard n'offre pas de retrouvailles précoces entre Mbappé et le PSG. Le Parisien reviendra malgré tout en France, à Lille, pour un match teinté d'une grande émotion, face à son petit frère. En effet, étant donné l'atmosphère glaciale entre le club et la famille, Ethan a quitté Paris en même temps que Kylian. Ce dernier s'en est d'ailleurs longtemps voulu d'avoir indirectement brisé le rêve de son petit frère en s'engageant dans un bras de fer avec le PSG. S'il a été un temps imaginé qu'Ethan rejoigne la Castilla du Real, le milieu de terrain a préféré voler de ses propres ailes en signant au LOSC. Les autres adversaires du Real en coupe d'Europe ? Le VFB Stuttgart, le Borussia Dortmund, l'AC Milan, Liverpool, l'Atalanta Bergame, Salzbourg, et enfin Brest en janvier 2025.

« Je suis venu au Real pour vivre ce genre de soirée », salive le Bondynois sur le média officiel du club, avant sa première européenne contre Stuttgart. Face à une équipe allemande qui n'avait pas revu la C1 depuis quatorze ans, le Real est poussif, même si Mbappé se procure deux belles occasions en première période. Et ça lui donne des fourmis dans les jambes… Vingt-trois secondes après la pause, le Parisien hérite d'une offrande dans la surface : son premier but en Ligue des champions pour le Real (qui s'impose finalement 3-1).

Face à l'Espanyol Barcelone, la *Casa Blanca* réalise son match le plus abouti de ce début de saison. Rodrygo, Vini et Mbappé marquent un but chacun. Encore un penalty pour le Français, qui vient d'inscrire cinq buts lors des quatre derniers matchs. D'une passe dans la profondeur, il signe aussi une passe décisive pour Vinicius.

Mbappé reçoit également son premier carton jaune, à cause d'un échange houleux, en espagnol, avec l'arbitre. Signalé hors jeu, l'attaquant retient l'homme en noir par le bras.

— C'est irrespectueux de me faire ça !

— Je ne dis rien, je ne dis rien, je ne parle pas, je ne parle pas !

— C'est un manque de respect, Kylian.

— Je ne vous dis rien là… Juste le geste…

— C'est du mépris.

— Mais parle-moi ! Tu ne peux pas me donner un carton comme ça !

— C'était un geste très moche et c'est vous qui l'avez fait.

Jusqu'ici, les buts de Mbappé au Real se décomposent ainsi : trois penalties, trois buts dans la surface. Un tableau de chasse d'avant-centre ! Il faut attendre le 24 septembre pour voir son premier « golazo », c'est-à-dire un but faisant appel à son génie et sa qualité technique. Face aux Basques d'Alavès, Mbappé invente une talonnade pour Bellingham, qui lui remet en une-deux. Le Bondynois efface Moussa Diarra d'un dribble supersonique et ne laisse aucune chance au gardien adverse. Ça, c'est du Mbappé !

Au rayon statistiques, c'est bien aussi, puisqu'il s'agit du septième but en neuf matchs au Real, toutes compétitions confondues, et son cinquième match consécutif en inscrivant au moins un but. Malheureusement, la série va s'arrêter. Sorti, à sa demande, en fin de match par Ancelotti, Mbappé souffre d'une lésion au biceps fémoral de la jambe gauche, et devrait manquer environ trois semaines de compétition, selon les premières constatations médicales. Une blessure qui tombe mal au moment où le Français trouvait des repères dans sa nouvelle équipe, et à quelques jours du derby de Madrid et du match face à Lille. Les retrouvailles avec Ethan attendront…

Finalement, à la surprise générale, après avoir seulement manqué un match, Kylian est intégré au groupe madrilène en déplacement dans le nord de la France. Déveine pour la famille Mbappé, Ethan s'est blessé à son tour au quadriceps et a déclaré forfait. Sur le banc de touche, Kylian assiste à la solide prestation lilloise, qui mène 1-0 à la pause. Ancelotti lance alors son fragile joyau avant l'heure de jeu. Copieusement sifflé par le public du stade Pierre-Mauroy, le capitaine des Bleus est peu inspiré et n'empêche pas l'inattendue défaite du Real.

Le lendemain, Didier Deschamps annonce sa liste pour le rassemblement d'octobre, alors qu'Antoine Griezmann a annoncé sa retraite internationale au début de la semaine. Ô surprise, pas de Kylian Mbappé. « Il a un problème qui n'est pas grave mais qui nécessite des soins pour pouvoir bien récupérer. Je ne suis pas là pour prendre des risques. » Quelques heures avant son annonce, le sélectionneur et son staff ont fait le point avec le staff médical du Real, qui a exhorté la FFF à ménager l'attaquant. Si la docilité de Deschamps avec Ancelotti semble justifiée, elle devient presque risible deux jours plus tard, quand Mbappé est… titulaire contre Villarreal ! « Mbappé s'est entraîné normalement, assure l'entraîneur italien. Il a eu un problème qui semble résorbé, même s'il ne l'est pas encore à 100 %. » En France, les questions s'enchaînent : Le Real Madrid a-t-il excellé de roublardise pour ménager son poulain ou Mbappé a-t-il usé d'un stratagème pour zapper un rassemblement qui l'ennuyait ? Le joueur assure qu'il n'a jamais pris part aux discussions réservées aux staffs médicaux.

Sans doute aurait-il dû insister pour disputer ces deux rencontres. Pendant que ses coéquipiers battent Israël à Budapest (4-1) et la Belgique à Bruxelles (2-1), Mbappé suit un programme de réathlétisation intense. Puis, il profite de quatre jours de repos accordés à tous les non-internationaux du club. Après s'être ressourcé physiquement, l'attaquant veut s'aérer l'esprit et prévoit quelques jours de vacances. Il imagine une première destination, jugée trop voyante par le manager du Real. « Je suis Kylian, peu importe l'endroit où je me rends, les gens me verront », rétorque le buteur. L'attaquant madrilène choisit Stockholm, la capitale de la Suède, où il retrouve Nordi Mukiele, son ex-coéquipier du Paris-Saint-Germain, désormais prêté au Bayer Leverkusen. Le 9 octobre, Mbappé monte à bord d'un Embraer Legacy 550, un jet privé appartenant à Luxaviation, la première compagnie d'aviation d'affaires d'Europe, qui a pour habitude de transporter des footballeurs. Dans la bulle du foot, un jet privé n'est ni plus moins que l'équivalent d'un taxi. Au moment même où la France affronte Israël à Budapest, Mbappé est photographié dans les rues de Stockholm, flanqué d'un garde du corps, d'une assistante personnelle, et donc, de Nordi Mukiele. Publiés sur le site d'Aftonbladet, un média suédois, les clichés font le tour du monde. Malgré son bonnet noir et son masque chirurgical sombre, le buteur français n'est pas passé inaperçu devant les objectifs des paparazzi, de son cheminement du restaurant d'inspiration française « Chez Jolie » à la discothèque « Le V », dans le quartier branché de la ville scandinave, en passant par le « Bank Hotel » où il séjourne.

Dans la nuit, Kylian Mbappé aurait eu un rapport sexuel avec une femme, et, selon *Le Parisien*, il disposerait d'un document écrit certifiant du consentement de sa partenaire. À cette occasion, le grand public découvre l'absurdité de la vie des plus grandes stars du football. Face au risque de fausses accusations de viols ou d'agressions sexuelles, et donc de chantage, nombre de footballeurs demanderaient un accord écrit aux jeunes femmes qu'ils rencontrent « spontanément ». On comprend ainsi ce que voulait dire Mbappé à Léon Marchand, quand il l'avait rencontré un an et demi avant les Jeux olympiques : « Je t'envie car tu as un talent fou mais tu as encore une vie… mais après les JO, comme tu vas tout gagner, tu vas me rejoindre dans ma vie… et tu ne vas plus vivre ! » Cette confidence de champion à champion, révélée par Mbappé lui-même dans *Clique* en fin d'année 2024, mérite d'être analysée. Derrière le sourire de façade du Bondynois, on devine un évident mal-être, une difficulté à accepter ou tout du moins à supporter son hyper-médiatisation. Kylian Mbappé, qui fait partie d'une caste de privilégiés qui n'ont pas à se soucier des dépenses du quotidien et de tous les lendemains imaginables, a la vie d'une poignée de méga-stars, celles qui ne peuvent pas bouger une oreille sans découvrir dans les médias le commentaire dudit mouvement d'oreille. Dans le football français, le cas de Kylian Mbappé est assez unique, car le précédent cador de sa trempe, Zinedine Zidane, a vécu une époque où les réseaux sociaux n'existaient pas et où les médias étaient beaucoup moins nombreux. D'éventuels faux-pas pouvaient passer inaperçus. Qui sait ce qu'il se passait réellement entre les murs de Clairefontaine quand les Bleus de France 1998 s'y retrouvaient ? Concernant la vie privée de Mbappé, si l'on évacue le cliché « il tape dans un ballon et il est riche, de quoi se plaint-il ? », on peut légitimement s'interroger sur sa santé mentale, sa résistance à une vie qu'il juge lui-même comme une « non-vie ».

Revenons-en à la fameuse soirée suédoise. Le 15 octobre 2024, plusieurs médias scandinaves annoncent en grande pompe que Kylian Mbappé serait soupçonné de viol et d'agression sexuelle, après son passage à Stockholm. Selon *Expressen*, le Parisien est considéré comme « raisonnablement suspect », soit le grade le plus faible prévu par la législation scandinave. Contrairement aux tabloïds et à la télévision publique, qui jettent déjà le champion du monde dans la broyeuse médiatique, la justice suédoise reste extrêmement prudente et confirme seulement l'existence d'une plainte et d'une enquête au sujet de faits commis dans l'hôtel où a séjourné la star, le 10 octobre, mais sans jamais citer son nom. Ce soir-là, une avocate pénaliste s'invite au journal de 20 h de TF1 pour défendre le footballeur. Marie-Alix Canu-Bernard livre alors un commentaire ubuesque, expliquant en substance qu'il existera toujours un collaborateur de Mbappé pour écouter aux portes, y compris dans les situations les plus intimes de sa vie. « Il n'est jamais seul, il n'est jamais exposé à se retrouver dans une situation où il y aurait, pour lui, une prise de risque. De ce fait, cela exclut totalement qu'il y ait pu avoir des agissements répréhensibles de sa part. Ça, je peux vous le dire, c'est une certitude absolue[1]. »

L'avocate expose aussi les premières réactions du capitaine de l'équipe de France, à la fois « serein » et « éberlué » de l'emballement médiatique. S'il ne donne aucune interview, Mbappé réagit aussitôt sur son canal officiel en publiant une étrange attaque contre le PSG, qu'il accuse à demi-mot d'être à l'origine des rumeurs suédoises. « Ça en devient tellement prévisible, veille d'audience comme

1. TF1, *Journal de 20 heures*, 15 octobre 2024.

par hasard. » Il est vrai que l'information a été révélée juste avant une énième médiation organisée à la LFP entre le clan du joueur et son ancien club, au sujet des arriérés de salaires et primes impayées.

N'entretenons pas de faux suspens : jusqu'à la date de bouclage de ce livre, en début d'année 2025, jamais le nom de Kylian Mbappé n'a été cité par le gouvernement suédois ou par la justice suédoise dans le cadre d'une enquête pour viol ou agression sexuelle. De même, le footballeur français n'a jamais été entendu ni convoqué par la police scandinave. Le 12 décembre, les investigations ont même été abandonnées par la procureure, qui, toujours sans mentionner le nom de Mbappé, s'en est justifié dans un communiqué : « J'estime que les preuves ne sont pas suffisantes pour poursuivre l'enquête, qui est donc close. » Marina Chirakova précise en outre que l'homme ciblé par la plaignante n'a « pas été notifié d'une suspicion de crime ». Après ce ouf de soulagement, Mbappé s'est confié à Canal+ au sujet de son « incompréhension » sur cette affaire pour laquelle il ne s'est « jamais senti concerné ».

Quoi qu'il en soit, et même s'il sera soutenu publiquement par Carlo Ancelotti et Didier Deschamps, Kylian Mbappé n'est pas dans les dispositions rêvées pour se concentrer sur ses débuts au Real Madrid. Au contraire, l'annus horribilis se poursuit. Après son déclassement au PSG et son Euro raté, cet épisode malheureux vient encore imprimer son nom pour de mauvaises raisons dans les journaux.

En effet, en 2024, pourquoi parle-t-on de Kylian Mbappé ? Parce qu'il veut quitter le PSG et qu'il est en conflit avec son employeur, parce qu'il s'implique dans la vie politique de son pays, parce que son nom est cité à la rubrique des faits divers. Depuis combien de temps n'a-t-on pas fait l'éloge d'un fabuleux triplé, d'un divin crochet ou d'une accélération chevaleresque ?

Sur le plan footballistique, Mbappé sort les rames, et les pagaies avec, au cas où.

Moins d'une semaine après les révélations tapageuses d'*Aftonbladet*, le numéro 9 du Real est titulaire face au Celta Vigo. Dans un copieux usage de la langue de bois, Carlo Ancelotti laisse entendre que son nouvel attaquant est un rocher sur lequel l'eau des rivières coule indéfiniment, peu importe sa toxicité. « Kylian a utilisé cette trêve internationale pour récupérer de sa blessure et améliorer sa condition physique. Je crois qu'il a beaucoup progressé durant cette pause. Il est heureux et va très bien, il n'est pas affecté. Il est très serein et motivé. Ces quinze jours l'ont beaucoup aidé, c'est un joueur différent de ce qu'il était avant la trêve. »

Différent, parce qu'encore plus affaibli dans la coulisse ?

Dans les lustres du média officiel du club, en tout cas, l'utopie fait loi, car le Français reçoit le trophée du « joueur du mois de septembre » et s'exprime avec le sourire au sujet de ses prestations ibériques. Contre Vigo, Mbappé est élu homme du match. Après une interception de Camavinga, le Bondynois a décoché une frappe somptueuse pour ouvrir le score (victoire 2-1).

C'est en Ligue des champions que Bernabèu attend ses cadors. Le 22 octobre, alors que le Borussia Dortmund menait 2-0 à la mi-temps sur la pelouse madrilène, Kylian Mbappé a sonné la révolte en délivrant une passe décisive à Rüdiger. Toutefois, le Français n'est pas le héros du match. Il s'agit de Vinicius Jr, auteur d'un coup du chapeau qui retourne la situation (5-2 en faveur du Real). Le Brésilien est à Madrid l'équivalent de ce qu'était Mbappé au Paris-Saint-Germain pendant sept ans. Après la rencontre, la presse espagnole s'étonne, s'inquiète, voire s'agace, de la non-efficacité de l'avant-centre qui n'a pas trouvé le chemin des filets alors que son équipe a marqué cinq fois. « Mbappé n'est pas heureux, il n'arrive pas à jouer son football. Tu le vois quand un crack comme lui n'est pas heureux. Peut-être parce que Vinicius joue beaucoup mieux que lui. Peut-être parce qu'il n'a pas trouvé sa place sur le terrain ou même parce qu'il n'est pas le leader de l'équipe. Mais le constat est clair, il n'est pas heureux au Real Madrid. Il a toujours la tête baissée, il ne sourit jamais… Ce n'est pas un joueur content de faire son travail, c'est un joueur frustré[1] ! » (**Javi Miguel, El Chiringuito TV, 22 octobre 2024*) Constat similaire, quoique plus policé, de la part de l'un de ses habituels thuriféraires, Thierry Henry : « Joue-t-il son meilleur jeu comme nous l'avons vu au Paris Saint-Germain ? Non. Il doit encore apprendre, et je sais que c'est bizarre de dire ça, ou jouer mieux en tant que neuf. Ce qui est très difficile pour lui en ce moment. »

Après la coupe aux grandes oreilles, le Clasico. Décidément, le néo-madrilène multiplie les « crash tests ». Encore titularisé à la pointe de l'attaque merengue, « KM » a été le symbole de la faillite du Real, humilié 4-0 dans son antre de Bernabèu. Pour son premier choc face au FC Barcelone, rival honni, Mbappé a réalisé un festival qu'aucun scénariste de cauchemar n'aurait envisagé : en 94 minutes, l'avant-centre a été piégé huit fois en position

1. CBS Sports Golazo, 23 octobre 2024

de hors-jeu… dont six fois dans la première demi-heure, ce qui a accentué l'impression visuelle de désastre. Sur le terrain, le champion du monde 2018 semble perdu, désemparé devant l'alignement haut de la défense catalane. La situation est d'autant plus gaguesque que Mbappé trouve plusieurs fois le fond des filets barcelonais, avant de voir systématiquement les juges de touche et l'assistance vidéo annuler ses réalisations. La presse catalane s'en donne à cœur joie, évoquant un attaquant « lent », « nerveux », « imprécis », qui s'est « ridiculisé de façon historique ».

Quelques jours plus tard, au matin d'un match de Ligue des champions contre l'AC Milan, Karim Benzema lance un lourd pavé dans la mare boueuse de son ancien coéquipier. « Le problème, c'est que Mbappé n'est pas un avant-centre. Chaque fois qu'il a joué numéro 9 en sélection, il n'était pas bien. Ce n'est pas son positionnement. Mais le problème, c'est qu'à gauche, il y a Vinicius qui est le meilleur joueur du monde actuellement. C'est impossible de changer Vinicius de position et de le faire jouer avant-centre ou à droite. Parce qu'à chaque match, il fait des différences. Donc on va voir comment Ancelotti va régler ça[1]. » Souvent interrogé au sujet du placement de son joyau dépoli, Carlo Ancelotti a régulièrement expliqué qu'il demandait à Mbappé la même chose que ce qu'il réclamait à Karim Benzema, pourtant un « 9 » de métier. Ce dernier lui glisse un conseil : « Mbappé doit se mettre dans la tête qu'aujourd'hui, c'est un 9 et qu'il oublie le côté gauche. Il a toujours été très, très bon à gauche mais maintenant, il doit être très bon dans un autre secteur. Il ne faut pas qu'il baisse les bras parce

1. *El Chiringuito*, 5 novembre 2024.

que Vinicius ne changera pas de poste. » Souvent bousculé dans ses certitudes durant son règne au Real Madrid, Karim Benzema a écarté de nombreux écueils pour devenir le deuxième meilleur buteur et le meilleur passeur de la riche histoire de la Maison Blanche. Le Lyonnais s'en souvient et adresse un avertissement à son compatriote : « La pression est très forte au Real Madrid. Ce n'est pas le Paris Saint-Germain. Le public en demande énormément. Moi, je n'avais que 21 ans quand je suis arrivé. Lui en a 25, donc c'est différent. Si on ne marque pas pendant deux, trois matchs, on est mort. On peut avoir gagné le Ballon d'or ou ce qu'on veut, si on reste trois matchs sans marquer… Mbappé doit apprendre à vivre avec ça et doit, lui, se mettre la pression à chaque match. Parce qu'à chaque match, on repart de zéro. Il doit mettre des buts parce qu'on l'a recruté pour ça[1]. »

Pour une fois, Ancelotti et son staff ont eu le temps d'effectuer un véritable travail tactique, car le match à Valence a été reporté en raison des graves inondations affectant la région. Dix jours après le clasico désastre, Mbappé est titulaire à la pointe de l'attaque madrilène face aux Rossoneri de Paulo Fonseca. Ce dernier s'inspirera-t-il de son illustre prédécesseur Arrigo Sacchi, prince du piège du hors-jeu à la fin des années 1980 ?

Malgré un penalty provoqué et transformé par Vinicius Jr, le Real s'incline lourdement (1-3) contre Milan à domicile, plongeant tout entier dans la crise dans laquelle Mbappé suffoquait déjà depuis plusieurs jours. Le Français n'a plus marqué en coupe d'Europe depuis le mois de septembre, et le Real a perdu la moitié de ses matchs en Ligue des champions, sa compétition fétiche.

1. *El Chiringuito*, 5 novembre 2024.

« Cauchemar », « K.-O. », « Ridicule » sont les mots-clefs de la presse espagnole. Pour un joueur habitué à affoler les compteurs, l'addition est fade : Mbappé n'a marqué qu'un seul but lors des six derniers matchs.

Quatre jours plus tard, le Real retrouve des couleurs... mais pas l'attaquant français. Grâce à un coup du chapeau de Vinicius Jr, le Real Madrid étrille Osasuna (4-0). Mbappé reste muet. Cinq tirs dont un seul cadré et un coup-franc dans le mur – décidément pas sa spécialité. L'avant-centre a même quitté la pelouse la tête basse, comme un soir de défaite...

Les polémiques pleuvent aussi vite que ses buts d'antan. En effet, Didier Deschamps prend la décision de ne pas convoquer son capitaine pour les matchs de novembre, sans motiver son choix. « J'ai eu plusieurs échanges avec lui et j'ai pris cette décision sur ce rassemblement-là, parce que je pense que c'est mieux comme ça. Je ne vais pas argumenter. Ce que je peux vous dire, c'est deux choses. Un : Kylian voulait venir. Deux : ce ne sont pas les problèmes extra-sportifs qui rentrent en ligne de compte, à partir du moment où la présomption d'innocence existe. Donc c'est un choix qui, je le répète, est ponctuel, pour les deux matchs qui nous attendent. C'est ma décision, parce que c'est mieux comme ça. »

Est-ce une sanction ? Un choix purement sportif ? Une volonté de protéger le joueur en lui évitant un battage médiatique autour des accusations de viol ? Quoi qu'il en soit, Kylian Mbappé manque un deuxième rassemblement de rang, ce qui n'est pas anodin pour un capitaine en l'absence de blessure. Cependant, alors qu'il avait traîné des pieds en septembre et en octobre, le Bondynois était motivé pour revêtir le maillot bleu, cette fois-ci, mais son coach l'a pris par surprise en lui indiquant par téléphone qu'il ne le convoquerait pas. La vérité reste enfouie dans leur conversation privée. « L'équipe de France, ça a toujours été le plus haut grade du foot, j'ai toujours dit qu'il n'y avait rien de plus important, mon amour n'a pas bougé, ça me manque car ça fait longtemps que je n'y suis pas allé. […] L'équipe de France, c'est le seul endroit où j'ai tout pardonné. Je n'ai jamais touché un euro, on a menti sur mon sujet à bien des reprises : à l'Euro 2021, on a menti sur moi du premier jour au dernier jour. On m'a traité de singe, on m'a mis pas mal d'échecs sur le dos. J'ai toujours mis l'équipe de France au plus haut, j'ai même donné mon nez, j'ai toujours tout donné. Oui je me concentre sur le Real Madrid mais je n'ai jamais abandonné l'équipe de France[1]. »

Se pose alors une question, inimaginable quelques mois auparavant : et si Didier Deschamps retirait à Kylian son brassard de capitaine ? Le joueur lui-même semble se plaindre de la pression inhérente à ce bout de tissu sur le bras. « Je n'ai pas le même brassard qu'Hugo (Lloris). J'ai connu le capitanat d'Hugo. Moi, on me demande beaucoup de choses. C'est une responsabilité. Hugo, c'était un très bon capitaine, un très bon gars. J'ai l'impression qu'on me demande un autre métier quand c'est moi. On ne lui disait rien. » S'il existe une part de vérité dans l'assertion du Parisien, il faut reconnaître aussi à quel point il travestit la réalité. Si Mbappé vit un capitanat différent de l'ancien gardien de l'OL, c'est avant tout en raison de sa propre personnalité et de sa volonté de tirer à balles réelles sur tous les sujets. En vérité, les mêmes types de questions ont systématiquement été posées à Lloris, mais

1. *Clique*, Canal+, 8 décembre 2024.

ce dernier ne répondait pas, ou livrait une langue de bois savamment mijotée. Entre consignes de vote et rejet du public, Mbappé n'a pas lésiné sur les propos acides et inflammables en 2024, et il ne peut s'en prendre qu'à lui-même si les retombées sont douloureuses à vivre.

En l'absence du porteur désigné, Tchouaméni (deux fois), Kanté et Konaté se sont partagé le brassard. Désolante contre Israël (0-0), la France s'est qualifiée pour la phase finale de la Ligue des nations en gagnant à Milan, contre l'Italie (1-3, doublé de Rabiot et but contre son camp).

Conscient des difficultés footballistiques et psychologiques de sa recrue, Carlo Ancelotti décide de remodeler son schéma tactique, pour son retour sur les terrains, le 24 novembre à Leganes, un petit club de la banlieue de Madrid (0-3). Aligné sur son aile gauche fétiche, Mbappé retrouve le chemin des filets après quatre rencontres de disette. Pour la première fois depuis le début de leur association, c'est Vinicius Junior qui lui délivre la passe décisive. Exceptionnellement, le Brésilien était aligné en pointe. Quatre jours plus tard, la star brésilienne est absente, pour le choc face à Liverpool. Journalistes et supporters sont unanimes : débarrassé de l'ombre de la star du vestiaire, Mbappé va enfin briller et endosser sa cape de héros. Mais, à Anfield, le Real s'incline 2-0. Maladroit et effacé, le Français a manqué le penalty de l'égalisation, à l'heure de jeu. Alors que la voie était tracée pour remettre le Real sur les rails, stupeur d'Anthony Tobelem, aux commentaires du match sur Canal+ : « Rien ne tourne rond pour Kylian Mbappé, qui poursuit ce match sans la moindre satisfaction, sans la moindre aspérité, sans la moindre inspiration. Le cauchemar se poursuit. » Techniquement, le penalty est moyennement tiré. Mbappé a choisi de tirer « côté ouvert », c'est-à-dire à la gauche du gardien, mais a mal masqué ses intentions en ouvrant son pied un peu tôt, et n'a pris aucun risque dans la zone qu'il a visée. Dans le jeu, il a parfois manqué de concentration, à l'image d'une perte de balle au milieu de terrain qui aurait pu coûter cher aux siens. Dans les couloirs d'Anfield, Ancelotti ne peut plus cacher la réalité : « Quand vous êtes un attaquant, vous voulez marquer et avoir de la confiance. Je pense que pour Mbappé, c'est un moment difficile. Nous allons le supporter et lui donner de l'amour. »

Message reçu par Santiago Bernabèu, l'un des publics les plus exigeants d'Europe, qui se montre étrangement très protecteur envers celui qui clame depuis son enfance être un *Madridista*. Son joli but contre Getafe ne l'empêche pas d'être qualifié de « l'ombre de Mbappé » par le quotidien *As*, et surtout, de sombrer plus bas que jamais, le 4 décembre à Bilbao. À San Mamès, le Français rate un second penalty – aussi mal tiré que le précédent – en deux matchs, et le Real s'incline (2-1). Noté « 0 » dans Marca, jugé « triste » par Ancelotti, Kylian écrit un message à l'attention de ses fans : « Mauvais résultat. Une grave erreur dans un match où chaque détail compte. Je suis le premier responsable. Un moment difficile mais c'est le meilleur moment pour que cela change et montrer qui je suis vraiment. »

Toucher le fond pour renaître de ses cendres ?

Buteur lors des trois rencontres suivantes, avec un *bombazo* dans la lucarne de Séville, Mbappé assure cheminer sur une pente ascendante. « Bilbao m'a fait du bien parce que j'ai touché le fond, en ratant ce penalty.

Ensuite, j'ai compris que je devais donner le meilleur de moi-même pour ce maillot et jouer avec personnalité. Je me sens très bien dans l'équipe et on peut voir sur le terrain que je joue mieux avec les autres et que toute l'équipe joue mieux. »

Peut-être aussi le footballeur a-t-il été libéré par le lâcher-prise au niveau de la communication ? En effet, depuis le début de l'année 2024, on l'avait seulement entendu dans des médias institutionnels comme la chaîne du PSG ou celle du Real, ou dans l'exercice de la conférence de presse. En donnant une interview à Mouloud Achour, sa première dans le genre depuis l'émission *Envoyé spécial* avec Elise Lucet, Mbappé a eu libre cours pour s'épancher sur sa vie de superstar, l'affaire de Stockholm et les polémiques avec l'équipe de France. Hyper encadré par le staff personnel du joueur, l'entretien n'aborde pas vraiment les difficultés sportives rencontrées par Mbappé au Real. Vêtu d'un pull en laine clair et d'une grosse montre au poignet, Kylian est souriant, affable, comme il l'a toujours été. Sa communication non verbale est celle d'un homme heureux, qui tutoie le journaliste en charge de l'interview. Issu du même département que le footballeur, Mouloud Achour a révélé avoir insisté durant les huit dernières années pour obtenir le sésame : un entretien-fleuve de Mbappé. Derrière les sourires de celui qui s'esclaffe quand on lui demande s'il souffre de « dépression », on ne peut s'empêcher de deviner un mal-être certain. En sus du passage sur Léon Marchand que nous évoquions il y a quelques lignes, on note encore ces remarques sur l'intolérabilité de sa vie privée. Quand Mouloud Achour lui demande s'il a déjà prononcé les mots « Je t'aime » :

« À ma mère, mon père, mon frère… » Et les sentiments amoureux ? « J'ai déjà été amoureux… et j'espère que je vais l'être encore… ce n'est pas le cas actuellement. » Kylian complète sa réponse en dévoilant sa crainte : que personne ne puisse l'aimer au point d'accepter de vivre dans le « tourbillon » que représente sa vie. Il précise, à propos d'une éventuelle fiancée : « Je ne serais pas son mec mais son psy ! »

Deux ans, jour pour jour, après son triplé en finale de Coupe du monde au Qatar, Mbappé retrouve la pelouse de Lusail pour la finale de la Coupe intercontinentale (mais combien de compétitions le Real va-t-il jouer cette saison ?). Face aux Mexicains de Pachuca, le Français marque et le Real triomphe (3-0). C'est le paradoxe de cette première partie de saison : ratée individuellement et collectivement, mais avec deux trophées inscrits au palmarès.

En parallèle, Kylian Mbappé assiste de loin – ou en tout cas, sans s'exprimer – à l'effondrement de son projet d'investissement au SM Caen. Directeur technique proche de la famille, Gérard Prêcheur a démissionné au début du mois de janvier 2025, alors que le club normand n'avait toujours pas dépassé la barre des quinze points, en queue du classement de Ligue 2. Quelques jours plus tôt, la légende du club Nicolas Seube avait été évincée de son poste d'entraîneur, sans classe ni ménagement, suscitant une colère vive des supporters : « Mbappé, le SMC n'est pas ton jouet », lit-on sur une banderole au stade Michel d'Ornano. Seube a été remplacé par Bruno Baltazar, un coach portugais sans la moindre expérience en France, ce qui n'a manqué d'étonner. « Kylian Mbappé est une légende du foot français. Mais ici, ça pèse pas grand chose parce que si on vit bien sur la même planète, on n'est pas du même monde. Nicolas Seube n'a jamais eu le Ballon d'or, n'a jamais gagné la Ligue des champions, mais Nicolas a eu un trophée que Mbappé n'aura lui non plus jamais : le Ballon d'eau fraîche, trophée absolument pas officiel et qui récompense, non pas la valeur d'un joueur, mais ses valeurs[1]. »

1. Supporters caennais sur le site *We Are Malherbe*.

21

Le Ballon d'or ou le déclassement ?

On le sait, Kylian Mbappé a toujours voulu « brûler la rétine » des téléspectateurs du monde entier en multipliant les dribbles, les courses et les buts, avec l'objectif ultime de remporter le Ballon d'or *France Football*. Il rêve de ce trophée, fondé par le magazine français en 1956, depuis sa plus tendre enfance.

Depuis 2017 et son explosion au plus haut niveau, Kylian a toujours été intégré au classement.

- 2017 : 7e
- 2018 : 4e
- 2019 : 6e
- 2020 : non attribué (Covid)
- 2021 : 9e
- 2022 : 6e
- 2023 : 3e
- 2024 : 6e

C'est un paradoxe dans une carrière où tous les records sont tombés les uns après les autres. Mbappé a été champion de France à dix-huit ans, champion du monde à dix-neuf, il est déjà le meilleur buteur de toute l'histoire d'une institution comme le Paris-Saint-Germain, il est le capitaine de l'équipe de France, il a disputé une deuxième finale de Coupe du monde en inscrivant un triplé, a signé les contrats les plus mirobolants qui existent dans le football, mais la plus prestigieuse des distinctions individuelles s'est toujours refusée à lui. La faute, souvent, aux déboires du PSG en Ligue des champions, et à la longévité de Leo Messi, quasi-propriétaire du Ballon d'or ces dernières années et champion du monde en 2022.

Après ses échecs répétés en Ligue des champions, Mbappé espère se donner toutes les chances en signant au Real Madrid, un club souvent pourvoyeur de Ballons d'or lors des dix dernières années (Cristiano Ronaldo, Luka Modric, Karim Benzema). Encore faudra-t-il pour le Bondynois être le meilleur joueur de sa nouvelle équipe, car en 2024, son nouveau coéquipier Vinicius Jr. a terminé deuxième du classement, échouant seulement de quelques votes. Si le Real est performant et remporte une nouvelle coupe d'Europe dans un avenir proche, la concurrence viendra donc aussi de l'intérieur.

De l'extérieur, les concurrents principaux s'appellent Erling Haaland et Lamine Yamal. Messi, qui joue aux États-Unis, et Cristiano Ronaldo, en Arabie Saoudite, sont désormais hors-jeu. Haaland, dont les statistiques annuelles de but rivalisent chaque saison avec celles de Mbappé, doit toutefois capitaliser sur ses performances à Manchester City pour rêver de la distinction suprême, car sa sélection norvégienne ne fait pas partie du gotha européen. Yamal, lui, a le même profil que Mbappé en 2018. Le catalan formé au Barça a même fait mieux puisqu'il est devenu, à 17 ans et 1 jour, le plus jeune footballeur à remporter une grande compétition – en l'occurrence, l'Euro avec l'Espagne.

En France, on ne voit en revanche personne pour contrecarrer les plans du capitaine. Giroud et Griezmann ont pris leur retraite internationale, Varane a arrêté le football. Ousmane Dembélé ? Ses insuffisances dans le dernier geste l'éliminent *de facto*. Bradley Barcola ? Après un Euro réussi, l'ailier du Paris-Saint-Germain, dont les responsabilités ont augmenté après le départ de Mbappé, est le tricolore qui remplit le plus les conditions pour viser, à long terme, cette récompense, mais il lui reste plusieurs paliers à franchir.

Entre l'échec de l'Euro (collectif, mais aussi personnel pour Mbappé), cet automne international « désertique », le souvenir de la dernière saison au PSG, où, malgré la quantité de buts, le Kid de Bondy n'a pas pesé dans le jeu, et ses difficultés d'intégration dans le collectif du Real au poste d'avant-centre, les doutes constellent le moindre mouvement du capitaine français. Au soir de la finale du Mondial 2022, Mbappé était le meilleur joueur du monde, au moins à égalité avec Lionel Messi. Deux ans plus tard, l'assertion n'est plus valable. Si Mbappé reste un attaquant de très grande classe et un redoutable buteur, avec des statistiques louables, il n'impressionne plus sur le terrain comme par le passé. Il ne règne plus sur les couloirs, n'a plus l'explosivité et le coup de reins qui ont fait sa légende. Par séquence – le but avec le Real contre Alavès, par exemple –, nous avons eu la joie de retrouver « notre » Kylian Mbappé, mais pour combien de matchs décevants avec des frappes forcées, des dribbles inefficaces, des penalties ratés et des traversées du désert ?

Le Parisien ne joue plus de la même façon qu'avant. Sur les actions de contre-attaque, on ne le voit plus pousser son ballon vers l'avant et piquer un sprint pour dépasser son défenseur, reprendre le ballon et marquer. Contre l'Espagne, même face à un défenseur plus âgé que lui (Jesus Navas), le Français n'a pas fait de différences. Depuis deux ans, il a transformé son corps avec une préparation physique différente. Afin d'avoir une meilleure résistance musculaire et de tenir le rythme des longues saisons épuisantes à plus de soixante matchs, Mbappé a musclé le haut de son corps. Le corps humain étant cruel, quand on gagne quelque part, on perd ailleurs. Et Mbappé a beaucoup perdu en explosivité.

Quand il est sur le côté gauche, le Bondynois réclame désormais le ballon dans les pieds, avant de défier son vis-à-vis, parfois en prenant appui sur son latéral ou sur un milieu, avant de repiquer vers la surface de réparation. Ces dernières années, on a vu aussi Mbappé tenter de diversifier son jeu, en voulant tirer les coups francs et les corners, avec peu de réussite à chaque fois. Le Kid de Bondy n'a pas la caresse de Platini ou de Zidane.

Mbappé rencontre aussi le problème du positionnement. Il a beau répéter être d'accord pour jouer à n'importe quel poste devant, tous les analystes du jeu ont noté qu'il était meilleur sur le côté gauche. Premier problème : comme il défend très peu, sa présence sur le côté peut déséquilibrer le collectif, surtout face à une équipe dont le jeu penche à droite. Second souci : dans son nouveau club du Real Madrid, le joueur phare est

Vinicius Jr, titulaire indiscutable au poste… d'ailier gauche. Mbappé est donc contraint de se réinventer en numéro 9, mais il n'est pas à l'aise dans ce poste qui n'est pas naturel pour ses qualités. Le jeu en pivot, pas plus que le jeu de tête, n'a jamais fait partie des qualités qui l'ont consacré au rang de génie du football. En pointe, il souffre pour l'instant de la comparaison avec Benzema, l'ancien avant-centre de la Maison-Blanche. Le Parisien doit prendre exemple sur le Lyonnais, qui a beaucoup évolué en signant au Real, mais surtout sur Cristiano Ronaldo, son modèle, qui lui distille d'ailleurs des conseils de temps en temps. On a en effet tendance à oublier qu'à ses débuts au Portugal et à Manchester, « CR7 » était un ailier, un dribbleur, qui s'est réinventé dans la capitale espagnole pour devenir le meilleur buteur du monde. Mbappé y parviendra-t-il ? C'est tout l'enjeu des années à venir, afin de savoir la dimension que prendra le capitaine de l'équipe de France : celle d'un Ballon d'or régnant en maître sur la planète foot ou d'un phénomène redescendu à l'étage des très bons joueurs.

Reste l'aspect mental. Le conflit avec le Paris-Saint-Germain a-t-il démotivé le Bondynois ? Ses récentes déclarations, datant de septembre 2024, tendent à le prouver : « Toute ma carrière, j'ai toujours détesté la défaite. L'année dernière, j'aimais juste gagner. Cette légère différence se voit vite. Je suis revenu avec l'idée de détester la défaite et l'échec. » Mis à l'écart par Luis Enrique et l'état-major du PSG, Mbappé avait développé une certaine « distance », une indolence qu'on ne lui avait jusqu'ici jamais connue. Alors que les tribunaux vont faire traîner en longueur ses différends avec son ancien club, il faut souhaiter, pour l'équipe de France et pour lui-même, que le capitaine des Bleus ne s'éparpille plus, et pense avant tout à sa passion : le jeu. Le football.

Le foot, qui n'attend que lui pour vibrer à nouveau. Et pour voir des records tomber.

Certains ne devraient plus trop tarder. En équipe de France, Mbappé est le troisième meilleur buteur de l'Histoire, avec 48 buts. Devant lui, l'ancien record de Thierry Henry (51) et celui d'Olivier Giroud, désormais retraité de l'équipe nationale (56). Inutile désormais de regarder dans le rétroviseur, puisque Antoine Griezmann (44 buts) a raccroché ses crampons bleus.

Avec le Real Madrid, Mbappé peut viser, à très long terme, de nouveaux records, mais il lui faudra marquer, marquer et encore marquer. Et ne pas trop se blesser. En Ligue des champions, il est à ce jour le dixième meilleur buteur de l'histoire, avec 50 buts. En deux saisons, il pourra sans peine atteindre le Top 5 et dépasser Henry, Van Nistelrooy, voire Raùl, mais il lui restera ensuite un long chemin pour rejoindre Benzema (90), Lewandowski (101), Messi (129) et Cristiano Ronaldo (141).

Déjà meilleur buteur de l'histoire du PSG, Kylian Mbappé pourrait viser un jour, s'il s'inscrivait dans la durée à Valdebebas, le titre honorifique de meilleur buteur du Real Madrid. Nous nous sommes amusés à faire le calcul, et il est probable que l'attaquant avide de records l'ait déjà fait lui-même. Cristiano Ronaldo est le pichichi du Real Madrid, avec 450 buts inscrits. Impossible à atteindre ? Pas si Kylian Mbappé termine sa carrière à Madrid. Le Français a signé pour cinq ans, jusqu'en 2029. S'il prolongeait jusqu'en 2034, soit l'âge de 36 ans, Mbappé devrait marquer 45 buts par saison pour atteindre ce total. En jouant deux ans supplémentaires (ce qui n'est pas impossible, car Mbappé est connu pour sa bonne hygiène de vie), la moyenne retomberait à 37,5 buts par saison.

C'est de la fiction… mais après avoir lu ce livre, vous n'ignorez plus les rêves de gloire de Kylian Mbappé… même si les dix-huit derniers mois du champion du monde ne l'ont pas prouvé.

Pour terminer ce voyage dans la vie de notre plus grand phénomène, amusons-nous à une petite comparaison des temps de passage avec trois autres prodiges du passé : Zidane, Messi et Cristiano Ronaldo.

Kylian Mbappé a fêté ses 26 ans en 2024. Il n'a pas gagné le Ballon d'or, ni la Ligue des champions, ni l'Euro, mais il est septuple champion de France, meilleur buteur de l'histoire du PSG, quadruple lauréat de la Coupe de France, et surtout champion du monde 2018 et vice-champion du monde 2022. Il est le troisième meilleur buteur de l'histoire des Bleus, et a marqué 4 buts en finale de Coupe du monde.

À son âge… Zidane remportait le Ballon d'or et la Coupe du monde en France avec un doublé en finale, après avoir été sacré deux fois champion d'Italie, et avoir perdu deux finales de Ligue des champions avec la Juventus. En France, il avait disputé la finale de la coupe de l'UEFA avec Bordeaux. Il n'avait pas encore signé au Real Madrid et n'avait marqué qu'une dizaine de buts en bleu.

À son âge… Messi avait déjà quatre Ballons d'or, six Ligas et trois Ligues des champions avec le Barça, une médaille d'or olympique avec l'Argentine, mais n'avait pas encore soulevé la Coupe du monde ni la Copa America, malgré une trentaine de buts pour son pays.

À son âge… Cristiano Ronaldo avait déjà un Ballon d'or, une Ligue des champions, trois titres de champion d'Angleterre, une coupe d'Angleterre. Il évoluait depuis deux saisons au Real Madrid. En sélection, il avait disputé une finale de championnat d'Europe, et inscrit moins de 30 buts en sélection.

Alors que la Coupe du monde 2026 approche à grandes enjambées, nous attendons la suite avec une gourmandise teintée d'appréhension…

Annexe 1

Palmarès, records et récompenses

ÉQUIPE DE FRANCE

- Champion du monde 2018
- Deuxième meilleur buteur de la Coupe du monde 2018 (4 buts)
- Vice-champion du monde 2022
- Meilleur buteur de la Coupe du monde 2022 (7 buts)
- Vainqueur de la Ligue des nations 2021
- Champion d'Europe des moins de 19 ans en 2016

REAL MADRID

- Supercoupe d'Europe (2024)
- Coupe intercontinentale (2024)
- Finaliste de la Supercoupe d'Espagne (2025)
- PARIS-SAINT-GERMAIN
- Finaliste de la Ligue des champions 2020
- Sextuple champion de France (2018, 2019, 2020, 2022, 2023, 2024)

- Vice-champion de France 2021
- Quadruple vainqueur de la Coupe de France (2018, 2020, 2021, 2024)
- Finaliste de la Coupe de France 2019
- Double vainqueur de la Coupe de la Ligue (2018, 2020)
- Triple vainqueur du Trophée des champions (2019, 2020, 2023)
- Meilleur buteur du Championnat de France en 2020 (18 buts), 2021 (27 buts), 2022 (28 buts), 2023 (29 buts) et 2024 (27 buts)
- Meilleur passeur du Championnat de France 2022 (17 passes décisives)
- Meilleur buteur de la Coupe de France 2021 (7 buts) et 2024 (8 buts)
- Co-meilleur buteur de la Ligue des champions 2024 (8 buts)

AS MONACO

- Champion de France 2017
- Finaliste de la Coupe de la Ligue 2017
- Finaliste du Trophée des champions 2017
- Vainqueur de la Coupe Gambardella 2016

DISTINCTIONS PERSONNELLES

- Troisième du classement du Ballon d'or 2023
- Deuxième meilleur footballeur de l'année FIFA 2022

- Meilleur joueur du Championnat de France en 2019, 2021, 2022, 2023 et 2024
- Champion des Champions français de L'Équipe 2022
- Meilleur espoir du championnat de France 2017 et 2019
- Meilleur jeune de la Coupe du monde 2018
- Vainqueur du Trophée Kopa 2018
- Golden Boy 2017
- Révélation française 2017 par France Football

RECORDS

- Meilleur buteur de l'Histoire du Paris-Saint-Germain (256 buts)
- Premier joueur à être à la fois le meilleur buteur (28) et passeur (17) du Championnat de France, en 2022
- Meilleur buteur de l'Histoire en finale de Coupe du monde (4 buts ; 1 en 2018 et 3 en 2022)
- Co-meilleur buteur de l'Histoire lors d'une seule finale de la Coupe du monde (triplé en 2022, comme l'Anglais Geoff Hurst en 1966)
- Premier joueur de l'Histoire à inscrire un triplé face au FC Barcelone en match à élimination directe de Ligue des champions
- Buteur le plus rapide de l'Histoire du Championnat de France (8 secondes, le 21 août 2022 contre Lille), à égalité avec Michel Rio (Caen-Cannes, 1992)
- Meilleur buteur français sur une saison : 54 buts en 2022-2023 (devant Just Fontaine, 53 buts en

1957-58). Seul Erling Haaland a plus marqué (56) en Europe cette saison-là.

- Deuxième meilleur buteur français sur une année civile : 51 buts inscrits du 1er janvier au 31 décembre 2021 (derrière Just Fontaine, 66 buts en 1958)
- Recordman du nombre de trophées de *Joueur du mois* de Ligue 1
- Meilleur buteur de Ligue 1 en activité (191 buts), devant Wissam Ben Yedder (161) et Alexandre Lacazette (151). Avec son départ au Real Madrid, il ne peut plus envisager de rattraper le meilleur buteur de l'Histoire, Delio Onnis (299 buts). Toutes époques confondues, il est le 7e meilleur buteur du Championnat de France.
- Meilleur buteur de l'Histoire du Paris-Saint-Germain en Coupe de France (35 buts), devant François M'Pelé (28 buts)
- Buteur le plus tardif de l'Histoire du Paris-Saint-Germain : 97 minutes et 18 secondes contre Newcastle
- Meilleur buteur de l'Histoire au Parc des Princes (116 buts), devant Edinson Cavani (110 buts)
- Meilleur buteur du Paris-Saint-Germain à l'extérieur
- Meilleur buteur du Paris-Saint-Germain en Ligue 1
- Meilleur buteur du Paris-Saint-Germain en Ligue des champions
- Recordman du nombre de doublés, de triplés et de quintuplés au Paris-Saint-Germain
- Recordman des triplés sous le maillot du Paris-Saint-Germain. Mbappé a inscrit trois buts en un

seul match face aux équipes suivantes : FC Barcelone, FC Bruges, Lille, Lyon, Clermont, Metz, Guingamp, Vannes, Revel. Il a signé son premier *hat-trick* en professionnel le 11 février 2017, avec Monaco, face au FC Metz.

- Deuxième transfert le plus cher de l'Histoire du football (180 millions d'euros, de Monaco au Paris-Saint-Germain), derrière Neymar (222 millions d'euros, du FC Barcelone au Paris-Saint-Germain)

PARCOURS

Formation

- AS Bondy (2004-2013)
- INF Clairefontaine (2011-2013)
- AS Monaco (2013-2015)

Professionnel

- AS Monaco (2015-2017)
- Paris-Saint-Germain (2017-2024)
- Real Madrid (2024-)

Équipe nationale

- Moins de 17 ans : 2 matchs
- Moins de 19 ans : 8 sélections (7 buts)
- Équipe de France : 86 sélections (48 buts)

Annexe 2

Bibliographie – Filmographie – Sources

- *L'Équipe Enquête* – Hors Normes I, II, III
- *Envoyé Spécial* – L'autre but de sa vie
- M6 – Les secrets d'un surdoué
- *Le Monde* – série d'articles sur la « Promo 98 »
- https://missionlinguistiquefrancophone.blogspot
- La règle de Mbappé – Lucile Caillet
- *Intérieur sport* – Canal+
- *L'Équipe*, *Le Figaro*, *Le Parisien/Aujourd'hui en France*, France Football, *L'Équipe Mag*, *Marca*, *As*, Eurosport, *El Mundo Deportivo*, *Les Échos*, La Chaîne L'Équipe, RTL.fr
- *Clique*, Canal+

Retrouvez-nous sur les réseaux sociaux :

City éditions

www.city-editions.com
@cityeditions
www.facebook.com/cityeditions/
@CityEditions
@cityeditions

Achevé d'imprimer en mars 2025
sur les presses de la Nouvelle Imprimerie Laballery
58500 Clamecy

Numéro d'impression : 502520

Imprimé en France

La Nouvelle Imprimerie Laballery est titulaire de la marque Imprim'Vert®